★ 国家一流专业——人文地理与城乡规划专业和教务处专项经

XIANGCUN MINSU YUNYING YU GUANLI

乡村民宿运营与管理

赵益民　黄耀裔　叶颖◎主编

经济管理出版社
ECONOMY & MANAGEMENT PUBLISHING HOUSE

图书在版编目（CIP）数据

乡村民宿运营与管理/赵益民，黄耀裔，叶颖主编.—北京：经济管理出版社，2023.12
ISBN 978-7-5096-9528-9

I.①乡… II.①赵…②黄…③叶… III.①乡村旅游—旅馆—经营管理—中国 IV.①F726.92

中国国家版本馆 CIP 数据核字（2024）第 010209 号

组稿编辑：丁慧敏
责任编辑：丁慧敏
责任印制：张莉琼

出版发行：经济管理出版社
　　　　　（北京市海淀区北蜂窝 8 号中雅大厦 A 座 11 层　100038）
网　　　址：www. E-mp. com. cn
电　　　话：（010）51915602
印　　　刷：唐山昊达印刷有限公司
经　　　销：新华书店
开　　　本：720mm×1000mm/16
印　　　张：23
字　　　数：464 千字
版　　　次：2023 年 12 月第 1 版　　2023 年 12 月第 1 次印刷
书　　　号：ISBN 978-7-5096-9528-9
定　　　价：98.00 元

前　言

党的十八大以后，全党和全国各族人民聚焦脱贫攻坚的任务，乡村民宿成为重要的抓手和载体，赋予了乡村发展重要的动力。特别是 2020 年后不断反复、多点散发的新冠疫情成为旅游发展的重要桎梏，但乡村民宿一枝独秀，满足了多数城市消费者不能远行但可以在近郊休闲度假的需要。同时乡村振兴的发展理念贯穿整个"十四五"规划，全国和各省份的规划，都把乡村民宿发展作为乡村振兴的重要推动力，在这一背景下，编写一部指导乡村民宿经营和管理的教材正当其时。

本书从乡村民宿的发展背景出发，探讨乡村民宿国内外的发展历程，归纳乡村民宿与城市民宿（主题住宿设施）的异同点，根据乡村民宿的特征对乡村民宿进行了分类，结合乡村振兴的时代大背景，提出了乡村民宿经营发展的路径；从乡村民宿开办涉及的土地、资金、人员、硬件设施、软件配套等方面讲述了乡村民宿开业前的准备工作；围绕民宿的类型讲述乡村的形象设计、客房和餐饮以及特色活动设计；重点介绍了乡村民宿建筑过程中的降噪、隔热等技术问题；介绍了乡村民宿运营管理的相关基础知识；再围绕成形的乡村民宿，从新媒体（短视频、直播等）角度介绍营销策略；从竞品打造和爆点引流视角介绍了提升乡村民宿品牌价值的路径，同时介绍了成本控制、价格管理和二销产品开发等。

本书以中共中央办公厅、国务院办公厅 2021 年 2 月 23 日印发的《关于加快推进乡村人才振兴的意见》和《中共中央关于制定国民经济和社会发展第十四个五年规划和二〇三五年远景目标的建议》为基础进行编写，本书的特色体现在以下四个方面：

（1）定位乡村民宿。民宿的本质是"姓民""姓乡""姓农"，是具有地域特色的地方住宿设施。本书避开住宿设施的一般特征，着重挖掘乡村民宿的本质、类型、经营主体、经营方式等内容。

（2）聚焦乡村人才培养。上述两份文件都提到乡村振兴人才培养，特别是"十四五"规划重点提到民宿经济发展。本书以乡村民宿为抓手，聚焦民宿经营者、民宿产品创新者、民宿规划者、民宿社区管理者等，搭建乡村民宿教材框架。

（3）编制人员多元。参与和指导本书编订的人员中，既有处于全国一线的民宿政策制定者，其从全域视野把控本书在业界的地位；又有乡村民宿的经营者，其从产业角度定位乡村民宿的具体内容；也有高校教师，其从理论角度科学安排乡村民宿教材体系，做到产、学、研的有机统一。

（4）精准选择出版社。经济管理出版社是国家 A 类出版社，其聚焦管理类教材出版，具有丰富的出版经验和广泛的社会影响力。本书既聚焦乡村民宿，又体现运营管理，与出版社办社宗旨契合，出版质量和出版后的推广发行有可靠保证。

本课程是本科生"旅游管理""人文地理与城乡规划专业"的特色课程，是高职生"定制旅行管理与实务""民宿管理与运营""休闲服务与管理"等专业的核心课程。通过本课程的学习，一方面，学生可以初步了解乡村民宿在乡村振兴中的地位，掌握乡村民宿外观设计、内部客人参与及活动设计、客房打扫和保养、餐饮开发、民宿安全、民宿营销、民宿与社区关系处理等内容，为"旅游线路设计""旅游产品策划与营销"等课程打下良好的基础；另一方面，乡村民宿的经营者通过本教材的学习，可以综合了解乡村民宿产品的运营和管理方法，提升其本民宿的经营水平。

本书的出版得到了学校教务处、人文地理与城乡规划国家一流专业以及省教育厅"基于共生理论的福建乡村民宿和乡村人才培养研究"（JAT21076）的共同资助。编写过程中，黄耀裔老师和叶颖老师参与了第二、第三、第七、第八章的编写，行业协会和部分乡村民宿业主以及学院领导也给予了很多关心和帮助，在此深表感谢。另外，编写过程中也参考了诸多同仁的观点和部分内容，在此一并表达谢意。若有遗漏文献，恳请广大作者和读者指出。编写中难免有不完善的地方，也恳请广大读者及时联系我们进行商榷，使本教材更加完善，以便更好地服务广大读者。联系方式：ymzhao-311@163.com。

目　录

第一章 乡村民宿概论

学习目标：通过本章的学习，使学生了解乡村民宿兴起的背景、发展历程以及发展现状；掌握乡村民宿的概念、特征和分类；厘清乡村民宿与乡村振兴的关系。

第一节 乡村民宿发展历程及现状

民宿缘起于旅游、宗教节庆活动以及特殊商务活动的住宿需求，由于标准化的酒店住宿设施在特定时间段不能满足出行人员的需求，从最初的投宿亲朋好友或借住景点、寺庙等场所，到后来，由于区域旅游资源的独特性以及宗教或商务活动的频繁性，越来越多人习惯住在当地周边居民家中，逐渐衍生出当地居民把自己的房屋进一步打理并常态性地出租给来此活动的人们，民宿就此诞生。

一、乡村民宿发展背景

1. 旅游市场火爆

中国国内旅游市场规模已经超过 5 万亿元，并且保持 10% 以上的年增长率。此外，中国也是全球大型旅游目的地之一，每年有数百万海外游客来到中国旅游，2023 年"五一"期间，国内旅游出游合计 2.74 亿人次，同比增长 70.83%，按可比口径恢复至 2019 年同期的 119.09%；实现国内旅游收入 1480.56 亿元，同比增长 128.90%，按可比口径恢复至 2019 年同期的 100.66%，中国旅游研究院预计 2023 年国内旅游人数约 45.5 亿人次，同比增长约 80%，约恢复至 2019 年的 76%。随着人们旅游需求的日益增长，传统的酒店住宿已经不能满足人们的多样化需求，乡村民宿因其独特的文化氛围和亲切的服务而备受青睐。

2. 城镇化进程高速发展

从规模看，我国城镇人口从 1978 年的 17245 万人增长到 2022 年的 92071 万人，增长了 74826 万人，这一增量超过欧洲人口总和。从速度看，1978 年常住人口城镇化率为 17.92%，2022 年为 65.2%，40 多年提升了超 47 个百分点。随着城镇化进程的不断推进，乡村人口和经济条件逐渐萎缩，许多农村房屋和土地闲置，乡村民宿的发展为农民提供了一种新的生计方式。

3. 乡村振兴国策的提出

乡村振兴战略是习近平主席于 2017 年 10 月 18 日在党的十九大报告中提出的，指出农业、农村、农民问题是关系国计民生的根本性问题，必须始终把解决好"三农"问题作为全党工作的重中之重，实施乡村振兴战略。2018 年 3 月 5 日，时任国务院总理李克强在《政府工作报告》中讲到，要大力实施乡村振兴战略。2018 年 5 月 31 日，中共中央政治局召开会议，审议《国家乡村振兴战略规划（2018-2022 年）》。2018 年 9 月，中共中央、国务院印发了《国家乡村振兴战略规划（2018-2022 年）》，并发出通知，要求各地区各部门结合实际认真贯彻落实。2021 年 2 月 21 日，《中共中央　国务院关于全面推进乡村振兴加快农业农村现代化的意见》发布，同年 2 月 25 日，国务院直属机构——国家乡村振兴局正式挂牌。2021 年 3 月，《中共中央　国务院关于实现巩固拓展脱贫攻坚成果同乡村振兴有效衔接的意见》发布，提出重点工作。2021 年 4 月 29 日，十三届全国人大常委会第二十八次会议表决通过《中华人民共和国乡村振兴促进法》；2021 年 5 月 18 日，司法部印发了《"乡村振兴　法治同行"活动方案》等关于乡村振兴的文件，为乡村民宿发展指明了方向。

4. 民宿政策的支持

我国民宿政策经过三个阶段的发展，逐渐趋于规范和成熟，为乡村民宿有序发展提供了可靠保证。

第一阶段：无政策阶段（1990 年代至 2000 年代初）。

在这个阶段，国内对于民宿政策的认知还比较模糊，相关政策法规很少。但是由于旅游业的发展，越来越多的人开始自行开办家庭旅馆，这些家庭旅馆虽然没有得到政府的认可，但却成为旅游市场上一股不可忽视的力量。

第二阶段：试点阶段（2000 年代中期至 2010 年）。

在这个阶段，国家开始意识到民宿的重要性，并开始试点相关政策。2001 年，国家旅游局颁布了《旅游住宿业管理规定》，明确了"家庭旅馆"的概念，并规定了一些基本的管理要求。此后，具有资源优势的云南、浙江等地率先出台了相关的试点政策，开展家庭旅馆的管理和服务工作。

第三阶段：规范发展阶段（2010 年至今）。

在这个阶段，民宿进入了逐渐规范发展的阶段。2015 年，《国务院办公厅关于促进"互联网+旅游"发展的指导意见》提出，要积极推进"民宿+"模式，支持农家乐、乡村民宿和家庭旅馆等形式的民宿业发展。2016 年，原国家旅游局修订了《旅游住宿业管理规定》，明确了民宿的管理要求和服务标准。2017 年，原国家旅游局联合其他部门发布了《关于加强短期住宿服务管理的通知》，对民宿的管理和服务提出了更为详细的要求。该《通知》规定，短期住宿服务提供者必须具备相应的资质和条件，包括房屋的安全和卫生、公安部门的审批、防火安全设施等。此外，该《通知》还规定了民宿的经营范围、服务标准、价格管理等，促进了民宿业的规范发展。2018 年出台《关于支持农家乐、乡村民宿和家庭旅馆等形式的民宿业发展的指导意见》，其中明确了政府对于民宿业的支持和鼓励，提出政府应该制定支持民宿业发展的政策，加强对民宿业的宣传和推广，优化民宿业的经营环境，提高民宿业的服务质量和管理水平，促进民宿业的健康发展。2019 年制定了《加快发展乡村民宿业实施方案》，旨在加快推进乡村民宿业的发展，方案提出，要加强对乡村民宿业的扶持和引导，鼓励农村闲置房屋的改造和利用，提高乡村民宿的服务质量和管理水平。2020 年发布《关于规范民宿市场秩序的通知》，旨在规范民宿市场秩序，保护消费者权益。2021 年出台《关于促进民宿业高质量发展的指导意见》，提出要加强民宿业的标准化建设，提升服务质量和品牌形象，推动民宿业的智能化和数字化转型，提高民宿业的竞争力和影响力。

政府出台的一系列政策，为乡村民宿的兴起提供了政策保障和支持，促进了乡村民宿的发展。

5. 消费方式的变化

随着我国经济的快速发展，国人的消费结构正在向高端化、多元化、个性化、休闲化和文化化方向升级。越来越多的国人开始注重品质、品牌、创新和服务，消费需求不再局限于基本的物质需求，而是更多地关注精神需求。由于人们对于环境保护和生态旅游的重视，生态旅游消费正在成为中国旅游业的新热点，越来越多的国人选择去生态旅游景区、乡村等地方旅游，享受大自然的美景和宁静的环境，同时开始注重对于环境的保护和可持续发展。健康消费成为国人消费市场的新趋势，人们开始注重健康饮食、健身运动、健康保健等方面的消费，同时对于健康产品和服务的质量和安全性也提出更高要求。

国人的消费方式正在向着绿色化和智能化方向发展。随着人们消费水平的提高，人们更加注重旅游过程中的文化体验，而乡村民宿提供了一种深度体验当地风土人情和文化传统的方式。

总之，乡村民宿的兴起是多方面因素综合作用的结果，旅游业高速发展、城镇化进程加速、乡村振兴政策推动、民宿发展政策支持和国民消费升级等都为乡村民宿的发展提供了重要的支持和促进作用。

二、国内外乡村民宿发展历程

1. 国外乡村民宿发展

（1）日本乡村民宿。第二次世界大战结束后，日本经济快速发展，城市化进程加快，人民消费升级，更多人渴望乡村生活，加之日本政府在20世纪80年代为了推动乡村旅游业的发展，开始资助和鼓励农民将自己的房屋改造成为住宿设施，以吸引更多游客前往乡村地区旅游，推动了日本乡村民宿的发展。日本乡村民宿具有以下特点：

一是优越的地理位置。日本乡村民宿通常位于风景秀丽、环境清幽的乡村地区，例如：北海道（北海道是日本最大的岛屿，同时也是日本最大的乡村地区之一，以宽敞的住宿环境和美丽的自然景观为特点）；东北地区（宫城、岩手、青森等地，这些地区的乡村民宿通常位于风景秀丽的山间或海滨，提供了难得的自然风光和宁静的住宿环境）；甲信越地区（山梨、长野等地，这些地区的乡村民宿位于美丽的山间或湖畔，提供了清新的空气和丰富的户外活动）；京都、奈良等地（日本传统文化的发源地，这些地区的乡村民宿通常位于传统的日式建筑中，具有浓郁的日本文化气息）；冲绳（日本的一个热带岛屿，这里的乡村民宿通常位于美丽的海滩或山间，提供了难得的度假环境和独特的文化体验）。

二是独特的建筑风格。乡村民宿通常由传统的日式建筑改造而来，具有独特的建筑风格和浓郁的日本文化气息，具体体现在：

1）木质结构。日本乡村民宿通常采用木质结构，这是因为木材在日本是广泛使用的材料（见图1-1）。

图1-1　日本木质民宿的内景

图片来源：小红书。

2）榻榻米。榻榻米是日本传统的地铺（见图1-2），也是日本乡村民宿中常见的住宿方式。榻榻米通常由稻草垫或棉垫铺垫在木板上，再用棉被等物品盖上。榻榻米的优点在于可以节省空间，同时也能让人们更贴近地面，感受自然的气息。

图1-2　日本民宿的榻榻米

图片来源：小红书。

3）滑动门。滑动门是日本传统建筑中常见的门窗形式，也是日本乡村民宿中常见的装饰元素。滑动门通常由木质框架和纸糊成，可以随意开合，能够起到隔断空间的作用（见图1-3）。

图1-3　日本民宿的滑动门

图片来源：网络。

4）茅草屋顶。茅草屋顶是日本传统建筑中的一种经典形式，也是日本乡村民宿中常见的建筑形式（见图1-4）。茅草屋顶不仅能够起到保温保湿的作用，还能够让建筑更好地融入周围的自然环境。

图1-4　日本乡村民宿的茅草顶

图片来源：知乎-闲云野鹤。

5）园林景观。日本乡村民宿的园林景观（见图1-5）也是其独特性的体现之一。园林景观通常由石子、灯笼、盆栽、水池等元素组成，形成了一种自然、雅致、清幽的风格。

图1-5　日本乡村民宿园林景观

图片来源：小红书。

三是丰富的"在地体验"。日本乡村民宿通常会提供一系列当地体验项目，如体验农家生活、参加传统节日庆典等，让游客更好地了解和体验当地的文化和生活方式（见图1-6）。

图1-6 日本民宿生活体验

图片来源：百度图片。

四是实惠的住宿条件。相对于城市中的高档酒店来说，乡村民宿的价格往往更加实惠，游客可以在住宿费用上节省开支。Booking.com、Agoda、Expedia、TripAdvisor、携程网（www.ctrip.com）、去哪儿网（www.qunar.com）、飞猪网（www.fliggy.com）、途牛旅游网（www.tuniu.com）、马蜂窝旅游网（www.mafengwo.cn）、比价网（www.bjw.com）、艺龙旅行网（www.elong.com）、517旅游网（www.517na.com）、去呼呼旅游网（www.quhuhu.com）、小猪短租（www.xiaozhu.com）等平台，不仅提供价格比较，还提供住宿设施和服务的详细描述、顾客评价和照片等有用的信息，有助于全面了解日本乡村民宿设施在住宿条件上与其他住宿的不同之处。

（2）欧洲民宿。

一是英国乡村民宿。英国乡村民宿源于第二次世界大战后的农村建设，当时英国政府为了鼓励人们到农村居住和工作，推出了农村建设计划。许多老房子被修缮成为乡村民宿，为游客提供了温馨舒适的住宿环境。随着旅游业的发展，乡村民宿越来越受游客的欢迎。英国乡村村民宿具有如下特点：

1）独特的历史建筑。许多英国乡村民宿是由古老的建筑物改建而成的，这些建筑物通常具有悠久的历史和独特的建筑风格，让人们在住宿期间感受到浓厚的英国文化氛围（见图1-7）。

图1-7　英国乡村民宿建筑外景

图片来源：小红书。

2）美丽的自然环境。多数英国乡村民宿处于美丽的自然环境中，游客可以享受到清新的空气、美丽的景色和宁静的环境，远离城市的喧嚣和压力（见图1-8）。

图1-8　英国乡村民宿美景

图片来源：爱彼迎。

3）家庭式服务。乡村民宿通常提供家庭式的住宿服务，让游客感受到家的温馨和舒适。房间装修精美，设施齐全，服务周到。游客在这里可以品尝到正宗的英式早餐和当地美味的特色美食，体验地道的英国文化和生活方式（见图1-9）。

图 1-9　英国乡村民宿服务

图片来源：爱彼迎。

4）个性化体验。每个英国乡村民宿都有特点，游客可以根据自己的喜好和需求选择最适合的住宿地点。有些乡村民宿提供农家乐、钓鱼、骑马等活动，让游客在放松身心的同时体验英国的乡村生活（见图 1-10）。

图 1-10　英国乡村民宿体验

图片来源：爱彼迎。

二是法国民宿。法国乡村民宿的兴起源于法国政府 20 世纪 80 年代的农村发展政策。彼时，法国政府提出了"乡村旅游"这一概念，鼓励人们到农村旅游，享受清新的空气、美丽的风景和丰富的文化遗产。这一政策的实施促进了法国农村旅游业的发展，同时促进了农村经济的发展。

随着旅游业的发展，越来越多的人开始把农村房屋改造成民宿，提供给游客住宿。这些民宿通常位于景色优美、环境清幽的地方，为游客提供了一种独特的住宿体验。同时，民宿也为当地农民提供了一种新的经济来源，促进了当地经济的发展。

此外，法国乡村民宿的兴起还与人们对生活方式的追求有关。越来越多的人开始追求简单、自然的生活方式，希望远离城市的喧嚣和压力，到乡村寻找内心的平静和自由。在这种背景下，乡村民宿成为一种理想的住宿选择，为人们提供了一种舒适、温馨、返璞归真的生活方式。法国乡村民宿有如下特点：

1）法国乡村民宿具有多样性。法国乡村民宿的多样性表现在房屋类型、装修风格、服务内容和价格等方面。民宿的房屋类型有别墅、农舍、城堡、树屋等，装修风格也千差万别，有的保留了原始的乡村风貌，有的则融入了现代化元素（见图11-11、图1-12）。同时，民宿还提供各种服务，如餐饮、旅游咨询、租车等，价格也因地而异。

图1-11 法国乡村民宿外景

图片来源：爱彼迎。

图1-12 法国乡村民宿多样化体验

图片来源：一度创意。

2）法国乡村民宿具有独特性。法国乡村民宿通常位于景色优美、环境清幽的地方，为游客提供了独特的住宿体验。在这里，游客可以感受到浓郁的乡村气息，享受宁静的环境和温馨的服务。此外，许多民宿还提供丰富的文化活动，如品酒、农场参观、手工艺制作等，让游客更好地了解当地的文化和生活方式。

3）法国乡村民宿通常是家庭式经营。主人们热情好客，让游客感受到家的温馨和舒适。在这里，游客可以与主人们交流，了解他们的故事和生活经历，让旅途更加充实和有意义。

三是美国乡村民宿。美国乡村民宿可以追溯到19世纪末期和20世纪初期。当时，美国的农业经济正在迅速发展，许多农村地区有着充足的农产品和空闲的农场空间，而城市中的工人和商人则需要安全、舒适、价格合理的住宿。一些乡村农场主意识到这个市场需求，并开始将农场的一部分改造成为民宿，给旅客提供住宿和休闲。这些民宿通常是简单的住宿设施，但是有着舒适、干净、温馨的环境和友好、热情的服务。旅客在这里可以体验到美国农村的生活方式和文化，同时可以享受到美味的农家餐点和新鲜的农产品。随着旅游业的发展和社会的变迁，乡村民宿逐渐成为了一种独特的住宿类型，吸引了越来越多的旅行者。今天，美国的乡村民宿已经发展成为一个多元化的行业，包括各种类型和规模的住宿设施，从简单的农场住宿到豪华的度假村，从传统的木屋到现代化的别墅，每种民宿都有其独特的魅力，为旅行者提供了更加个性化和舒适的住宿选择（见图1-13、图1-14、图1-15、图1-16、图1-17）。美国乡村民宿具有如下特点：

1）独特性。美国乡村民宿通常位于乡村、山区或海滨等自然环境中，每个民宿都有其独特的地理位置、建筑风格、装修风格、家具摆设等，让旅行者体验到不同的文化、历史和自然环境。

图1-13 美国乡村民宿

图片来源：Booking。

2）舒适性。乡村民宿通常提供宽敞、干净、舒适、温馨的住宿环境，让旅行者感受到如家般的舒适和温馨。

3）个性化。乡村民宿通常由个人或家庭经营，主人通常会提供个性化的服务和体验，如早餐、自行车租赁、免费停车、户外活动等。

图1-14 美国乡村民宿内部设施

图片来源：Booking。

图1-15 美国乡村民宿户外设施

图片来源：Booking。

4）在地性。许多乡村民宿也提供农家餐点和其他农产品，旅行者可以品尝到当地新鲜、健康、美味的乡村美食。

5）自然环境。乡村民宿通常位于自然环境中，如山区、海滨、田园等，旅行者可以享受到大自然的美景和清新空气。

图 1-16　美国乡村民宿优美自然环境

图片来源：Booking。

图 1-17　美国乡村民宿生活体验

图片来源：Booking。

2. 我国乡村民宿发展

（1）中国台湾地区乡村民宿。台湾地区乡村民宿的起源可以追溯到 20 世纪 80 年代，当地政府开始推动乡村旅游发展，鼓励人们重视本土文化、自然环境和传统文化。在此背景下，民宿成为一种新兴的旅游住宿形式，并逐渐发展壮大。乡村民宿以其独特的环境和风格，吸引了越来越多的游客前往体验；同时，也为农村地区带来了新的经济机遇和就业机会，促进了当地经济的发展。随着时间的推移，乡村民宿已经成为台湾地区旅游业的重要组成部分，具有如下特点：

1）独特的环境和风格。民宿通常位于宁静、美丽的乡村地区（见图 1-18），周围环境清幽，让人感受到大自然的美丽和宁静。同时，乡村民宿的建筑和装修风格往往具有浓郁的地方特色，让人感受不同的文化氛围。

图 1-18　中国台湾地区乡村民宿景观

图片来源：Booking。

2）亲切的服务和氛围。乡村民宿通常由当地居民经营，主人热情好客，服务周到，让人感受到家的温馨和亲切。在这里，游客可以和主人交流，了解当地的文化和历史，体验当地的生活方式（见图 1-19）。

图 1-19　中国台湾地区乡村民宿服务

图片来源：Booking。

3）丰富的本地美食。乡村民宿通常提供本地美食，让游客可以品尝到正宗的地方特色美食。此外，乡村民宿也经常安排农家餐，让游客可以亲手参与农家生产和制作，感受到农村生活的乐趣（见图1-20）。

图1-20 中国台湾地区乡村民宿体验活动

图片来源：Booking。

4）多样化的活动和体验。乡村民宿通常提供丰富多样的活动和体验，如徒步旅行、骑行、采果、钓鱼、农事体验等，让游客可以更加深入地了解当地的文化和生活方式（见图1-21）。

图1-21 中国台湾地区乡村民宿在地生活

图片来源：Booking。

（2）我国大陆乡村民宿发展。我国大陆乡村民宿的发展可以追溯至 20 世纪 80 年代末期，彼时，乡村旅游的概念开始出现。当时，由于城市旅游已经饱和，人们开始转向农村旅游寻找新的体验和乐趣。于是，一些村庄开始尝试经营民宿，为游客提供住宿和民俗文化体验。

在发展初期，乡村民宿以农家乐为主，提供传统的田园风光、美食和文化体验，以崇尚自然、追求简单的生活方式为主要卖点。随着时代的变化和消费者需求的变化，乡村民宿的业态也不断丰富和变化，不仅涵盖了休闲度假、文化体验、农业观光等多种业态，而且有着更高的服务水平和更多元化的服务项目。乡村民宿的发展也带动了农业产业的发展，提高了农民的收入。

2003 年，原国家旅游局发文鼓励发展乡村旅游和民宿，这给乡村民宿的发展带来了新的机遇。在此之后，乡村民宿进入了快速发展阶段。越来越多的农村地区开始尝试发展乡村民宿，政府也开始出台相关政策，为乡村民宿的规范化、标准化和发展提供了支持。

到了 21 世纪 10 年代初，乡村民宿已经成为中国旅游产业的重要组成部分。政府加大了对乡村旅游和民宿的扶持力度，不仅制定了相关政策和标准，还开展了各种培训和推广活动，进一步推动了乡村民宿的发展。

近几年，特别是新冠疫情期间，近郊旅游迅速发展，成为旅游的首选。乡村民宿得到更多年轻游客和高端客户的青睐，为传统的农产品、文化、艺术提供了新宣传平台，成为走向国际的"中国名片"。乡村民宿已经成为全国各地旅游极具特色的一种住宿形式，并成为农民增加收入的重要途径，也是乡村振兴的重要抓手和推动力。

国内外乡村民宿都源于城市化进程的快速发展、人民生活水平的提高、政府推动乡村发展的政策驱动，特点是乡村民宿都依托于乡村美丽的自然风光、深厚的文化底蕴、多元的体验活动、生态的建筑材料和绿色的餐食等。

第二节　乡村民宿的内涵及特征

乡村民宿内涵丰富，依据不同资源禀赋和发展意图对乡村民宿的定义会有差异，但核心是相同的。由于每个乡村的发展基础不同，其表现出来的特点也不同，但存有共性。

一、乡村民宿的内涵

乡村民宿是各个国家和地区在推动乡村发展的过程中出现的，在之前的城市旅游中，除标准化酒店外，逐渐出现了"B&B""客栈""特色旅馆""精品旅宿""城市民宿"等住宿设施，以满足个性化需求的城旅人士。不同国家和地区对乡村民宿的定义有所不同。

（1）日本。日本的乡村民宿统称为"民宿"（Minshuku），民宿通常是传统的日式建筑，提供简单而舒适的住宿环境，特点是与自然环境融为一体，让游客可以享受到清新的空气、美丽的景色和宁静的环境。此外，乡村民宿还会提供当地的美食和特色活动，让游客可以深入地了解日本当地的文化和风俗习惯。经营民宿需要取得"旅馆业务经营许可证"，并按照规定的标准进行设施和服务的设置和管理。

（2）美国。美国的乡村民宿称为"床和早餐"（B&B），通常是指位于乡村的小型住宿设施，通常由个人或家庭经营。这些民宿通常提供简单而舒适的住宿环境、当地的美食、户外活动和文化体验，让游客可以享受到宁静和美丽的自然环境，了解当地的文化和风俗习惯，远离城市的喧嚣和繁忙，提供一种更加悠闲、轻松的住宿体验。经营 B&B 需要遵守当地的规定，包括安全、卫生等方面的规定。

（3）法国。法国的乡村民宿称为"农场旅馆"（Farmstay），通常是传统的农舍或别墅，位于乡村地区，由当地居民或家庭经营。法国的乡村民宿提供简单而舒适的住宿环境，让游客可以享受到清新的空气、美丽的景色和安静的环境。在法国，乡村民宿通常提供早餐和其他服务，如当地的美食、酿酒和文化体验等。经营农场旅馆需要取得许可证，同时需要遵守当地的规定。

（4）英国。英国的乡村民宿称为"乡村短租"（Countryside vacation rental），通常提供早餐和其他服务，如当地的美食、户外活动和文化体验等，让游客可以更好地了解当地的文化和风俗习惯。经营乡村短租需要遵守当地的规定，包括安全、卫生等方面的规定。

（5）加拿大。加拿大的乡村民宿称为"农家乐"（Farmhouse inn），经营农家乐需要取得许可证，同时需要遵守当地的规定。

（6）中国台湾地区。中国台湾地区的乡村民宿利用自住宅空闲房间，结合当地人文景观、自然景观、生态、环境资源及农林牧副渔生产活动，作为家庭副业经营，为旅客提供乡野生活之体验；强调主人以副业的形式自己经营且有一定的自然及人文资源和体验活动。

（7）我国文化和旅游部（原国家旅游局）2017 年公布《旅游民宿基本要求与评价》（LB/T 065—2017），于 2019 年对《旅游民宿基本要求与评价》（LB/T 065—2019）进行修订并发布实施。国家市场监督管理总局和国家标准化管理委员会于 2022 年联合发布《旅游民宿基本要求与等级划分》（GB/T41648—2022），定义民宿为"利用当地民居等相关闲置资源，经营用客房不超过4层、建筑面积不超过800m²，主人参与接待为游客提供体验当地自然、文化与生产生活方式的小型住宿设施"。2020年9月29日，在《乡村民宿服务质量规范》（GB/T 39000—2020）中定义乡村民宿为"位于乡村内，利用村（居）民自有住宅、村集体房舍或其他设施，民宿主人参与接待，方便客群体验当地优美环境、特色文化与生活方式的小型住宿场所"。

各个地方都根据自身资源禀赋和发展阶段，给出乡村民宿的定义，本书认为乡村民宿是乡民以现有的农村房屋等农家资源为基础，进行系统化的改造和升级，提供独具乡村特色的餐饮服务和体验活动，为游客提供一种亲近自然、感受乡土文化的旅游体验，给游客提供短期住宿的一种住宿设施。

概念首先强调乡民是乡村民宿的主体，也是乡村振兴的第一参与者，即使有外来经营者，也只是帮助提升或规范经营管理方式，乡村民宿的真正灵魂是本地乡民，只有他们才懂乡村民宿所在乡村的风俗习惯、历史人物、产业活动等；其次强调乡村民宿一定得有独特的自然或人文资源或体验活动，这是乡村民宿的主体和核心，宿客不单单是为了住一晚，住只是形式，一定得有来住的理由，那就是吸引物，或美食，或美景，或活动，等等；最后强调乡村民宿的乡土性，无论是建筑设计、建筑材料、食用食材，还是体验活动，都需融入乡村，否则乡村民宿就变成建在乡村的精品酒店。

二、乡村民宿的特点

乡村民宿的崛起符合人们对于自然生活、绿色生活和慢生活的追求，强调亲近自然、体验当地文化和乡土风情的旅游模式。同时，乡村民宿也为乡村环境保护、农民增收等提供了一个新的途径。

国外乡村民宿的历史较为悠久，发展也较为成熟，服务范围广泛，品质也相当高。随着全球化和旅游业的发展，国外乡村民宿成为许多旅游目的地不可或缺的重要组成部分，受到众多游客的欢迎和推崇。

乡村民宿的特点是地域性非常强，并且通常突出了当地特色、文化、环境等优势，形成了一种独特的"家庭式"住宿和旅游体验。与传统的酒店相比，乡村民宿在设施和服务上不如酒店那样完备，但是乡村民宿一般会提供具有当地特色的住宿、美食、文化体验等，让游客感受到异乡的独特魅力。

乡村民宿具有以下特征：

（1）环境自然优美。乡村民宿通常建在自然环境优美的乡村地带，让游客享受到纯净的空气、自然的风光等。

（2）民宿风格独特。乡村民宿除了简单的住宿设施以外，往往还会有独特的装修、布置和设计，体现当地的传统文化和民俗风情。

（3）提供传统美食。一些乡村民宿提供当地特色美食，并让游客亲自参与制作，增加了旅游的趣味性和体验性。

（4）提供当地文化和生活体验。一些乡村民宿提供农家乐、农业观光等亲近自然、了解当地文化和传统生活方式的体验活动，让游客感受到独特的乡村生活。

（5）家庭式的服务。乡村民宿的经营者通常是当地的村民或家庭，主人会提供热情周到的服务，让游客感受到家的温暖。

三、乡村民宿与一般住宿设施的区别

虽同样是为满足外出人士的住宿需求，但在具体定位和服务上乡村民宿与一般住宿设施还存在如下不同：

（1）地理位置不同。乡村民宿通常位于乡村，而一般住宿设施则位于城市或城乡接合部。

（2）设施环境不同。相较于一般住宿设施，乡村民宿通常设施相对简单、不太豪华，但环境较为优美和宁静。

（3）提供的服务不同。一般住宿设施较为注重商务和旅游的商业化服务，并提供各种设施和服务，如健身房、会议室、旅游服务等；乡村民宿则注重提供传统生活体验，帮助游客了解当地文化和生活方式。

（4）体验感不同。乡村民宿提供的是一种亲近自然、感受农村生活和文化魅力的精神体验，而一般住宿设施则注重舒适、便利、高效的物质享受体验。

总之，一般住宿设施和乡村民宿各有特点和目标，服务的目标人群和需求也不同，二者并不完全互相排斥。旅游者在选择住宿时，可以根据自己的需求进行选择，也可以综合两种住宿设施的优缺点，获得更好、更全面的旅游体验。

第三节　乡村民宿的分类

乡村民宿依据资源禀赋、经营主体、特色和产权性质，会分为不同的类型。

一、按资源禀赋划分

（1）民族特色民宿。这种类型的民宿通常以特定的少数民族为经营主体，

强调少数民族文化和传统手工艺品，是一种深度接触少数民族文化、了解少数民族生活方式的旅游体验（见图1-22）。

图1-22 贵州苗族乡村民宿

图片来源：百度图库。

（2）奢华型民宿。这种类型的民宿设施较为豪华、装修精美，并注重提供高端服务和私人空间。其不仅提供住宿服务，更强调度假、放松的氛围，配备高档SPA、私人泳池等设施（见图1-23）。

图1-23 野舍

图片来源：百度图库。

（3）艺术型民宿。这种类型的民宿通常由具有艺术天赋的艺术家或者电影业者经营，注重艺术表达和设计感，既可以住宿，又可以欣赏艺术作品（见图1-24）。

图1-24 染色艺术民宿

图片来源：Booking。

（4）农业观光民宿。这种类型的民宿主要从事农产品生产以及观光农业，既可以提供有特殊功能的防护性农业设施，又可以提供住宿服务（见图1-25），结构通常以温室和园艺世界为主，环境以绿油油的田园为主，还可学习水果和蔬菜等农作物的生长习惯。

二、按经营主体划分

（1）个人经营。这种类型的乡村民宿多由当地居民或者在当地购买房屋并独立经营的人经营，房屋数量通常不多，简单而温馨，服务较为亲切。

（2）合作社经营。这种类型的乡村民宿多由多个村庄或居民组成合作社，共同投入经营，提供更加多元化的服务。

图 1-25　农家稻田民宿

图片来源：Booking。

（3）公共机构经营。这种类型的乡村民宿多由政府或公共机构投资或者监管经营，旨在发展农村旅游业，提供农村旅游基础设施，如文化体验馆、展览馆、图书馆等。

（4）农家乐加盟连锁经营。这种类型的乡村民宿是受到大型酒店连锁经营思想启发后发展而来，通常一人持有旗下劳动力和管理选择权等，整个农家乐链条是各个农家乐的加盟，统一品牌，整体盈利来自各个农家乐的收入回报。

（5）企业集团经营。这种类型的乡村民宿则是由大小型企业集团经营，集合品牌力量、经济资本、市场流通、人才组建等优势，通常房屋和设施更加高端和豪华。

三、按民宿特色划分

（1）文化特色型民宿。这种类型的民宿通常在建筑、装饰、用具和食品等方面强调当地文化特色，环境优美、布置雅致，游客可以通过入住体验当地的特色文化、风情和人文历史（见图 1-26）。

（2）生态特色型民宿。这种类型的民宿致力于弘扬生态环保观念，采用绿色住宿、绿色餐饮、绿色娱乐等方式，给游客提供更加自然和健康的住宿环境（见图 1-27）。

（3）度假特色型民宿。这种类型的民宿通常按照主题设计，设施齐全、服务周到、环境优美，能够满足游客在休闲度假方面的需求（见图 1-28）。

图 1-26 具有英格兰风情的乡村民宿

图片来源：Booking。

图 1-27 海洋生态乡村民宿

图片来源：Booking。

图 1-28　隐居度假型乡村民宿

图片来源：小红书。

（4）特色主题型民宿。这种类型的民宿有很多种，如童话主题（见图 1-29）、植物园主题、马术主题等，根据市场需求和经营需求来设定。

图 1-29　童话乡村民宿

图片来源：小红书。

（5）美食特色型民宿。这种类型的民宿通常在美食方面下功夫，主张用新鲜有机的原材料，制作美味的菜肴，不仅提供住宿服务，还为游客提供智慧餐饮、时尚休闲等服务（见图1-30）。

图1-30　老马回乡民宿美食

图片来源：北京美丽乡村网。

四、按产权性质划分

（1）国有民营。这种类型的乡村民宿属于国有产权，但是由私人或企业经营。通常是政府发包给私人或企业，由其承包经营，既保留了政府的监管权利，又充分发挥了民间资本的灵活性和资源优势。

（2）集体经营。这种类型的乡村民宿属于集体经营，是指由村集体或农民合作社进行经营，房屋和土地使用权归村集体或广大农民所有。通常都是由当地村集体或农民自行从闲置土地和房屋中精选改建而成，对于当地村民有着一定的社会效益和经济效益。

（3）私人经营。这种类型的乡村民宿则完全是私人拥有的经营产权，通常是普通或富有的村民、企业家等买下土地和房屋进行改建，再投资用于经营。私人经营民宿通常更注重个性化和创新性，以满足更广泛的市场需求。

总之，乡村民宿的产权性质不尽相同，但是无论哪种类型，其经营都需要密切结合村庄历史文化、环境资源、产业发展等。同时，乡村民宿的经营还需要依靠政府的支持和监管，加强服务质量和标准化管理，才能更好地发挥其对乡村振兴的作用。

第四节　乡村民宿发展与乡村振兴

乡村振兴战略是习近平主席于2017年10月18日在党的十九大报告中提

出的国家发展战略。2018 年 9 月，中共中央、国务院印发了《乡村振兴战略规划（2018-2022 年）》，指出：到 2020 年，乡村振兴取得重要进展，制度框架和政策体系基本形成；到 2035 年，乡村振兴取得决定性进展，农业农村现代化基本实现；到 2050 年，乡村全面振兴，农业强、农村美、农民富全面实现。乡村振兴是产业振兴、组织振兴、人才振兴、文化振兴和生态振兴的全面振兴，乡村民宿是"五振兴"的重要抓手，正确认识乡村振兴和乡村民宿发展具有重要意义。

一、乡村振兴

乡村振兴是中国政府实施的重大战略，旨在通过一系列政策举措，提高农村经济、社会和文化发展水平，实现城乡资源要素协调流动与共享，均衡发展，缩小城乡差距，实现现代化的基础设施建设，改善农民生活质量，让农村产业兴旺、生态宜居、乡风文明、治理有效、生活富裕，这是实施乡村振兴战略的总要求。其中产业兴旺是基石，生态宜居是保证，乡风文明是灵魂，治理有效是核心，生活富裕是目标。

1. 乡村振兴的目标

（1）乡村产业振兴。乡村振兴的基础就是产业振兴，发展现代高效农业、绿色原生态农业，提高城镇现代化基础设施及公共设施水平，促进现代农业向规模化、机械化、集约化、标准化、组织化方向发展，为乡村产业振兴提供动力。

（2）乡村人才振兴。人才振兴是乡村振兴的前提，乡村人才振兴为乡村振兴提供劳动力，是乡村工作的组织者，是建设乡村振兴和生态产品的供给者。人才振兴为乡村振兴提供了可能，是乡村事业创新发展、农业升级与进步的必然选择。

（3）乡村文化振兴。乡村文化振兴有利于中国传统文化的发扬，提高人民文化生活水平，提高全民的文化素质。文化振兴是乡村振兴的重要内容，文化与政治经济相辅相成，并反作用于经济和政治的发展。文化属于乡村发展的精神财富资本，为乡村振兴提供方向保证、精神动力和智力支持。

（4）乡村生态振兴。乡村生态振兴是指打造宜居的生态环境，是贯彻实施乡村振兴的关键和内在动力，是对生态文明语境下乡村现实问题的回应。直面乡村生态振兴的现实困境，探寻其破解路径，有益于改善乡村生态环境。

（5）乡村组织振兴。社会组织的培育和发展，尤其是当前蓬勃发展的乡贤理事会、村民监事会等各类协商自治组织，有助于协调利益纠纷，建立自治、法治和德治相结合的现代乡村社会治理体系。

"五大振兴"关系见图 1-31。

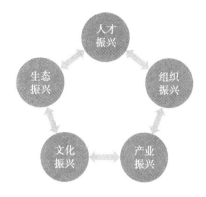

图 1-31　五大振兴关系

2. 乡村振兴的路径

上述五个振兴目标，都是围绕产业振兴展开并为其服务的，产业振兴应从如下路径实施。

（1）"互联网+"农产品工程建设。通过"互联网+"农产品工程建设，提高农业工作效率，是农业科技创新发展的关键项目。

（2）生态循环农业。通过加大对农村能源综合建设的投资力度，推动农村的生态循环农业，推动资源的循环利用。

（3）乡村旅游服务业。加强对乡村旅游业的开发，将文化与旅游相结合，突出农村地方特色，鼓励对农家乐、民宿、采摘基地的建设，打造品质化乡村旅游建设。

（4）打造乡村特色产业集群。多条产业链相结合，打造种植、加工、冷链、物流、电商、营销于一体的全产业集群。

（5）现代农业产业园。打造农业品牌的农业产业园，规范乡村生产车间规，建设现代化农业产业园。

（6）乡村新型服务。根据乡村特色发展特色文化产业，在保留原有乡村特色的基础上进行改造，服务当地居民的同时，为旅游业发展提供支持。

总之，乡村振兴是中国建设现代化国家的战略性选择，其核心在于推进农业现代化，发展现代农业产业和农村旅游业等，推动城乡要素协同流动和共享，实现城乡融合发展、优化区域发展格局，促进人民福祉，让广大农民过上更加美好的生活。

二、民宿发展与乡村振兴

1. 乡村民宿与乡村振兴的关系

乡村民宿作为乡村旅游的重要支柱之一，为乡村振兴提供了新的契机。乡村民宿的发展，对于当地的经济、文化和社会环境都有着积极的促进作用。乡村民宿发展与乡村振兴的关系具体如下。

（1）增强农村经济活力。乡村民宿作为一种新型的农业产业，可以提供住宿、餐饮等服务，为当地农村经济的发展注入新的活力。此外，乡村民宿还可以将市场和乡村旅游产业有机地结合起来，拓展农村旅游的经济板块，推动当地产业转型升级。

（2）促进就业和增加收入。乡村民宿的发展，需要大量的建设和管理人员，这为当地就业提供了新的机会。同时，扶持乡村民宿企业，也为有意从事乡村旅游业的农民或失业者提供了就业机会，为广大的农民增加了收入来源。

（3）促进当地文化传承。乡村民宿作为一种具有代表性的文化产品，可以让更多人了解和传承当地文化和传统生活方式。在提供住宿和餐饮服务的同时，乡村民宿还能为游客提供体验当地传统工艺和文化的机会，深化游客对当地乡村文化的认知和理解。

（4）保护生态环境。乡村民宿的建设与经营必须遵循生态、环保的原则，可以推动乡村生态文明建设，保护生态环境，强化环境意识，增强乡村生态文明建设的动力。

乡村民宿的发展与乡村振兴密不可分。通过积极拓展农村旅游产业，促进农村经济发展和农民增收，推动农村旅游和农村振兴相互促进。

2. 发展乡村民宿的具体路径

在乡村振兴国家战略的大背景下，乡村民宿迎来了重要的发展机遇期，乡村民宿发展的具体路径包括以下六个方面。

（1）选择合适的地点。选择适宜农村旅游的自然风景区或具有历史文化的区域，同时要根据当地的产业结构和资源禀赋情况，结合本地的特色和优势，形成自己的定位和特色，提高品牌知名度和旅游价值。

（2）决定民宿类型。民宿通常可以分为乡村酒店、民宿客栈、民宿农家乐等。在决定民宿类型时，需要考虑当地游客的需求和喜好，根据自身资源优势和经营特点，进行有针对性的规划和设计。

（3）设计和装修。可借鉴国内外优秀的民宿设计和装修，根据本地乡村特点进行创新。建议在保留历史文化的基础上，注重环保、实用、美观、舒适和文化传承。

（4）提供个性化服务。为游客提供个性化和差异化的服务，如提供定制化的餐饮服务、讲解当地人文历史和传统产业等，让游客体验当地的风土人情和文化氛围。

（5）加强营销宣传。通过网络营销平台和社交媒体等手段提高品牌知名度和影响力，让更多游客了解干净、整洁、舒适、安全、温馨的乡村民宿品牌。

（6）建立健全的管理体系，建立财务管理、服务管理、人员培训等多个方面的管理体系，加强内部管理，实现规模化发展。

乡村民宿发展离不开乡村振兴国家战略的持续推进，乡村振兴为乡村民宿发展提供了重要的政策支持和基础设施提升基础，乡村民宿发展是乡村振兴的重要抓手，二者相辅相成。发展乡村民宿必须抓住当地资源、市场需求和区域特色，实现农村旅游业和民宿产业协同发展。

思考题

1. 乡村民宿缘何能在中国大地上蓬勃发展？

2. 试述我国乡村民宿发展的阶段及特征。

3. 简述国内外乡村民宿的发展历程和主要特点。

4. 乡村民宿的内涵是什么？

5. 乡村民宿主要有哪些特点？

6. 乡村民宿与一般住宿设施有何区别？

7. 按照不同标准，乡村民宿可以分为哪些类型？并简述各类型的具体类别。

8. 具体解释乡村振兴的内涵。

9. 简述乡村振兴的具体目标。应采取哪几个设施来振兴？

10. 乡村振兴与乡村民宿发展有何关系？

11. 发展乡村民宿应从哪几个方面入手？

第二章　乡村民宿筹划

学习目标：通过本章节的系统性学习，使学生掌握乡村民宿的开办流程，了解乡村民宿开办流程及注意事项；熟悉乡村民宿开办建设资金的来源方式和股权结构；掌握乡村民宿选址的注意事项，了解如何借助科学技术手段进行选址，学会利用GIS和遥感等科学技术手段进行选址分析；掌握乡村合同签订注意事项；学会撰写乡村民宿商业计划书。

第一节　乡村民宿开办流程

随着社会的不断发展和人民生活水平的提高，个人拥有更多可供支配的收入和可自由支配时间，越来越多的人渴望过上自由自在的慢生活，到一处风景绝美的地方（见图2-1），住在有落地窗的房子里，坐在露台上，悠闲地晒着太阳，品着茗茶，任由时间静静流逝。根据文化和旅游部数据显示，2012~2019年，我国乡村旅游接待人次从近8亿跃升到30亿，年均增速超过20%。

图2-1　广西桂林阳朔云庐精品民宿

图片来源：百度图库。

一、乡村民宿开办模式

1. 定义

乡村民宿是指利用乡村民居（包括自有产权或租赁产权）等相关资源，民宿主人参与经营服务，为游客提供体验当地自然景观、人文与生产生活方式的一种小型住宿设施。

2. 开办模式

乡村民宿通常可以分为两种开办模式：自己开办和加盟开办。

（1）自己开办。自己开办模式的流程简单，可以归纳为以下五个步骤：

第1步：合理选址，租赁房子。

第2步：到当地的工商管理局办理营业执照等相关证件。

第3步：对乡村民宿进行扩建或改造装修。

第4步：招聘经营乡村民宿的工作人员，同时要对员工进行培训。

第5步：举办开业仪式，对外宣传，开始营业。

（2）加盟开办。加盟开办模式的流程可以简单归纳为以下七个步骤：

第1步：在开办之前需要向总公司进行咨询和申请。

第2步：获取资格之后进行评估。

第3步：双方签订合同。

第4步：在原定的基础和楼房上进行扩建或改造装修。

第5步：入住民宿管家。

第6步：招聘经营乡村民宿的工作人员，同时要对员工进行培训。

第7步：举办开业仪式，对外宣传，开始营业。

二、乡村民宿开办前的其他事项

在开办乡村民宿的流程中，不管是自己开办还是加盟开办，均需要注意以下六个方面：

1. 开办地点

乡村民宿开在什么地方，简单来说也就是乡村民宿的选址，是一件大事，决定了乡村民宿未来的发展上限。乡村民宿成功的因素有很多，筹建和运营都是完全依靠后天的控制，而选址是先天性极强的因素，基本上选址一经确定，未来盈利的方向就大致确立了。好的选址是成功的一半。如果选择很偏僻的地方，不仅交通不便，还很少游客到访。因此开办乡村民宿，选择在景色优美的地方附近较好，因为这些地点可以让乡村民宿的生意更有保障，客源也更稳定。

2. 就地取材

开办乡村民宿，可以利用本地特色，如乡村风景、稻田、果园、村庄布局、历史古迹等当地资源开发出合适的旅游项目。比如，在农业果园中建设果园民宿，利用农家乐和不同水果品种植开展果酱、果饮和果干业务，向游客展示农家乐魅力；利用种植花卉制作香精等。建设或者翻建乡村民宿，尽量采用本地建筑材料，这样不仅可以降低成本，还可以把当地的建筑风格与文化传承呼应起来。比如，在南方的乡村地区，可以利用竹子和红砖等当地材料，增加当地特色。

3. 与众不同的装修风格

许多消费者住腻了千篇一律的酒店，到乡村游玩，乡村民宿往往成为最优和最方便的选择。对于他们而言，住乡村民宿最好的理由就是体验新鲜感，体验下不一样的居住环境，欣赏不一样的景色，因此乡村民宿的装修风格，要与众不同，要很好地融入当地的景观和人文特色，并且有自己的风格，这样才会受到顾客的青睐。同时在设计和装修过程中尊重自然环境，尽可能保持自然环境，保护较好的房屋建筑，不随意砍伐树木，不人为破坏草地等。

4. 高品质的服务

对于乡村民宿经营者来讲，要跟农家乐有所区别，不要只是单调地提供住宿服务，可以额外提供洗衣、代买车费、早餐供应、旅游向导或者兴趣沟通交流等其他服务，为顾客提供人性化、个性化的服务，让顾客有方便舒适和个性化的体验，这样自然就会吸引顾客进行二次消费。

5. 干净卫生的住宿环境

干净卫生是住宿业非常重要的一点，人们外出住宿最怕的就是住宿环境不卫生，如果乡村民宿环境非常不卫生，门店不好的口碑就会被放大并扩散出去，自然难以吸引顾客，因此要尽量避免卫生成为被投诉的主因之一。

6. 合理的宣传营销

要把乡村民宿做大做强，甚至响誉国内外，宣传营销至关重要，因为乡村民宿刚开张的时候体验的人非常少。可以结合现代科技手段，运用互联网络进行宣传，扩大乡村民宿的知名度，例如可以在一些知名度比较高的旅游网络平台上挂与乡村民宿相关的广告，或者在 Airbnb 平台上展示照片和预定，在 Bilibili、小红书、抖音等短视频平台宣传，在微信朋友圈推广等。

总之，乡村民宿应该考虑当地文化特色和自然环境，力求与周围环境相协调，以保护生态环境和维护当地文化传统，吸引更多游客前来体验。

三、乡村民宿开办的"避坑"情况

近年来乡村民宿如雨后春笋，艺术家要开民宿，情怀设计师也要开民宿、年轻有为的青年也要开民宿……开民宿突然成了一个时髦高端的事情。但是又有多少人贸然进入后又黯然离开民宿行业，开办乡村民宿要避开以下几个"坑"。

1. 容易赚钱回报率高的坑

大多数人开设乡村民宿之前总是看到别人家的光鲜亮丽，憧憬着自己如果也开家乡村民宿，必定前途大好，格调满满，赚得盆满钵满。以为开办乡村民宿是很容易赚钱，但实际上，有品位又能赚钱的乡村民宿只是民宿市场上很小的一部分。想研究怎么赚钱，不要只盯着最火的那几家，建议把眼光转向那些勉强维持经营，或即将结业，或已经创业失败的乡村民宿。研究为何失败，也想想自己能否承受不赚钱的结局，权衡之后再决定是否开办乡村民宿或者考虑自己开办乡村民宿的盈利模式。

对于做得好的乡村民宿，"卖房"（住宿）只是基本收入，毕竟房费收入有天花板，入住率也有明显的淡旺季，卖房以外的收入才是可持续增长的，还能有品牌效应的收入。

2. 容易开办的坑

别以为有了情怀就能办好一家乡村民宿。情怀打动的仅仅是你自己，打动不了房东、游客和政府职能部门。

在租房界房东因素最重要，在接受租约之前请务必看清租房合约，包括租期、租金、转让条款等。首先要弄清楚经营乡村民宿所租的房子产权，确认自己是一房东还是二房东，租房的时候明确产权、租期、租金、违约责任等，最好有律师帮你把关。请担保人做担保也是很有必要的。这些是合法经营的基础。如果是接手上家的乡村民宿，就要确认上家转让的意愿和条件，也别被上家坑。

其次就是确认办证经营的流程和许可条件。如果是接手上家乡村民宿，要确保证件齐全或者所缺证件办理的可行性。如果是新办的乡村民宿，要找区域内证件齐全的民宿主请教。如果是区域内第一家乡村民宿，更加要做好细致研究，走访职能部门，确保能够办证。

3. 资金资本投入的坑

以为开办乡村民宿可以精打细算，后来才发现是粗算漏算。计算的时候很完美丽，花钱的时候却很骨感。

一般而言，乡村民宿主只考虑民宿的设计、工建，软装、房租押金，但是在人工费越来越高的今天，对不懂建造行情的人来说，施工成本的预算必须"就高不就低"。甚至可以按原预算的两倍来预留。

同时，预备费（有一定的流动资金）、转让费（如有）、人情费（乡村邻里关系对接与维系）、资金成本（众筹收益准备金、贷款利息）、基础设施改造费（道路整修、净水设备、储水设备、污水处理、电力专线变压器、电信信号加强设备、房屋鉴定费、消防整改与设备费）等都要预留，一一列出详细清单，做到心中有数。

4. 团队建设的坑

以为开办乡村民宿是一两个人或者几个就能搞得定，不需要团队。确实一些房间少的乡村民宿，一个人可身兼数职：创始人、老板、前台、打扫阿姨、公众号运营、夜间值班。但真正开一家乡村民宿，涉及的工作繁杂又专业，必须有一个未必强大但必须靠谱的创始团队。

一般而言，建议选择擅长不同领域和专业的的朋友加入创始团队。创始团队人员不宜过多。建议采取"X+Y"的搭建模式。X指实际创始团队，真金白银投入（或者持有创始干股）的人员，一般指创始人、联合创始人、初创运营人员、参与实际民宿运营的人员；Y指由X的人脉资源搭接的、不定期为民宿提供运营支持的人员（也可以是非公共渠道众筹的股东），可称之为"民宿顾问团队"，但必须真正有贡献，而不是挂靠用于对外宣传。

5. 团队建设人员变动的坑

团队建设另外一个坑就是人员变动。基于对民宿房间数、经营预期和投资回报率的考虑，日常经营人员配置需要很谨慎，随着周边乡村民宿越开越多，民宿从业人员的缺口也越来越大，招不到合适的怎么办？靠挖！你能挖别人的，别人也能挖你的，如果你的员工不幸被挖走了，怎么办？一个萝卜一个坑的配置，走了一个，在缺岗人员到岗到位前，作为乡村民宿的老板，你只能自己顶上。如果毫无预案，对员工的薪资福利和关怀不到位，这个坑会把你坑得很惨，要知道稳定且有经验的员工和团队对乡村民宿的持续运营十分重要，民宿行内有句话：民宿不只有想象中的风花雪月，更有现实中的马桶和熬夜。

6. 背靠线上旅游平台（OTA）万事大吉的坑

许多乡村民宿经营新手觉得，现在OTA有极大的客源流量。只要自己的乡村民宿是好产品，一旦上线，OTA就会源源不断地帮你输送客户。殊不知，互联网平台几乎都是以极大的优惠甚至免费帮你推广，等你对它产生依赖就开始营利了。OTA也存在类似问题，曾经不少地方的OTA抢占市场，听说在抢占后就要求提高订房佣金，一般OTA收取10%~15%的佣金。在某些地方、某些时段、对某些民宿，OTA会要求20%甚至30%的佣金，所以建议尽可能通过微信、微博、小红书、抖音、Bilibili等自媒体，或者其他渠道传播自己，OTA作为补充即可。现在也有一种做法，即民宿集群下由民宿组织（如民宿协会民宿联盟等）以团体的姿态与OTA展开谈判。如果OTA不谈判，该组织内的商家一律下线，换别的OTA合作，这种情况下，OTA一般不敢直面对抗，而愿意回到正常的合作关系中来。

7. 情怀的坑

情怀的坑指把情怀当产品来卖，而忽略了产品的本质。一定要记住：你的情怀并不是客人的情怀。很多人都怀念小时候在乡村老家的感觉，喜欢在清净的旅游地有一间按照自己喜好布置的房子。市场上没有怎么办？自己任性自己开，这么美好的事情，开完之后同类人还不纷至沓来？看似合情合理的事情，等做到运营阶段才知道，情怀和现实隔着十万八千里。

真正落实到乡村民宿，可能是选址时和房东的各种谈判，可能是项目运营阶段焦头烂额的 OTA 和拓客，更有可能是团队不爽甩手走人时自己顶上去刷马桶的各种熬夜。

所有的客人，都不会为民宿主的情怀买单。客人来，可能是朋友的推荐，可能是 OTA 上超赞的点评。但每一个客人到这来的目的都是想要一次不一样的体验和服务。

情怀的坑，在于很多人把情怀当产品卖，而忽略了产品的本质。如果只凭情怀开店，就幻想民宿天天客满，那是不切实际的。

综上，乡村民宿开办要求协调统一，注重整个自然和人文环境、乡村环境协调相容。发展搭建乡村旅游和农业产业服务平台，突出本土特色，促进"新农业"模式的实践，实现自己的理想。

第二节　乡村民宿的资金来源与股权结构

一、乡村民宿的资金来源

城市的高压生活造就了一大批人计划返乡创业，当盘点民宿投资金额的时候才发现乡村民宿是一个高门槛的行业，因为不是每个人都能轻易拿出几百万元来创业。那么想开乡村民宿但资金又不够的朋友又该怎么办呢？开办乡村民宿要解决的一个首要问题就是资金来源。乡村民宿资金来源主要包含个人自筹资金、政府扶持资金和社会众筹资金三种形式。

（1）个人自筹资金。指个人或单位依靠自身的力量筹集资金等，自筹资金就是自己的资金不足，需要另寻其他渠道筹集资金。

（2）政府扶持资金。指政府机关针对民宿等作出的一系列资金扶持。

（3）社会众筹资金。由发起人、支持者、平台构成。大众筹资或群众筹资是指用"团购+预购"的形式，向网友募集项目资金的模式。具有低门槛、多样性、依靠大众力量、注重创意的特征。众筹利用互联网和 SNS 传播的特性，让小民宿、艺术家或个人对公众展示他们的创意，争取大家的关注和支持，进而获得所需要的资金援助。

在筹集资金阶段，就要考虑乡村民宿的定位，可以根据自己的资金量、爱好特长和人脉圈子，结合市场现状和发展趋势，粗略定位目标客户、乡村民宿价格、风格类型和经营模式。村民宿资金来源的优缺点见表 2-1。

表 2-1 乡村民宿资金来源的优缺点

资金筹集方式	优点	缺点
个人自筹资金	可以自由选择，容易统一意见	资金风险较大
社会自筹资金	整合跨界资源，实现品牌传播，缓解资金压力，聚拢目标客户	要对共建者负责，承受更大的经营压力
政府扶持资金	得到政府支持，缓解资金压力	受政策变动影响

相对于传统的融资方式，众筹更为开放，项目的商业价值也不再作为能否获得资金的唯一标准。只要是有人喜欢的项目，都可以通过众筹方式获得项目启动的第一笔资金，为更多小本经营或创作的人提供了无限可能。

（1）众筹的分账模式。需要特别注意的是众筹不是捐款，支持者的所有支持一定要有相应的回报。一切都是以盈利为目的进行的商业模式。众筹种类及分账模式主要有以下几种。

1）债权众筹。投资者对乡村民宿项目进行投资，获得一定比例的债权，未来根据初期设定的规则逐年获取利息收益，一定年限后收回本金是债权众筹的最大特点。

2）股权众筹。投资者对乡村民宿项目进行投资，获得一定比例的股权，未来根据初期设定的规则逐年获取分红收益。此类是目前主流的众筹产品之一，有利于共建人与项目共同承担风险、对抗不确定因素，以便更好地完成经营目标。

3）产品众筹。投资者对乡村民宿项目进行投资，获得产品或服务，例如，用 599 元购买某乡村民宿非节假日住宿一晚，用 2999 元购买双人食宿套餐+周边景区门票等个性化产品。与之相类似的还有前期储值吸引潜在用户的方式，例如，储值 20000 元返 25000 元消费额或其他营销方式，产品众筹的主要目的不是资金的大规模引入，而是侧重于品牌的前期推广与行业造势，但凡事都有利弊，大量的众筹产品会给乡村民宿后期的运营造成压力，也存在低过预期等情况，甚至影响品牌未来的发展，一定程度上存在隐患。

4）公益众筹。投资者对项目或公司进行支持，可以无偿获得象征性回报，例如，获得民宿名誉管家、某民宿明信片等，在影响力方面与产品众筹有相似之处，前期造势、吸引潜在用户、增强参与感都可为民宿后期的发展助力。

（2）不同众筹类型的收益情况。

1）债权众筹。投资人按照平台规则投资民宿，并根据约定的债权回报比例，根据合同确定的规则逐年获取分红收益，到期后投资人收回本金。

2）股权众筹。投资人投资民宿项目，根据金额获得一定比例的股权，未来根据初期设计定的规则逐年获取分红收益。

3）产品众筹。投资人在某个特定时间段内，对民宿项目进行投资，获得产品及服务，类似团购，可以在这个时间段获得相对较低的产品或服务价格。

4）公益众筹。投资人对民宿项目进行支持，以无偿或者较低价格获得象征性的荣誉回报。

【社会众筹案例】

上线 1 小时，"云溪上"众筹 400 多万元。

2016 年 11 月，师从日本建筑大师丹下健三的设计师余味在莫干山的民宿项目"云溪上"开门营业了，也是打那时起，他和民宿众筹有了更多接触。

余味真正意义上的首次众筹，是在 2017 年 7 月——"云溪上"二期蓝图完成后，他想到了发起众筹。出于投资背景和投后工作的专业性考虑，他最终选择了北京的"多彩投"作为合作伙伴。

2017 年 7 月 24 日，"云溪上"二期众筹项目在多彩投上正式上线，并通过圈内公众号"几何民宿"发布了文案。在这场众筹中，余味为他的支持者们提供了两种认筹方式。

一是私募股权众筹，起投金额为 5 万元，最高可投 50 万元。这项投资的预期投资收益率为每年 15%，按季度分红，若前三年每年现金分红收益率不到 10%，则由大股东进行补足；在项目全部开业前，认筹者可按每年 8% 获得资金站岗利息。另外认筹者还可以获得每年 5% 的消费权益，可用于云溪上品牌旗下所有门店住宿消费，消费权益使用完毕后，则可以享受云溪上旗下所有项目 OTA 价格 8.5 折优惠。

二是消费众筹，认筹金额为 1000 元，认筹者将获得云溪上 1 间·夜（1500 元以内房型任选，1500 元以上补差价）。

这次众筹的实际效果超出了余味的预期。微信文章的阅读率转眼破万，不少民宿爱好者在微信下点赞——"好喜欢这个民宿的名字，感觉这事儿靠谱"，也有人发问——"跟裸心谷二期相比优势在哪？我会考量一下才来筹"……最终，"云溪上"二期众筹项目仅用一小时左右便完成了目标额135%的认筹，众筹总金额达400多万元。

"众筹结束之后，平台会以募集所得为注册资金成立一家公司，再通过股权变更和扩资将其融进民宿公司旗下，并将这笔资金用于二期工程的建设，而每季度的收益也会通过公司分发给每一位共建人。"余味说。

发起众筹的民宿主并不"差钱"，他们真正想做的是"筹人"。

众筹让乡村民宿主迅速得到了资金支持，但是记者在采访中发现，事实上发起众筹的民宿主并不"差钱"。

"大乐之野"的新项目"小镇姑娘"预计投资1300万元，余味的"云溪上"项目总投入1800万元，而他们放到众筹平台上筹集的资金目标只有区区几十万元或者百来万元。显而易见，他们的梦想并不是依靠众筹平台来完成的。

二、股权结构

1. 定义

股权。即股票持有者所具有的与其拥有的股票比例相应的权益及承担一定责任的权力（义务），基于股东地位（身份）可对公司主张的权利。

2. 股权构成

股权构成。即不同背景的股东集团分别持有股份的多少。在我国是指国家股东、法人股东及社会公众股东的持股比例（见图2-2）。

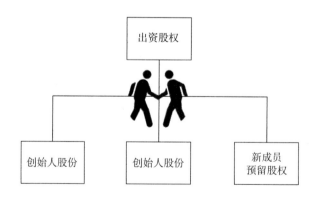

图2-2 股权构成关系

图片来源：百度图库。

3. 规范的股权

（1）降低股权集中度，改变"一股独大"局面。

（2）流通股股权适度集中，发展机构投资者、战略投资者，发挥他们在公司治理中的积极作用。

（3）有利于股权的流通性。

4. 股权结构。

（1）定义。股权结构是指股份公司总股本中不同性质的股份所占的比例及其相互关系。

依据《中华人民共和国公司法》第二十七条：股东可以用货币来出资，也可以用实物、知识产权、土地使用权等可以用货币估价并可以依法转让的非货币财产作价出资；但是，法律、行政法规规定不得作为出资的财产除外。对作为出资的非货币财产应当评估作价，核实财产，不得高估或者低估作价。法律、行政法规对评估作价有规定的，从其规定。

（2）股权结构的表现形式。股权结构的表现形式体现在以下两个方面：

1）股权结构是体现在股东之间的持股比例和数量上的不同，如持股比例达到51%就会形成对公司的相对控制，当达到67%会对公司形成绝对控制。

2）股权结构是体现在现金、知识产权、其他资产等形式上的持股比例。

（3）股权结构分类。

1）高度集中股权。绝对控股股东一般拥有公司股份的50%以上，对公司拥有绝对控制权。

2）高度分散股权。公司没有大股东，所有权与经营权基本完全分离、单个股东所持股份的比例在10%以下。

3）相对控股股权。公司拥有较大的相对控股股东，同时还拥有其他大股东，所持股份比例为10%~50%。

股权结构可以按民宿剩余控制权和剩余收益索取权的分布状况与匹配方式来分类。从这个角度，股权结构可以被区分为控制权不可竞争和控制权可竞争的股权结构两种类型。在控制权可竞争的情况下，剩余控制权和剩余索取权是相互匹配的，股东能够并且愿意对董事会和经理层实施有效控制；在控制权不可竞争的股权结构中，民宿控股股东的控制地位是锁定的，对董事会和经理层的监督作用将被削弱。

在进行众筹时，建议把股份分成三部分：原始股份、代持股份、用于众筹的股份，确保原始团队的绝对股份超过60%。未来对公司重新估值后，可以拿出代持股份进行二次、三次融资。这样的操作保证了原始团队的绝对话语权，公司仍可按原始的思路持续发展。

第三节　乡村民宿选址的科学考量

李嘉诚说："决定房地产价值的因素，第一是地段，第二是地段，第三还是地段。"这句话不仅适用于房地产，同样适用于乡村民宿行业。乡村民宿的地址对于乡村民宿的成功与否举足轻重。

一、乡村民宿科学选址

乡村民宿成功的因素有很多，筹建和运营都完全依靠后天的控制，而选址是先天性极强的因素，基本选址一经确定，未来盈利的方向就大致确立了。可以说，好的选址是成功的一半。乡村民宿不同于都市民宿或者景区民宿，由于没有完善的市政配套和相关生活环境的配套可以依托，决定一家乡村民宿成功的因素有设计、运营、说故事、聊情怀，不是每一家民宿都能活下来。

如何选一个好的地方？这在一定程度上决定了一家乡村民宿的未来，决定了乡村民宿未来的发展上限，因为确定了选址，就确定了市场方向。乡村民宿和商铺、酒店一样，科学正确合理的选址，可以提高乡村民宿80%的成功率（见图2-3）。乡村民宿总体可以从政策环境、自然环境、人文环境三大方面考虑。

图 2-3　安徽黄山澍德堂酒店

图片来源：百度图库。

二、乡村民宿选址的原则

1. 依托区域经济背景

乡村民宿要尽量选址在经济发达的核心经济圈或大都市可以直接辐射带动的乡村，才能保证足够的消费单量。消费人次多，单次消费水平高，并不是说相对欠发达、不发达的区域就不能做乡村民宿项目，只是规模量极要匹配，做项目要顺势。

2. 挖掘原生态丰富的资源

原生资源包括自然资源与文化资源。自然资源包括山水林草田等。文化资源包括建筑风貌、遗存、民风民俗、民族传承、非物质文化遗产、本地特色餐饮等。原生资源的独特性很重要，唯一性越强，吸引力就越强，项目辐射半径就越大，对区域经济背景的要求也就相对降低。

3. 注重土地技术条件

土地技术条件是项目选址的核心。注重存量挖潜，要做好项目区存量建设用地的调查，探索新增建设用地的审批合理流程，建设用地难以保障的项目，不要考虑投资。

4. 基础设施较完善的地方

考察乡村民宿周围的市政基础设施情况，比如经营所需的水电、排污、消防、供暖等。地表水系水质、有无污染型民宿、生活垃圾处理是否有序等，避免运营成本偏高。

三、乡村民宿选址的具体要求

乡村民宿选址的具体要求一般包含五个方面：

（1）乡村民宿选址应符合当地土地利用总体规划、城乡建设规划、生态保护红线规划、旅游发展总体规划，避开易发山洪、泥石流等自然灾害的高风险区域。

（2）乡村民宿建筑应当符合国家有关房屋质量安全的标准和要求，建筑风貌应当与当地景观环境相互协调。

（3）单幢建筑经营用客房不超过4层、建筑面积不超过相关法律规定、客房数量应不超过相关数量，并设有专用楼梯间或出入口。

（4）位于镇、街道、村，利用居民自建住宅进行改造的乡村民宿，其消防安全要求按照《住房城乡建设部公安部国家旅游局关于印发农家乐（民宿）建筑防火导则（试行）的通知》（建村〔2017〕50号）执行。

（5）旅游民宿不得设立在饮用水水源地一、二级保护区内。旅游民宿污水应当接入乡村污水管网，暂不具备条件的，应配备必要的生活污水集中式收集、处理、处置设施，确保生活和餐饮污水无害化处理后达标排放。经营前应该了解当地对经营民宿的各项规定，做好准备工作。

总的来说，开办一间乡村民宿，选址安全、建筑安全、消防安全、治安、卫生、食品安全及环保等方面都需要通过审核。

四、乡村民宿选址的技巧

1. 交通

民宿的选址要考虑通达性，一般来说 1~3 小时的到达时间是最理想的，行程时间如果低于 1 小时，客人心理上会失去新鲜感以及仪式感；如果高于 3 小时，客人则会失去耐心，所以乡村民宿的选址要在大城市 3 小时以内的到达时间（自驾，飞机，高铁）（见图 2-4）。

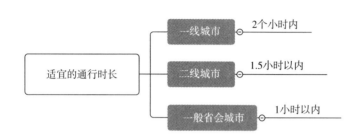

图 2-4 适宜的交通时长

2. 流量

选择成熟的旅游度假市场周边，方圆 20 千米以内有风景名胜区的地方。如果是 AAAAA 景区周边、AAAA 景区周边自带流量，可以节约很多前期推广费用。

3. 成本

成本主要分为两大方面：租金成本和建设成本。租金成本一直是民宿运营成本里的大头，在一个小众的目的地开办民宿，房租价格肯定便宜，最好在投资比例里低到可忽略不计。建设成本：有些民宿为了追求极致的自然风光，往往选址在险远之地，如海岛、山顶，材料运输极其不方便，要么人力运输，要么轮渡，其建设成本是正常情况的 2 倍以上。

4. 网红场景

乡村民宿要能给到客人惊喜感，让人第一眼就赞叹。找一个合适的地方架摄影机，想象着把民宿建在摄影机的位置，考虑环境景色和在这个地方的感受，渐渐还原脑海中家的样子，拍几张美照。

5. 挖掘文化、会讲故事

讲出乡村民宿的故事，这些故事可以是当地的人文历史，可以是民宿主的传奇经历，也可以是乡村民宿的用品、家具、装饰物，还可以是民宿主对自己民宿的理解，很多生活中不经意的小喜悦，都是故事的分享。

6. 市场成熟度

市场成熟度是大环境下的旅游、度假市场发展情况，依托成熟的旅游市场选址就容易成功，而选址在旅游度假市场未开发区或待开发区，后期经营则会很吃力。

要在"半生熟"、有政府扶持的地方，找上升期的项目。什么是"半生熟"、有政府扶持的地方？就是这个地方有比较强的消费能力，而且这个地区已经有了类似的民宿、客栈、酒店、农庄等项目，大众对这类项目有一定的认知，不会排斥，有一定的需求，政府也会鼓励支持，能提供保障与帮助（比如帮助处理好和当地的村民、村干部、屋主的关系）的地方。选址时，不妨多搜索，了解这些地方民宿的发展史，判断当地民宿市场所处的阶段。

7. 利用好大环境

尽量找道路、水电、排污等基础设施完备的地方，可以节省大量的资金、施工、时间成本。要处理好和当地的村民、村干部、屋主的关系。在互补圈做民宿更容易成功，在一个已成气候的地方，大家一起做民宿，满足不同客群的消费需求，可以形成一个互补的"体验链"。

比如在民宿竞争激烈的莫干山，"莫上隐""莫干山居图""十八迈""隐莫干""云镜"等民宿，根据各自的特色，联合开发特色体验项目，只要是入住这几家民宿的客人，都可以报名享受这几家民宿的联合体验项目。

8. 规避政策、法律风险

看上一座房子、一块地，别忘了研读一下当地的民宿相关政策，政策的支持是民宿资金投入的最大保障，否则，一纸禁令就可能让投入血本无归。

环保风险：洱海拆迁、泸沽湖环湖整治；土地属性：一般农田、基本农田、住宅用地、商业用地、宅基地建筑性质：超面积、无产权证或产权不明晰、占用公共用地、不符合当地规划、待拆迁、一宅多户、违章建筑。

还有气候条件、地理环境，比如西藏、川西、甘南，高海拔、路途远、极端气候。

此外，还有交通条件、周边配套等。一个成功的民宿，除了合适的位置、美好的颜值，还有非常多的细节决定生死。

乡村民宿的选址多维度的，它基本决定了你的民宿能否成功，不过万事开头难，好的开始是成功的一半，磨刀不误砍柴工，这些谚语都是选址重要性最生动的体现。

五、乡村民宿选址的科学技术方法和手段

乡村民宿的科学选址可以借助计算机技术、遥感技术、GIS 技术、CAD 技术、无人机技术等进行科学分析，综合各种要素分析得出最佳的选址位置。

1. 地理信息系统技术

地理信息系统技术（Geographic Information Systems），简称 GIS 技术，是多

种学科交叉的产物，它以地理空间为基础，采用地理模型分析方法，实时提供多种空间和动态的地理信息，是一种为地理研究和地理决策服务的计算机技术系统。其基本功能是将表格型数据转换为地理图形显示，然后对显示结果进行浏览、操作和分析。其显示范围可以从洲际地图到非常详细的街区地图，显示对象包括地形地貌、人口、运输线路以及其他内容。

常见的主流桌面端 GIS 软件有 ArcGIS、QGIS、SuperMap、GeoScence、MapGIS 等。

（1）ArcGIS 地理信息系统软件：ArcGIS 是 ESRI 公司的一款为捕获的地理数据提供制图和分析平台的 GIS 制图软件。ArcGIS 扩展了一些独特模块可将基于位置的分析应用到任何业务实践中（见图 2-5）。它提供了可视化和分析数据的洞察力，并以地图、仪表板、报告等形式共享数据。ArcGIS 可以作为独立的应用程序使用，也可以与其他应用程序结合使用，以支持测绘定位。它有助于处理一组分析数据和空间算法。

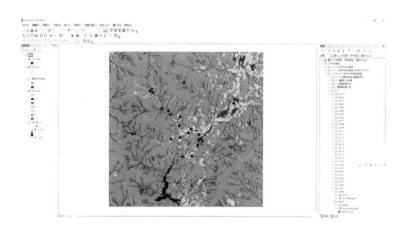

图 2-5 ArcGIS 地理信息系统软件界面

（2）QGIS 地理信息系统软件：QGIS 是开源地理空间基金会（OSGeo）的基于 Qt，使用 C++开发的一个用户界面友好、跨平台的开源版桌面地理信息系统软件，免费且用户友好，能够在任何操作系统（如 Windows、Mac、Linux 系统）上创建、编辑、可视化、分析和发布地理空间信息，并支持矢量、栅格和数据库格式和功能（见图 2-6）。并得益于强大的符号系统、标签和混合功能，可以更好地理解地图，从而使在 Web 上发布 QGIS 项目变得容易。

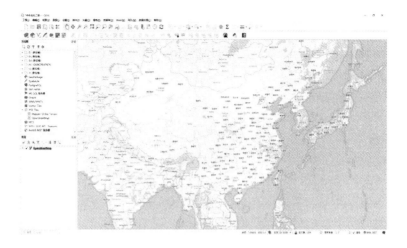

图 2-6 QGIS 地理信息系统软件界面

（3）SuperMap 地理信息系统软件：SuperMap 是我国北京超图软件公司的国有自主 GIS 软件品牌。具有完全自主知识产权的大型地理信息系统软件平台，包括云 GIS 平台、组件 GIS 开发平台、移动 GIS 开发平台、桌面 GIS 平台、浏览器端 SDK、轻量移动端 SDK 等全系列产品，在跨平台、二三维一体化、云端一体化、全国产化支持和大数据等方面具有领先技术优势（见图 2-7）。2009 年，超图软件股份有限公司在深圳创业板上市。2015 年，据赛迪顾问统计，SuperMap GIS 居中国 GIS 平台软件市场份额第一。

图 2-7 SuperMap idesktop 地理信息系统软件界面

（4）GeoScence 地理信息系统软件：GeoScene 平台以云计算为核心，并融合云原生、人工智能、大数据等最新 IT 技术，具有强大的二三维地图制作、空间数据管理、大数据与人工智能挖掘分析、知识图谱的创建与分析、空间信息可视化以及整合、服务发布与共享的能力（见图 2-8）。其具备 GIS 技术前沿性、强大性与稳定性等特点，并面向国内用户，在国产软硬件兼容适配、安全可控、用户交互体验等方面具有得天独厚的优势。

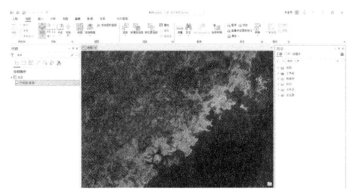

图 2-8　GeoScence 地理信息系统软件界面

2. 计算机辅助设计技术

计算机辅助设计技术（Computer Aided Diagnosis），简称 CAD 技术，促进了产生建筑物和基本建设的设计和规划。这种设计需要装配固有特征的组件来产生整个结构。这些系统需要一些规则来指明如何装配这些部件，并具有非常有限的分析能力。

常见的主流 CAD 软件有 AutoCAD（见图 2-9）、中望 ZWSOFT、浩辰 CAD、数码大方 CAXA 等。

图 2-9　AutoCAD 软件界面

3. 遥感技术

遥感技术（Remote Sensing），简称 RS 技术是指从远距离感知目标反射或自身辐射的电磁波、可见光、红外线，对地表各类地物和现象进行远距离测控和识别的现代综合技术。

常见的主流遥感软件有 ENVI（见图 2-10）、ERDAS IMAGINE、PIC、PIE 等。

图 2-10　ENVI 软件界面

4. 无人机技术

无人机技术，是指无人机系统、无人机工程及无人机相关的应用技术。通过无人机进行航拍后再通过专业的处理软件如 Pix4Dmapper 软件进行影像处理。

例如 Pix4Dmapper 软件（见图 2-11）：Pix4Dmapper 是一款小众的专业无人机航拍测绘行业软件，能够对人机、手持设备或飞机拍摄的影像进行处理，转换成各种用于测绘的二维地图和三维模型，包括三维点云、数字表面模型和数字地形模型、正射影像镶嵌图、体积计算、等高线、三维纹理模型、热成像地图等，可快速生成最精准的报告。

5. 科学技术在乡村民宿选址中的应用

将无人机航拍技术应用于民宿选址，具有移动快速的特点，灵活性、精确性和针对性较高，不受地理环境影响，飞行高度在低高空，空中视角完整、能够获取高清的地面的航拍影像和周边环境状况的视频等，所获取的影像再借助 Pix4Dmapper 等航测软件拼接生成 DEM、DOM 等 4D 产品，为后续的选址规划提供科学准确的数据来源。

遥感技术具有大范围、准确、快速获取资源环境状况和变化数据的优势，应用于民宿选址，能够快速、连续地获取乡村民宿及周边的地形、地貌、植被、景观等长期连续动态变化的遥感数据，为民宿选址提供科学准确的数据，有利于分析乡村民宿的选址安全。

图 2-11　Pix4Dmapper 软件界面

　　在通过无人机技术、遥感技术和测绘结合计算机辅助设计技术获取的数据来源的基础上，利用 GIS 技术的缓冲分析、空间分析、属性分析等综合层次分析法、重心法、网络覆盖模型和模拟仿真法等进行选址分析，得到最优的乡村民宿科学选址结果。

【选址案例】

基于 GIS 技术的旅游民宿设施选址评价研究

——以广东南昆山七仙湖为例

　　七仙湖地区位于南昆山的精华地段，区域内拥有广大湖泊，植被茂密，景色优美，是展现南昆山湖光山色的最佳场所，这块区域上还没有兴建乡村民宿。

　　在建设之前，需要对民宿进行选址，因此利用 GIS 软件的空间分析模块结合叠加分析等方法较为真实地模拟事物的原样，计算并描述备选地点的优劣，是对乡村民宿选址的一种新尝试，具有以下五方面的研究意义：

　　第一，鉴于国内外关于选址的经验模型：针对山区旅游民宿设施选址这个关键问题，尝试将传统的住宿设施选址和工相结合，以期突破传统选址的应用范围。

　　第二，利用空间分析模块将影响住宿设施选址的各个因子加以分析：并将影响因子叠加综合考虑　找出了一组合理的、科学的样区位置，得出具有数字依据的最佳区位，定性定量地描述选址地点的优劣。

　　第三，能利用软件较为真实地模拟事物的原样，省去了反复考察踏勘的工作，在计算机上即可完成选址的空间分析。

第四，对选择出来的样地进行景观视觉的分析：验证了空间分析的方法在景观分析中的积极作用。

第五，采用不同于以往的选址方法，可以根据不同的选址因子需求和侧重来重新分配组合得到不同情况下不同选址结果，选址的结果可以不单一，以应对不同的实际需求，为当地的旅游部门开发、规划景区提供具有一定依据的不同方案，并获得经济最大收益。

图 2-12、图 2-13 是对广东南昆山七仙湖的民宿选址的分析流程，通过搜集相关资料和数据，结合 GIS 地理信息系统软件进行选址，得到七仙湖旅游住宿设施选址评价结果分布，见图 2-12~图 2-14。利用该方法进行选址，更具科学性和合理性。

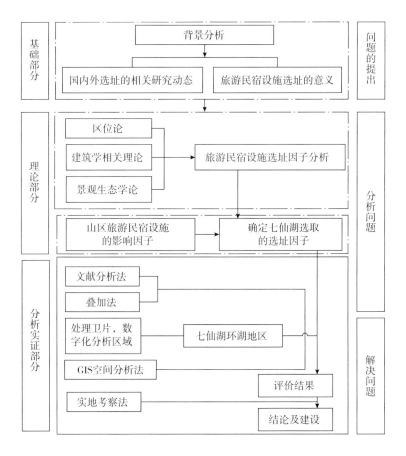

图 2-12　南昆山七仙湖环湖地区住宿设施选址技术路线

图片来源：硕士论文。

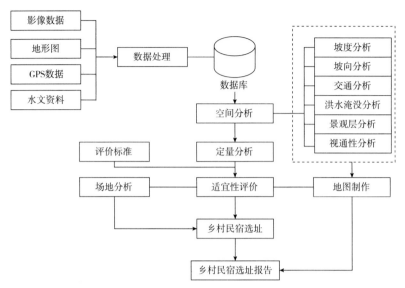

图 2-13 住宿设施选址模型流程

图片来源：硕士论文。

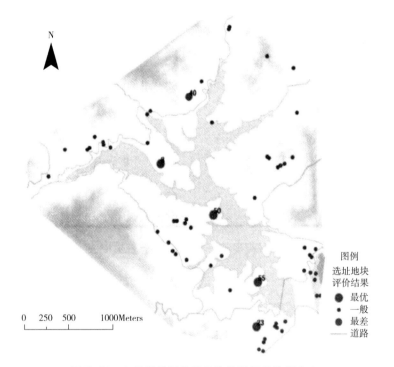

图 2-14 七仙湖旅游住宿设施选址评价结果分布

图片来源：硕士论文。

第四节　乡村民宿租赁合同的风控

一、乡村民宿租赁合同内涵

1. 定义

根据《中华人民共和国合同法》第十三章的相关规定，租赁合同（Lease Contract）是指出租人将租赁物交付给承租人使用、收益，承租人支付租金的合同。在当事人中，提供物的使用或收益权的一方为出租人；对租赁物有使用或收益权的一方为承租人。

民宿租赁合同，是指民宿出租人将民宿（房屋、土地等租赁物）交付给承租人使用、收益，承租人支付租金的合同。

2. 租赁合同与买卖合同的区别

（1）两者的本质差别是处分权，即最终所有权理论上仍归出租人所有。

（2）由两者本质差别所导致的不同。

（3）租赁合同是非所有权合同。

（4）标的物不完全相同。

（5）当事人权利、义务不完全相同。

二、乡村民宿租赁合同的风险防范

1. 合同的主体资格问题

（1）在签订合同时，承租方先要查看出租方的产权证、土地使用权证，如果没有产权证，则要看出租方有无房屋买卖合同或授权委托书等手续。出租方要审查承租方的咨信情况、租金支付能力、社会诚信状况。

（2）承租方还要审查出租的房产是否已经被抵押。

（3）大型乡村民宿房屋统一出租，出租方本身对出租的房屋不拥有产权，只是接受不同业主的委托统一对外出租，但在合同履行期内可能有个别业主要求提前收回自己的房屋自己开民宿，在签订此类合同时承租方应当要求出租方对此有承诺或保证。

（4）有些特定内容的房屋租赁合同，出租方应当事前办理好报批核准登记手续。

（5）在房屋租赁期内，公司作为出租方，如果发生了破产、民宿转制、公司歇业或被注销等情况，如何补救？承租方如不能继续租赁房屋，如何补偿由此产生的经济损失？

（6）在房屋租赁期内，承租人作为自然人死亡后，其共同生活的家庭成员可否沿续原来的房屋租赁合同。

2. 租赁合同的标的物

在房屋租赁合同中，要求写明房屋的坐落地址、房屋的间数层数、建筑面积，房产证编号，并把房地产的规划红线图及房产平面图作为合同附件。还要写清楚房屋的附属设施。最好标明租赁房屋的用途。

3. 租赁期限的起算

租赁期限的起算一般有两种情况：第一种情况，是从房屋租赁合同签订之日起算。第二种情况，考虑到承租方要对房屋进行装修等因素，或出租方要办理有关报批登记手续，租赁期间的起算时间可约定几月几日开始或者合同签字后多少日开始，从合同签订之日到正式开始起算租赁期限的这段时间称为免租期。免租期内，承租方无需承担租金，但应承担此期间发生的装潢施工所耗水、电费。

根据《中华人民共和国合同法》的规定，一次合同租赁期限最长不得超过20年。

4. 租金的计算及支付方式

年租金标准一般是固定的，但也可以双方约定租金按一定比例或一定金额每年递增。租金支付时间由双方约定，一般有按月支付、按季支付或按年度支付，但在约定按年度支付时，双方应约定年度的概念及起始时间，以免引起误解。

5. 租赁房屋的交付

合同中应当约定房屋的交付时间。租赁房产交付时，双方应约定派代表到现场检查房产的完好情况，应当结清前期的水电费、通讯费、闭路电视费等有关费用，并签署房产交付确认书及有关财物移交清单。

6. 履约保证金

为了保护出租方的利益，防止承租方提前撤场，或拖欠有关费用，应当要求承租方向出租方支付一定金额的履约保证金。

7. 税收及有关费用的承担

在房屋租赁合同中，应当明确，水电费、通讯费、治安费、保洁费等费用，哪些由出租方承担，哪些由承租方承担。并且承租方作为个人，支付房租金后，一定要向出租方索要正规有效的税务发票以免被税务部门查处。特别要提醒的是，要在合同中写明，租金是否是含税价。

8. 维修保养的责任划分

房产及其设施中哪些部位由出租方进行定期维修保养，哪些由承租方维修。

这里应当注意，出租方对房产及设施的定期维修保养应当事先通知承租方，并尽可能在承租方认为合适的时间进行，以保证承租方的正常经营不受影响。

9. 水电供应

出租方应确保房产具有持续的、不间断的、能满足承租方满负荷正常运转要求的水、电、通讯等各技术条件的供应。比如，作为乡村民宿用途的供电应不小于250kw或电容量不小于300kva。还要约定，如上述技术条件非因市政部门原因或不可抗力而中断，则出租方应当在多长时间之内修复。

10. 承租方只承租部分楼层或房屋用于经营活动

出租方须确保承租方可根据其营业需要，自行确定营业时间，并确保承租方在其营业时间内可根据需要正常使用公用的通道、电梯、空调、员工盥洗室等设施。

11. 承租方在租赁的房产立面墙上做招牌、广告

双方应当在合同中约定，涉及墙体、顶楼部分是出租方与其他各产权人共同使用的，承租方在使用广告位置之前，应由出租方与其他产权人共同约定各自的广告牌位置。

12. 优先购买权

在租赁期内，出租方与承租方之间的优先购买权也应约定清楚。例如，出租方有一幢三层楼的房屋，每层有五间房屋，承租人只承租一楼中的两间，在租赁期内，出租人准备整幢出卖，那么，原来的承租人有无优先购买权，优先购买权的范围是什么。

13. 财产损坏赔偿

在租赁合同中要订明由于房屋缺陷或损坏，或由于出租方负责提供的设施、公共管线在设置上的缺陷或损坏，或由于出租方或出租方雇员、代理人行为失职或疏忽，而使承租人员或财产受到直接或间接的损失时，出租方应对承租方负责并赔偿遭受的实际损失。反之，如果承租方有损坏财产的，也应当向出租方赔偿。

14. 财产保险

原则上房产险由出租方投保，承租方自行投资的设备及财产险由承租方投保。

15. 合同提前终止

若甲乙双方协商一致，可提前终止或解除本合同。其他可双方约定：

（1）承租方提前终止合同的情形有：

1）若不可抗力事件发生，致使房产周围环境发生重大变化，承租方所租房屋营业的市场、环境基础不复存在，合同不宜继续履行，则承租方有权提前终止

合同而无需承担任何法律责任。

2）出租方违反其保证，或违反本合同的其他规定，在承租方通知的补救期内又没能及时补救，致使承租方不能正常居住或对外营业或使承租方的合同权益受到实质的损害。出租方未能在法律规定的期限内办妥房屋租赁证或其他因出租房产所需的许可和手续。

（2）出租方提前终止本合同的情形有：

1）承租方逾期支付租金超过多少日。

2）承租方擅自改变房屋用途的。

3）未经出租方同意承租方将承租房产转租他人。

4）承租方利用承租房产进行非法活动。

16. 违约责任

双方应当约定，一方违反本合同有关条款，应向对方支付多少违约金，违约金也可以分项约定。

17. 期满财产的处置

租赁合同期满，承租方在一定期限内不拆除或取回有关物品，视为承租人放弃遗留物之所有权，悉归出租方所有。同时还要注意，如果是一方中途违约，导致合同被提前终止，承租方装潢的财产及损失如何处理，也要在合同中约定。

三、租赁合同签订的注意事项

一般看完房子后就涉及签租赁合同，很多人往往就栽在最后的一步，合同中往往埋着很多"雷"，让人防不胜防。租房合同顾名思义即房屋租赁合同，为了双方的利益最大化，租房合同怎么写，成了房东和租客最关心的问题。

对于房东来说，只要每年的租金涨幅合适，都是比较愿意签长租的。在租期内，如果是用作民宿的房子，只要按时交租，没有事情麻烦到房东，房子正常维护，房东也会乐意的。对于租客来说，合同能多详细就多详细，房屋内有哪些设施、设备完好情况、水电表数等租房生活涉及的方方面面都写进租房合同里。如果发生纠纷，完全可以对照合同条款解决。能长租就签尽量长的长租合同。一般来说，民宿的爬坡期在1~3个月，过了3个月，已经能看出来基本的入住率情况了。如果通过1~2个月的调整（包括软装、展示、接待友好度等的调整）都不能呈现比较好的运营状态，那么这个民宿基本可以考虑转移或者直接关闭。所以，签3年还是5年或是8年，对于一个亏损的民宿而言，意义并不大，如果撑到租金结束，承受的损失可能更大。但是对于一个盈利的民宿而言，当然希望能持久地经营下去。

四、遇到了合同纠纷的解决办法

租房合同既是对双方的约束，也是对双方权利的保障，租房合同怎么写才能更好地约束双方并且使双方利益最大化显得尤为重要，虽然如此，租房纠纷还是避免不了。遇到了合同纠纷，就要拿起法律的武器来保护自己的利益不受侵犯。那么，合同纠纷经常会出现哪些问题？遇到后又该如何解决呢？《合同法》是如何保障利益的？

房东卖房，租客被赶怎么办？《合同法》第二百二十九条明确规定：租赁物在租赁期间发生所有权变动的，不影响租赁合同的效力，所以新的业主不能让原租客搬走。解除租约，装修费用怎么算？对此法律法规并无明文规定，只能在签合同时自己约定。目前只有少数法院内部对此有审判指导意见，但是尚不能成型，这就需要租客和房东之间在签订租房合同时能详细囊括此项内容。

转租房屋，会有法律风险吗？《合同法》第二百二十四条规定：承租人经出租人同意，可以将租赁物转租给第三人。承租人转租的，承租人与出租人之间的租赁合同继续有效，第三人对租赁物造成损失的，承租人应当赔偿损失。承租人未经出租人同意转租的，出租人可以解除合同。所以要经过房东同意才能转租，或者在最初签订租赁合同的时候就对此预先约定好。

【乡村民宿租赁合同一般范例】

乡村民宿租赁合同

出租人（甲方）：　　　　　　　　　身份证号：

联系电话：　　　　　　　　　　　　联系地址：

承租人（乙方）：

法定代表人：　　　　　　　　　　　身份证号码：

联系电话：　　　　　　　　　　　　联系地址：

依据《中华人民共和国合同法》及有关法律、法规的规定，甲乙双方在平等、自愿的基础上，就房屋租赁的有关事宜达成协议如下：

第一条　房屋基本情况

（一）房屋坐落_____市_____区_____路_____号_____室，建筑面积_____平方米，装修状况：精装修/简装修/毛坯。

（二）房屋权属状况：甲方持有（房屋所有权证/商品房买卖合同/其他房屋来源证明文件），房产证编号：_____，（商品房买卖合同编号：_____）房屋所有权人姓名：_____，房屋（是/否）已设定了抵押。

（三）甲方作为该房屋的唯一合法出租人与乙方建立租赁关系，甲方保证该房屋不属违章建筑，符合国家及区域规定的消防、建筑质量要求或标准，以及其他有关规定并已合格通过相关验收；甲方保证该房屋也未被法院或者其他政府机构采取查封、扣押等强制措施；甲方向乙方保证，本合同签订时，该房屋不存在其他租赁情况、权属未发生任何争议、不存在任何权利瑕疵。

第二条　房屋租赁情况

（一）租赁用途：民宿。

（二）乙方作为承租方，应保证公司在承租期内具有作为民宿合法经营的营业执照及各项审批许可。

第三条　租赁期限

（一）房屋租赁期自_____年___月___号至_____年___月___日，共计___年。甲方应于_____年___月___日前将房屋按约定条件交付给乙方。经甲乙双方交验签字盖章并移交房门钥匙后视为交付完成。

（二）甲方同意给予乙方自该房屋交付之日起的免租期，即_____年 月 日至 年 月 日止。乙方无需承担免租期内的房屋租金，但应承担水、电、燃气、物管费。

（三）租赁期满乙方继续承租的，应提前 日向甲方提出书面续租要求，协商一致后双方重新签订房屋租赁合同。甲方若欲在租赁期限满后继续将租赁房屋出租给同类业态经营者，在同等条件下，乙方享有优先的承租权。若乙方未按上述约定向甲方发出续租申请，将被视为放弃同等条件下的优先承租权，甲方有权将该房屋出租给他人，乙方需配合甲方引领他人看房。

（四）租赁期满或合同解除后，甲方有权收回房屋，乙方应按照出租前交房原状（详见附件房屋交接书内照片）返还房屋及其附属物品、设备设施（双方协商一致允许保留或放弃的除外），确保墙面平整、门窗地板地砖完好、家具电器能正常使用（房屋及家具家电正常使用损耗、老化除外）。甲乙双方应对房屋和附属物品、设备设施及水电使用等情况进行验收，结清各自应当承担的费用。

第四条　租金及押金（本合同项下涉及的金额都为人民币）

（一）支付方式：银行汇款，首期押金和一季度房租应于房屋交付之前全部付清，之后每季度第三个租期月提前7日支付下一季度租金。

收款方式：户名，银行账号，开户行_____。（若因特殊原因需要更换收款账号，由业主本人提交申请并签字确认。）

第一年，　年 月 日至 年 月 日，租金为　元/月（大写：　元整）；

第二年，　年 月 日至 年 月 日，租金为　元/月（大写：　元整）；

第三年，　年 月 日至 年 月 日，租金为　元/月（大写：　元整）；

本合同签订后，甲、乙双方任何一方不得以任何理由调整租金标准，否则将视为违约，并承担相应违约责任。

（二）押金：　元，大写人民币　元整。租赁期满，甲方对乙方履约情况无异议后须当日全额退还乙方押金。若因乙方有该房屋未结清或赔偿的费用，应扣除相应费用之后将剩余部分如数返还给乙方。

第五条　其他相关费用的承担方式

（一）租赁期内的下列费用均由乙方承担：

（1）水费　　（2）电费　　（3）电话费　　（4）电视收视费

（5）供暖费　（6）燃气费　（7）物业管理费　（8）房屋租赁税费

（9）卫生费　（10）宽带上网费　（11）车位费　（12）室内设施维修费

（二）本合同中未列明的与房屋有关的其他费用均由甲方承担。如乙方需垫付应由甲方支付的费用，应提前通知甲方征得同意，甲方应根据乙方出示的相关缴费凭据向乙方返还相应费用。

第六条　房屋维护及维修

（一）甲方应保证房屋的．建筑结构和设备设施符合建筑、消防、治安、卫生等方面的安全条件，不得危及人身安全；承租人保证遵守国家、地方法律法规规定以及房屋所在小区的物业管理规约。

（二）租赁期内，甲乙双方应共同保障房屋及其附属物品、设备设施处于适用和安全的状态：

1. 对于房屋外墙漏水、厕所厨房漏水、装修隐藏工程问题等房屋本身质量问题，相应质保期内，乙方作为甲方全权委托代表，可以直接通知开发商物管部门进行维修。物管部门不配合维修的，甲方负责三日内出面与开发商协商。因维修房屋影响乙方使用的，应相应减少租金或延迟租赁期限。

2. 在房屋使用过程中，乙方不得擅自改变房屋结构，房屋的损坏由乙方负责修复。乙方在租用期内可对房屋进行必要的改善或增设它物，因乙方保管不当或不合理使用，设备设施发生损坏或故障的，乙方应负责维修或承担赔偿责任。

第七条　房屋管理及转租

（一）乙方承担租赁期房屋使用安全管理责任，对于管理不善引起的任何事故或纠纷承担全部责任。

（二）除甲乙双方另有约定以外，乙方需事先征得甲方书面同意，方可在租赁期内将房屋部分或全部转租给他人。

第八条　合同解除

（一）经甲乙双方协商一致，可以解除本合同。

（二）甲方有下列情形之一的，乙方有权单方解除合同：

1. 迟延交付房屋达日的。

2. 交付的房屋严重不符合合同约定或影响乙方安全、健康的。

3. 不承担约定的维修义务，致使乙方无法正常使用房屋的。

（三）乙方有下列情形之一的，甲方有权单方解除合同，收回房屋：

1. 不按照约定支付租金达日（含）的。

2. 欠缴各项费用达元的（大写人民币元整）。

3. 擅自拆改变动或损坏房屋主体结构的。

4. 保管不当或不合理使用导致附属物品、设备设施损坏并拒不赔偿的

5. 擅自将房屋转租给第三人的。

6. 利用房屋从事违法犯罪活动、损害公共利益。

7. 违反国家、地方或物业有关管理规定，造成房屋被多次投诉、警告但拒绝整改，或被有关管理部门查封超过一个月（遭到恶意投诉除外，乙方自行承担相关责任，但不视为违约行为）。

（四）其他法定的合同解除情形。

第九条　违约责任

（一）甲方违约导致合同解除的，甲方应赔偿乙方等同于当年年租金的违约金，若支付的违约金不足以支付乙方的装修以及经营损失的，甲方还应另行赔偿（赔偿按第三方评估机构的评估金额为准），并全额退还已缴纳未发生的租金及房屋租赁押金。乙方违约导致合同解除的，应当向甲方赔偿等同于当年年租金的违约金，并且甲方不退还已缴纳未发生的租金及房屋租赁押金，若支付的违约金不足以支付甲方恢复交房原样的装修以及其他损失的，乙方还应另行赔偿（赔偿按第三方评估机构的评估金额为准）。

（二）租赁期内，甲方需提前收回房屋的，或乙方需提前退租的，应提前日通知对方，并按上述第（一）条赔偿相应违约金。

（三）因甲方未按约定履行维修义务造成乙方人身、财产损失的，甲方应承担赔偿责任。

（四）甲乙双方同意在租赁期内，因不可抗力导致房屋毁损、灭失的导致乙方无法继续经营的，双方互不承担责任，本合同自行解除。

第十条　合同争议的解决办法

本合同项下发生的争议，由双方当事人协商解决；协商不成的，依法向有管辖权的人民法院起诉，或按照另行达成的仲裁条款或仲裁协议申请仲裁。

第十一条　其他约定事项

乙方承诺在租赁期内，每年向甲方提供非国家法定节假日的 X 天本房间或同等价位房间免费住宿权益，具体日期由双方友好协商决定。节假日入住享受当天

公示房价折优惠。

本合同经双方签字盖章后生效。本合同（及附件）一式贰份，其中甲方执壹份，乙方执壹份，具有同等法律效力。

本合同生效后，双方对合同内容的变更或补充应采取书面形式，作为本合同的附件。附件与本合同具有同等的法律效力。

出租人（甲方）签章：　　　　　　承租人（乙方）签章：

委托代理人：　　　　　　　　　　委托代理人：

联系方式：　　　　　　　　　　　联系方式：

　年　月　日　　　　　　　　　　　年　月　日

第五节　乡村民宿的土地政策

2022 年 7 月 8 日，文化和旅游部、自然资源部等十部门联合发布了《关于促进乡村民宿高质量发展的指导意见》（以下简称《指导意见》），就乡村民宿的建设发展给出了规范化指引，在政策层面释放了重大利好。下面分别阐述乡村民宿的土地政策要点。

一、乡村民宿的土地政策要点

1. 发展乡村民宿不得违法占地、违法建设

《指导意见》指出，要将乡村民宿发展纳入各地旅游发展规划，与国民经济和社会发展规划、国土空间规划等相衔接，严守耕地和永久基本农田、生态保护红线……同时，《指导意见》在保障民宿发展用地用房一段中还指出，（发展民宿）不得占用永久基本农田和生态保护红线，不得破坏生态环境和乡村原貌，确需占用耕地的应依法落实占补平衡。这就为发展乡村民宿确立了重要的原则底线：不得违法占地或者违法建设。首先是永久基本农田、耕地不能占，其次是不得违反国土空间规划。需要指出的是，乡村民宿在实践中很容易以"3 层以上经营性自建房"的形态出现，而这恰好属于国务院办公厅发文排查整治的范围。一旦涉及违法违规占地建房，发展是不可能了，限期拆除、恢复土地原状、罚款或者没收才是等待当事人的结果。

2. 鼓励城镇居民下乡投资经营民宿

发展民宿产业的过程事实上也是城乡融合发展的过程。城里人到乡村去度假休闲只是其表现形式之一，还会有更深层次的城乡互动蕴含其中。《指导意见》

中是这样说的：积极吸引农户、村集体经济组织、合作社、民宿、能人创客等多元投资经营主体参与乡村民宿建设。鼓励农户和返乡人员开发利用自有房屋自主经营乡村民宿……在尊重农民意愿并符合规划的前提下，鼓励农村集体经济组织通过注册公司、组建合作社、村民入股等方式整村连片发展乡村民宿。鼓励城镇居民等通过租赁产权明晰的闲置宅基地房屋、合作经营等方式开展乡村民宿经营。也就是说，城镇居民、村集体经济组织以外的社会资本在乡村民宿建设中将会起到重要的作用。这在一定程度上反映了宅基地"三权分置"改革试点的成果，即宅基地使用权被有力盘活，宅基地上房屋不再只是单纯的农户住宅，而是会转化为集居住保障、民宿经营于一身的新状态。需要强调的是，目前法律政策鼓励的是城镇居民、社会资本租赁闲置宅基地上房屋，而非买卖。私自达成的买卖宅基地上房屋的协议依法是无效的，双方的权益都将无法得到保障。

3. 集体建设用地均可用于发展民宿产业

在最关键的用地用房保障问题上，《指导意见》给出了较为灵活多样的政策指引，重点包含以下三种情形：

（1）在充分尊重农民意愿的前提下，鼓励依法盘活利用农村闲置宅基地和闲置住宅等资源。这里的"盘活利用"必须遵循自愿有偿的前提，不能因其客观上"闲置"而搞强制收回、"一刀切"。

（2）各地要依据国土空间规划，通过全域土地综合整治、城乡建设用地增减挂钩等方式有效盘活利用存量建设用地用于乡村民宿建设，探索灵活多样的供地方式。

城乡建设用地增减挂钩即农民比较熟悉的"拆旧建新+集约用地"模式，拆旧地块复垦为耕地后可换取成片的集体建设用地，这部分增加出来的集体建设用地是可以用于发展民宿产业的。

需要指出的是，"增减挂钩"多以协议搬迁的形式开展，仍需取得所涉农户的同意，而不得以村委会、乡镇街道的名义随意对村民的房屋实施强制拆除、搬迁。

（3）鼓励农村集体经济组织以自营、出租、入股、联营等方式依法使用农村集体建设用地建设乡村民宿。在农村闲置宅基地和闲置住宅盘活利用试点示范中，整合资源推动创建一批民宿集中村、乡村旅游目的地等盘活利用样板。

《指导意见》显然突出强调了民宿产业"规模化"的问题，毕竟零散的"小打小闹"既无法满足市场的需求，又难以拉动本村整体经济发展。故此，"整村上"为政策所鼓励，民宿客栈的用地并不仅局限于村民的宅基地，属于村集体使用的集体公益性设施用地和集体经营性建设用地经民主程序决议，完全可以用于发展民宿产业。

4. 探索宅基地使用权及住宅房屋抵押

发展民宿产业和从事其他投资一样，需要一笔不菲的启动资金做硬件上的装修、提升，以及村庄环境的整治。《指导意见》明确提出了要在资金需求方面给予放宽政策的支持：在农村宅基地制度改革试点地区，探索通过宅基地使用权抵押、农民住房财产权抵押、信用贷款等形式支持乡村民宿建设和经营，在防范风险的前提下降低融资条件和门槛……

需要指出的是，宅基地使用权及房屋所有权的抵押融资是农村宅基地制度改革的"深水区"项目。

究竟以何种行之有效的方式开展这样的抵押融资？显然需要银行等金融机构对相关产品的创新研发，更需要农户大胆地先行先试，为后续规范的制定创造足够多的实践样本。

《指导意见》意在促进乡村民宿的高质量发展，农民朋友们一定要牢牢把握住发展的战略机遇期，争取在自家的房屋上"多做文章"。同时，在此过程中一定要牢固树立法治意识，及时依法办理不动产权登记、乡村规划许可等证件，严格依据当地市县一级的相关政策文件推进有关工作，切实增强民宿经营行为的合法合规性和抗法律风险能力。尤其是不可出现新增违建、违法占地行为，也不可利用存量无证房屋、土地搞建设，政策性和灵活性都把握好了，才会真正吃到乡村民宿产业这块蛋糕的甜头。

二、国家乡村振兴局关于促进乡村民宿高质量发展的指导意见文件解读

乡村民宿是乡村旅游的重要业态，是带动乡村经济增长的重要动力，是助力全面推进乡村振兴的重要抓手。

为贯彻落实《中共中央　国务院关于实施乡村振兴战略的意见》《国务院办公厅关于服务"六稳""六保"进一步做好"放管服"改革有关工作的意见》等文件精神，推动乡村民宿高质量发展。

1. 总体要求

（1）指导思想。以习近平新时代中国特色社会主义思想为指导，全面贯彻党的十九大和十九届历次全会精神，立足新发展阶段，贯彻新发展理念，构建新发展格局，以推动高质量发展为主题，以深化供给侧结构性改革为主线，顺应人民群众乡村旅游消费体验新需求，引导乡村民宿开发和建设，推动乡村旅游提质升级，带动群众就业增收，为巩固拓展脱贫攻坚成果、全面推进乡村振兴战略作出积极贡献。

（2）基本原则。

坚持生态优先。深入践行绿水青山就是金山银山理念，保持乡村传统风貌，

倡导低碳环保、朴实自然、和谐共生。

坚持文化为根。培育弘扬社会主义核心价值观，深入挖掘乡村文化蕴含的优秀传统、人文精神、道德规范，凸显文化特色、乡村文明。

坚持以人为本。把保障农民利益放在第一位，支持农民直接经营或参与经营的乡村民宿发展，同时兼顾旅游者的利益。

坚持融合发展。丰富乡村民宿产品，创新乡村旅游业态，延伸产业链、拓展价值链，助力推进农村一二三产业融合和城乡融合。

坚持规范有序。加强政府引导和统筹规划，防止大拆大建、盲目复制。统筹发展和安全，加强质量监管，持续提升乡村民宿安全保障能力。

（3）主要目标。到 2025 年，初步形成布局合理、规模适度、内涵丰富、特色鲜明、服务优质的乡村民宿发展格局，需求牵引供给、供给创造需求的平衡态势更为明显，更好地满足多层次、个性化、品质化的大众旅游消费需求，乡村民宿产品和服务质量、发展效益、带动作用全面提升，成为旅游业高质量发展和助力全面推进乡村振兴的标志性产品。

2. 重点任务

（1）完善规划布局，优化资源开发。将乡村民宿发展纳入各地旅游发展规划，与国民经济和社会发展规划、国土空间规划等相衔接，严守耕地和永久基本农田、生态保护红线，确保乡村民宿发展的协调性与可持续性。充分考虑资源禀赋、客源市场、交通区位、水源道路等条件，评估洪涝、山洪、地质等灾害风险。提升基础设施和公共服务设施水平，完善垃圾、污水等处理设施，确保生活垃圾规范处理、污水达标排放，提高乡村民宿的通达性、便捷度和舒适感。引导村民和乡村民宿经营主体共同参与农村人居环境建设和管护，倡导低碳环保经营理念。

（2）丰富文化内涵，加强产品建设。深入挖掘文化文物资源，充分展示地域特色文化，丰富乡村民宿文化内涵。尊重历史文化风貌，合理利用自然环境、人文景观、历史文化、文物建筑等资源，突出乡村民宿特色，将农耕文化、传统工艺、民俗礼仪、风土人情等融入乡村民宿产品建设，注重与周边社区的文化互动，鼓励乡村民宿参与公共文化服务。找准乡村民宿发展定位，适应不同群体、不同层次需求，打造特色鲜明、类型丰富、品质优良、价格合理的产品体系。以乡村民宿开发为纽带，开展多元业态经营，拓展共享农业、手工制造、特色文化体验、农副产品加工、电商物流等综合业态，打造乡村旅游综合体，有效发挥带动效应。

（3）引导规范发展，加强品牌引领。指导乡村民宿经营主体落实相关公共安全责任和食品安全主体责任，建立治安、消防、食品、卫生、环境、防灾、燃气等公共安全管理制度、应急预案及必要的监测预警设施设备。乡村民宿应按照国家标准、行业标准配置消防设施、器材，落实日常消防安全管理，履行消防安全职责。指导乡村民宿相关人员使用治安管理信息系统或手机 APP、小程序、二维码等便利方式，落实旅客住宿实名登记、访客管理、接待未成年人入住"五必须"要求等治安管理制度。乡村民宿建筑应符合国家有关房屋质量安全标准。乡村民宿应配备卫生相关的清洗消毒保洁设施设备，没有条件设置独立清洗间、消毒间的，可通过专业洗涤消毒机构进行布草、公共用品等清洗消毒。推进实施旅游民宿国家、行业相关标准，培育一批乡村等级旅游民宿。鼓励各地在符合国家相关规定和标准的基础上，因地制宜制定乡村民宿建筑、治安、消防、食品、卫生、环保、服务等地方标准。将乡村民宿纳入各级文化和旅游品牌建设工作。培育具有区域特征和地方特色的乡村民宿品牌，鼓励优质乡村民宿品牌输出民宿设计、运营管理、市场开拓等成熟经验。

（4）创新经营模式，带动增收致富。积极吸引农户、村集体经济组织、合作社、民宿、能人创客等多元投资经营主体参与乡村民宿建设。鼓励农户和返乡人员开发利用自有房屋自主经营乡村民宿，在规划布局、质量标准、建筑风格等方面加强指导。在尊重农民意愿并符合规划的前提下，鼓励农村集体经济组织通过注册公司、组建合作社、村民入股等方式整村连片发展乡村民宿。鼓励城镇居民等通过租赁产权明晰的闲置宅基地房屋、合作经营等方式开展乡村民宿经营。发挥乡村民宿就业渠道多、方式灵活等优势，鼓励和引导村民参与经营服务，提升劳动技能，促进增收致富。

（5）加强宣传推广，引导合理消费。充分运用信息化手段，加强对乡村民宿产品的精准宣传和互动反馈，推出一批有故事、有体验、有品位、有乡愁的乡村民宿。将乡村民宿纳入文化和旅游消费惠民、会展节庆活动范围，鼓励各地将有条件的乡村民宿纳入政府机关和企事业单位会议培训、职工疗休养选择范围。支持乡村民宿加强与电商平台合作，争取电商平台在宣传营销、品牌推广等方面给予扶持。根据节庆、假期分布特点，在旅游高峰期加强信息服务，及时发布乡村民宿位置分布、入住率、停车场、交通路线等信息，合理引导游客，缓解拥挤压力。加强对乡村民宿的消费引导，倡导健康消费、理性消费，不片面追求奢侈高价。

3. 保障措施

（1）加强统筹协调。各地要在地方党委政府的统筹领导下，加强部门间协调联动，在规划建设、规范管理、公共服务、环境营造、安全保障等方面同向发力，解决乡村民宿发展中遇到的难点，推动形成政府管理、部门联动、行业自律、民宿履责、社会监督的综合治理格局。

（2）优化证照办理。坚持规范管理与促进发展相结合，鼓励县级以上地方政府先行先试、创新突破，结合本地实际出台乡村民宿管理办法，协调市场监管、公安、卫生健康、消防等相关职能部门明确证照办理条件和流程。鼓励除直接涉及公共安全和人民生命健康领域的产品许可事项之外的，通过联合审核、一站式办理、多证合一、以备案代替发证、告知承诺制、信息共享等方式，优化证照办理流程，为乡村民宿经营者提供便捷、规范的证照办理服务。落实好《农家乐（民宿）建筑防火导则（试行）》（建村〔2017〕50号）相关要求。在符合国土空间规划的前提下，鼓励复合利用依法登记的宅基地发展乡村民宿。符合地方政府关于市场主体住所（经营场所）条件的，应办理营业执照。

（3）保障用地用房。推动落实乡村旅游用地政策，在充分尊重农民意愿的前提下，鼓励依法盘活利用农村闲置宅基地和闲置住宅等资源。各地要依据国土空间规划，通过全域土地综合整治、城乡建设用地增减挂钩等方式有效盘活利用存量建设用地用于乡村民宿建设，探索灵活多样的供地方式。乡镇国土空间规划和村庄规划中可预留不超过5%的建设用地机动指标，用于发展乡村旅游等必须在村庄建设边界外进行的少量配套设施建设，但不得占用永久基本农田和生态保护红线，不得破坏生态环境和乡村原貌，确需占用耕地的应依法落实占补平衡。鼓励农村集体经济组织以自营、出租、入股、联营等方式依法使用农村集体建设用地建设乡村民宿。在农村闲置宅基地和闲置住宅盘活利用试点示范中，整合资源推动创建一批民宿集中村、乡村旅游目的地等盘活利用样板。

（4）完善支持政策。统筹农村供水保障工程、数字乡村建设工程、农村人居环境整治、危房改造、农村垃圾污水处理、公共服务均衡配置等项目布局，支持供水供电、消防水源、消防车道、垃圾污水处理、绿化亮化等乡村民宿配套公共设施建设。鼓励将符合条件的乡村旅游基础设施建设项目纳入地方政府专项债券支持范围。引导金融机构依法合规创新金融产品和服务模式，拓展乡村民宿经营主体融资渠道，在农村宅基地制度改革试点地区，探索通过宅基地使用权抵押、农民住房财产权抵押、信用贷款等形式支持乡村民宿建设和经营，在防范风险的前提下降低融资条件和门槛。调动农民群众等参与乡村民宿发展的积极性，对乡村民宿投资建设、改造升级可给予资金补贴或提供贴息贷款，对评定等级的乡村民宿可给予资金奖励，对返乡进行民宿开发创业的，可按规定享受相关税收优惠政策。探索满足乡村民宿经营需求的保险服务，发挥保险业风险管理和补偿功能，支持乡村民宿应对疫情、极端天气等突发情况带来的经营风险。

（5）加强人才培养。将乡村民宿规划设计、开发建设、经营管理和服务人员培训纳入相关各级乡村旅游培训计划，整合行业协会、职业院校、社会民宿等力量，充分发挥乡村文化和旅游带头人作用，定期开展各种类型的岗位培训，按相关规定给予培训补贴。加大人才返乡创业扶持力度，支持外出务工农民、高校毕业生等回乡进行乡村民宿创业，为乡村民宿持续健康发展提供人才保障。

三、其他相关土地法律法规

（1）《中华人民共和国土地管理法》，规定了土地的所有权、使用权和管理制度。

（2）《中华人民共和国农村土地利用总体规划》，要求各地农村土地利用的国民经济和社会发展计划，保证农村地区的生态环境和资源保护，包括规划拥有、规划征用以及规划用途等细节。

（3）《中华人民共和国土地承包法》，规定了土地上农民权益，规定了农村土地以及在农村土地程序中使用的土地所有权和使用权等方面的规则。

（4）《中华人民共和国乡村民宿评价标准》，规定了民宿的规划、设计、房间、设施、服务等方面的标准，以及民宿的合法性和合规化方面的标准。

（5）《中华人民共和国农村宅基地管理办法》，规定农村的宅基地使用和管理规定，保障农民使用土地的权益和土地的安全性。

（6）《中华人民共和国国土资源部关于加强农村宅基地承包经营管理工作的通知》，结合国情和特点，加强了农村宅基地承包经营管理工作，促进农民在土地利用中获得更多的收益和利益。

【乡村振兴–乡村民宿案例】

在希望的田野上

乡村振兴青春励志节目《在希望的田野上》一期节目聚焦当下最火热的民宿生活，前往济南章丘的"后花园"垛庄镇，通过体验民宿经营、服务工作和团建方案的策划执行，争当金牌策划师，发现文旅新兴业态为乡村振兴注入的新活力。

一间民宿就是一道风景，一次驻足就是一场旅行。《在希望的田野上》节目中，邹德江、吴思嘉、陶思源及章丘籍女演员满昱彤联袂出任的"田野推荐官"来到山东省旅游强镇垛庄镇，打卡"最美"民宿，并进行任务挑战。

吴思嘉曾在热播剧《三泉溪暖》中饰演玉竹，剧中她经营着一家"泉上人家"民宿，这家干净整洁、温馨又充满浓郁乡村风采的民宿，是该剧重要的叙事空间。剧中，玉竹和主人公李铭泉一起从无到有打造"泉上人家"民宿，玉竹负责这家民宿的财务，把控装修投入、分析客流收入、掌控经营开支，无不手到摘来。"一起吧"民宿依山傍水、幽静清新，坐落于百丈崖水库和红山翠谷景区旁，田野推荐官们在这里遇见了经营者"小马哥"马清华，众人坐着三轮"蹦蹦"一起出发，开始了民宿之旅。众人商讨策略、接待客人、打扫下厨，体验民宿客房部、接待部、餐饮部的日常工作，用服务获得客人的认可。吴思嘉和满呈形这对客房部姐妹花深入布草间，盘点、打扫、整理、换客房用品，将房间打理得井井有条；陶思源到民宿自有的菜园子摘取有机蔬菜，用心下厨为客人烹饪美味佳肴；邹德江凭借亲和力以及好口才，为客人带来热情周到的服务，收获满满好评。随后，田野推荐官们找到了章丘民宿"第一人"、若谷山居民宿创始人白文涛，听他讲述创业故事。在北方民宿概念相对空白的 2012 年，白文涛便开始边找资料边带着当地老百姓建设"若谷山居"。白文涛的愿望就是，让在外打工的年轻人回乡发展，引领村里年轻人形成集聚效应，把民宿产业做大做强。渐渐地，以民宿为代表的文旅产业变成了垛庄镇突出的特色产业，"一业兴"带动了"百业旺"，垛庄镇也从一片荒芜落后的区域变成了山东省旅游强镇，当地老百姓走上了共同富裕的道路。在：白文涛的安排下，田野推荐官们又争相当起了金牌策划师，使出浑身解数为团建客人策划主题活动，争取客人们的喜欢。邹德江和满呈形策划的活动主打"休闲娱乐风"，两人设计了多个有趣的团建游戏，迅速调动起客人们的热情，每位客人都沉浸其中，在运动和游戏中收获了快乐和放松。陶思源、吴思嘉则策划了篝火音乐会，与客人们围炉夜话，畅谈人生，陶思源拿起吉他弹唱，引发众人合唱，悠扬的歌声飘荡为夜晚增添更多美好。两组一动一静，各显其能，节目中还展现了球形玻璃星空房、童话小木屋、工业风"水泥圆筒房"等各式各样的特色房间，带领观众体验装进房间里的"诗和远方"。《在希望的田野上》用镜头记录济南市章丘区在乡村振兴道路上的人物和故事，用光影呈现真实动人的细节角落，通过剧综联动的形式，将章丘的特色产业、人文景观和风土人情徐徐展开，收获了观众的纷纷点赞，更留住了许多人的乡愁。形式上，节目融合了体验、竞技、趣味、闯关、纪实等真人秀模式，带领观众一起沉浸式、多维度体验田园生活。

第六节　乡村民宿的证件办理

近年乡村民宿成为乡村旅游的网红项目之一，在乡村休闲旅游业中扮演着十分重要的角色。已成为乡村旅游市场流行业态。那么，乡村民宿建设需要什么手续和条件？

一、民宿建设的条件

1. 符合规划

农村民宿选址应当符合所在市、县、自治县的总体规划要求，尽可能利用现有民房进行改建、扩建，如果要新建乡村民宿，必须坚持逢建必报，未经批准不得进行建设。严禁以开办乡村民宿名义变相发展房地产。

2. 规模要求

农村民宿规模参照《旅游民宿基本要求与等级划分》（GB—T 41648-2022）执行，利用当地民居等相关闲置资源，经营用客房不超过 4 层、建筑面积不超过 800 平方米。超过前述规模的住宿服务经营场所，应当依照旅馆业相关法律、法规进行申办。

3. 消防安全

位于镇、村庄的民宿，利用村民自建住宅进行改造的旅游乡村民宿，其消防安全要求按照《住房城乡建设部公安部国家旅游局关于印发农家乐（民宿）建筑防火导则（试行）的通知》（建村〔2017〕50 号）执行。利用住宅以外其他民用建筑改造的旅游民宿，其消防安全应当严格落实消防法律法规和国家工程建设消防技术标准的各项要求。

4. 相关证件

开民宿需要取得 6 个证件，分别是：卫生许可证、营业执照、税务登记证、特种行业许可证、消防检查合格意见书，以及食品流通许可证或餐饮服务许可证。需要向当地政府、食品药品监督管理部门、消防等单位逐一办理相关手续。[*]

二、乡村民宿的手续办理

开民宿需要卫生许可证、营业执照、税务登记证、特种行业许可证、消防检查合格意见书，以及食品流通许可证或餐饮服务许可证。需要的手续如下：

（1）开办乡村民宿首先需要做的就是到当地工商部门办理工商执照。其次还要去当地公安局的治安支队办理乡村民宿经营许可证。

（2）乡村民宿必须要有健全的访客登记制度，同时还有一系列贵重物品登记制度，还要定期参与旅馆业的从业人员培训，另外还要到当地的消防支队办理相关的消防手续。

（3）在开乡村民宿之前，还需要进行申请经营旅馆业的备案手续，不论是专营还是兼营，都应该依法开业审批备案手续。

---

[*] 注：各地要求不一，以上仅供参考，具体可咨询当地自然资源和规划厅等相关办证部门。

（4）开办乡村民宿，需要经过当地主管部门的审批与核准，领取相关的营业执照之后，才能开始营业。允许开业的，在进行变更等时，还需要在当地公安局进行备案。

三、经营乡村民宿的申请部门

经营乡村民宿应该向乡镇人民政府或者街道办事处提出申请。乡村民宿开办实行统一受理、联合审核、现场踏勘、"一站式"服务，具体流程如下：

（1）住宅产权人主动提出申请，填写民宿登记审批表交由乡镇人民政府或街道办事处，并提供当地开办民宿所需的其他材料。

（2）专业人员实地查看，对经营用房的选址安全性、布局合理性和其他申办条件进行初审，对符合条件的，签署意见后提交至市民宿发展领导小组办公室审核。

（3）由市民宿办牵头，组织市文旅体、公安、消防、卫生健康、市场监管和生态环境等部门，集体开展民宿审核和证照办理工作，并将评审结果一次性告知申请人。

四、申办乡村民宿的材料及流程

1. 工商营业执照

（1）办理营业执照需要的材料：

①经营者身份证复印件1份；

②经营者一寸彩色免冠相片1张；

③从业人员身份证复印件1份；

④房屋所有权证明（自家房）1份；

⑤租赁合同复印件（租用他人房间）1份；

⑥居委会证明（用自己房屋来开办旅租的，应说明自建房屋等情况）；

⑦当地派出所出具证明（经营旅租场所安装监控落实情况说明）；

⑧流动人口须提供人口信息卡。

（2）办事流程：

有固定场所→材料齐全→办结。

2. 食品经营许可证

（1）需要的材料：

①法人或负责人的身份证复印件3份；

②房产证明或房屋租赁合同（复印件）；

③从业人员健康证复印件及身份证复印件（至少两人）；

④工商营业执照复印件。

（2）办事流程：

办理《营业执照》→办理《健康证》→提交《食品经营许可证》材料→现场勘察→办结（没有办结承诺时间）。

3. 公安消防

（1）所需手续：

①民宿法人代表到派出所开具无犯罪证明记录表；

②民宿开办者登记员工花名册，到派出所开具员工无犯罪记录证明材料；

③开办者整改民宿内的消防设施，接受派出所或消防部门的检验，合格后派出所或消防部门出具消防检查合格记录；

④开办者申请治安管理信息系统，安装视频监控，接受派出所进行检验，合格后派出所出具检查合格证明材料；

⑤民宿中没有保安证的兼职保安要到派出所申请保安报名表；

⑥派出所对民宿前台工作人员进行培训，培训后派出所出具书面证明材料；

⑦民宿开办者与派出所签治安、消防、反恐责任书；

⑧派出所进行首检，首检后派出所出具首检记录表；

⑨民宿开办者办理旅业式出租屋备案登记；

⑩开办者遵守民宿相关管理制度。

（2）所需材料：

①工商营业执照（副本）复印件；

②工商名称变更核准通知书（复印件）；

③法人身份证复印件；

④房产证明（如租房或转让，需提供租房合同或转让合同，因历史遗留问题没有产权证明的，应提供居委会开具的证明）；

⑤房屋平面图（含具体客房分布及数量、类型、房号）；

⑥房屋方位图；

⑦民宿照片（民宿正面、前台、房间、走廊、监控、消防设施等照片）。

4. 卫生许可证

（1）所需材料：

①从业人员健康证，健康证办理机构；

②卫生检测报告（对顾客用品、用具及空气质量进行检测）需委托第三方检测机构出具；

③场地布局图，电脑打印，标出布草间和消毒间位置；

④方位示意图，地图软件定位截图打印；

⑤卫生管理制度；

⑥营业执照；

⑦法人身份证（委托办理的委托书及被委托人身份证）；

⑧"卫生许可证申请书""建设项目卫生审查认可书"。

（2）所需材料：

由于不同地区的流程和标准有所不同，可以咨询当地有关部门，比如旅游局、工商部门、卫生监管部门、消防部门等，以获得最新的申请许可证流程和信息。

5. 其他证件

除了上述提到的证件，还有其他许可证需要考虑，包括但不限于以下五个方面：

（1）环境影响评价文件。如果乡村民宿建设项目涉及到环境影响，需要进行环境影响评价，并获得环境保护部门或者其他制定文件部门的审批。

（2）建筑施工许可证。如果需要进行新建或者扩建乡村民宿的建筑物，需要获得建设主管部门颁发的建筑施工许可证。

（3）消防设计审查。乡村民宿作为一种公共场所，需要参照消防设计标准进行布局和设计，需要消防主管部门进行审查，并颁发消防设施验收合格证。

（4）建设用地规划许可证。如果需要进行土地开发改造，以及房地产开发经营，需要领取建设用地规划许可证，并遵守国家的土地利用政策和法规。

（5）外商投资民宿批准证书，如果乡村民宿的投资方为外商，需要获得国家对外经济贸易管理局的外商投资民宿批准证书，注册地及其实际经营规模内部工程。

总之，开办乡村民宿之前，需要逐一了解所在地的法规和规定，建立相关的证照申请清单，逐步完成相关许可证的申请，以确保乡村民宿可以安全、合法地运营，规避不必要的风险，确保实现商业价值。

第七节　乡村民宿名字的选取

民宿的名字直接体现了民宿的风格，不仅是民宿的标识和代表，也是民宿品牌形象和营销宣传的重要元素，反映出民宿主的品味。取名要够格调、够文艺，要的就是与竞品的差异化，让人一听就有想来的欲望，以下几点可以帮助民宿经营者取个好听的名字。

一、乡村民宿名字的类型

怎样取一个好名字？一个好的、美的名字，往往会第一时间打动客人。让客人能够从字面层面延伸更多的想象空间。同时，名字也凝结了乡村民宿主人的愿景，彰显着乡村民宿主人的品味及其情怀。一个好的乡村民宿名字应能够传递主题、定位、环境、气质、场景、卖点等。

1. 情怀型

情怀类的名字可能占据了民宿业的大部分，如：归隐、隐居、莫干山知名的"裸心"，强调人们应该从城市生活中抽离出来，远离喧嚣、享受自由、回归自然！把握住都市人的内心诉求就容易受到青睐。如：南京·未见山，取名源自：心，是一座未见的山，别人无法探查。

2. 历史感

历史感厚重的取名除了传承意义，也需要顺应当地环境。如：安徽·澍德堂，取名源自：主人苏女士祖上的名号，"澍"字本为及时雨，与德相得益彰，加之祖上名号，传承意义非同一般！水是徽州最诗意的一笔注脚，雨中氤氲的徽派建筑才是徽州真正的美。

3. 故事性

这类取名其实最为简单，可以是爱情故事，也可以是自己与民宿所在地的故事。人们都喜欢听故事，"故事性"也是民宿的加分项。如：浙江·云上 5 天，取名源自：上海某大学女老师在开往浙江丽水云和梯田的中巴车上邂逅了山顶上梅竹村憨憨的单眼皮村长，两人从相遇到结婚总共 5 天的传奇爱情故事。虽然名字本身可能不够符合好名字的元素，但与物一综合，相得益彰，就是好名字。

4. 地理位置

以地理位置命名简单又大气，既避免重复性，又具有自己的特色，还可以表明位置信息，而且这并不是民宿业首创。比如"坡上村乐队"，取自北京国际关系学院所在地坡上村，歌曲"下一站茶山刘"，取自中南财经政法大学公交站名，汪峰的乐队"鲍家街 43 号"，取自中央音乐学院的地址。如：浙江·西坞里 73 号，取名源自：民宿位于浙江德清莫干山筏头乡，后坞村西坞里 73 号，简单好记又表明了地理位置，在竞品中独树一帜。

5. 文化底蕴

很多乡村民宿取名会从四书五经或唐诗宋词、佛经等获得灵感，名字本身就代表了一些含义。如：浙江·大乐之野，取名源自：《山海经》一书中在上古时代，代表难以寻觅的美好之地，那里森林茂密、山水皆美，和民宿"大乐之野"的定位相符。如：台湾·说时依旧，取名源自：作家三毛的词"我是真的真的爱过你，说时依旧泪如倾。星星白发如少女……"

6. 数字化

名字中带数字比较常见，既简单、讨喜，又直接表达了民宿的某一价值。如：云南·云七，取名源自："云"，夕阳中最丰富多彩且变幻莫测的主角，她成就了苍山洱海的四季轮回；"七"，代表着一种轮回从忙碌到休憩，然后重新出发，寻找真我。

7. 周边特色

以民宿周边旅游景点或者环境命名，能够最大程度体现民宿的卖点，或者一听到名字就能产生联想，甚至知道附近可以游玩的地方。如：广东·二十一度山居，取名源自：民宿所在地广东清远桃源镇，群山环抱中有朴实的村庄和稻田，安静又未被人知晓的地方，全年平均温度 21 度。如：广东·桃花壹号，取名源自：民宿就建在广东清远清新区桃花湖边，庭院门口正对着四千亩大湖、独栋院落，周围都是一派湖光山色。

二、乡村民宿名字选取的技巧

乡村民宿的命名模式：整体地域+局部地域+核心（乡村民宿核心名字）+后缀（居、舍、筑、苑、园、楼、阁、庭、院、堂、坊、馆、墅、宫等）+形容词+特征（精品、景观性等）+类型（酒店、客栈、民宿、旅馆、青年旅社）。如果形成一定影响力，有核心名字就足够了。

好名字的要素：联想性、故事性、话题性。从客人角度来看，要美、好记、易传播、引起好奇、打动人心获取温暖、有文化、有情感。从乡村民宿主人角度来看，要能够体现主人情怀、愿景及品牌核心主张。从品牌角度看，要能够注册商标及配套的域名可获得。可注册：需要考虑是否有开分店的可能。通俗易懂：不用硬凹有文化！让别人认出来并记住名字利于传播。辨识度高：太大众容易被湮没。同音联想：尤其是地方方言与标准语意思不同。外语读音：一定要了解清楚，避免闹笑话。符合定位：名字意境与民宿定位相符合，字数 2 字、3 字、4 字的名字比较好听也好记。适应环境：与本地风俗、周边环境、经营对手不能犯"冲"。

第八节　乡村民宿的商标注册

如果民宿想走品牌化道路，那就一定要注册名字。想好名字了，先去中国商标网网站查询（https：//sbj. cnipa. gov. cn/sbj/index. html）名字是否有注册，没注册赶紧注册，客栈民宿越来越多，好名字会越来越少，很多民宿的好名字很可能已经被注册了。

在注册商品分类四十五类中选择"提供食物和饮料服务、临时住宿"，然后输入名查询是否有注册，没注册的话去国家工商局商标局申请注册。如果是以自然人名义提出申请，需提供身份证复印件。如是以民宿作为申请人，需提供《营业执照》复印件及公章。任何能够将自然人、法人或者其他组织的商品与他人的商品区别开的可视性标志，包括文字、图形、字母、数字、三维标志和颜色组合，以及上述要素的组合，均可以作为商标申请注册。

图 2-15 国家知识产权局

图片来源：中国商标网。

一、商标的内涵

商标（trade mark）。指用以识别和区分商品或者服务来源的标志。

商标注册。指获得商标专用权的法定程序。自然人、法人或者其他组织在生产经营活动中，对其商品或者服务需要取得商标专用权的，应当申请商标注册。经核准注册的商标为注册商标。商标注册人享有商标专用权，受法律保护。商标专用权以核定注册的商标和核定使用的商品或者服务为限。注册商标包括商品商标、服务商标和集体商标、证明商标。法律、行政法规规定必须使用注册商标的商品，必须申请商标注册，未经核准注册的不得在市场销售。商标注册是商标使用人取得商标专用权的前提和条件，只有经核准注册的商标，才受法律保护。商标注册原则是确定商标专用权的基本准则，不同的注册原则的选择，是各国立法者在这一个问题中对法律的确定性和法律的公正性二者关系进行权衡的结果。

二、商标注册的益处

（1）便于消费者认牌购物。

（2）商标注册人拥有商标专用权，受法律保护。

（3）通过商标注册，可以创立品牌，抢先占领市场。

（4）商标是一种无形资产，可对其价值进行评估。

（5）商标可以通过转让，许可给他人使用，或质押来转换实现其价值。

（6）商标还是办理质检、卫检、条码等的必备条件。

（7）地方各级工商局通过对商标的管理来监督商品和服务的质量。

三、商标注册功能作用

1. 市场中的通行证

商标是民宿品牌文化的精髓，而民宿的品牌形象的建立是民宿的核心。

在相关国家或者地区申请注册商标的商品才能进驻该国家和地区各大型卖场、超市。民宿一般在印刷厂印刷标签、包装或者在各种媒体上做广告宣传都需要出具相关品牌的商标注册证明文件。在国际贸易中，商标是极为重要的。对行政管理部门来说，通过对商标的管理来监督商品和服务质量，为办理质检、卫检、条码创造必备条件。

2. 商战中的旗帜

战旗象征着一往无前的精神，冲锋陷阵的精神动力。战旗代表的是一支部队的魂，攻占一个阵地后插上自己的旗子，代表已经被占领，那是荣耀。商标就是民宿这种精神的象征，也是民宿商品、服务所占领领域最直接的表述。

3. 资产中的重头戏

商标的评估价值能增加民宿的总资产额，而且价值越高的品牌越能体现该商标的影响力和民宿的经营情况，间接反映消费者对该商标所标示商品的接受程度。

商标作为一种无形资产，还可以通过转让许可给他人使用，或质押来转换实现其价值。

4. 消费者眼中的识别码

商品在市场上接受社会检验和监督，参与竞争，这种市场竞争是商品品种、质量、价格等多种性能指标的竞争，而这些信息则是通过商标这一桥梁传递给消费者的。利用商标宣传商品、服务，言简意赅、醒目突出、便于记忆，给消费者留下深刻印象，以吸引其"从速购买"的欲望，从而达到创名牌、扩大销路的效果。

5. 民宿信誉的载体

商标不仅是区别商品和服务来源的标志，而且是民宿信誉、竞争力强弱的象征，民宿信誉的具体表现方式就是商标所标示的商品为消费者带来的满足感。商标凝结了所标示商品、服务，以及该商品经营者、服务提供者的信誉，商标是商品、服务信誉和与之相关的民宿信誉的最好标示。商标信誉在市场竞争中至关重要，一个有信誉的商标，对于提高商品竞争力、打开商品销路都起着十分重要的作用。

6. 员工的勋章

好的商标品牌能给员工带来荣誉感、成就感、责任感、归属感、使命感、成长感。消费者的感受决定商品、服务的品牌被社会认知、接受的程度，员工的感受决定了民宿塑造的商标品牌给员工带来的凝聚力与荣誉感。也就是说，品牌说到底是一种关系，品牌化的关系是一种特殊类型的忠诚和信任关系。

7. 民宿融资的中转站

商标专用权质押贷款业务是以民宿商标所有权为质押物，通过第三方评估确认民宿商标价值，银行采用灵活的抵、质押模式，为有融资需求的民宿发放民宿商标价值一定比例的贷款。

8. 品牌纠纷中的盾牌

商标就好比战争中的盾牌，谁掌握商标，拥有商标的专用权，谁就是这个"盾牌"的主人，注册商标，享有专用权，不但可以保护自己的商标权益不受侵害，在必要的时候可以反弹伤害给入侵的"敌军"。

商标注册人拥有商标专用权，受法律保护，别人不敢仿冒，否则就可以告其侵权，获得经济赔偿。相反，若被他人抢先注册，则不仅必然失去自己精心策划、苦心经营的市场，反而可能因侵权成为被告。预防侵权，商标注册前，特别是设计和互相传递过程中，可以采取预防商标设计抢先注册侵权措施。商标图文设计版权纠纷时，提供初步证据。在选择行业协会等第三方平台快速电子数据登记备案；选择具备技术背景强和可信第三方支撑平台存证和认证。

第九节　乡村民宿的商业计划书撰写

一、商业计划书撰写目的

商业策划书，也称商业计划书，是创业者手中的武器，是提供给投资者和一切对创业者的项目感兴趣的人，向他们展现创业的潜力和价值，说服他们对项目进行投资和支持。

一份好的商业计划书，要使人读后，非常清楚下列问题：

（1）公司的商业机会。

（2）创立公司，把握这一机会的进程。

（3）所需要的资源。

（4）风险和预期回报。

（5）对你采取的行动的建议。

（6）行业趋势分析。

二、商业计划书的基本结构及内容

（1）核心理念和愿景。简要阐述乡村民宿的核心理念，愿景和民宿使命等。主要是介绍民宿内心的核心想法，尤其是针对乡村旅游的发展做出的创新思考。

（2）市场及竞争调查。对乡村民宿市场环境进行深入调查，分析旅游目的地消费者的特殊习惯和购买行为，了解其他区域的比较优势与劣势。同时，了解现有的竞争对手情况，以制定策略以增强自己的市场竞争力。

（3）产品及服务。详细介绍民宿的住宿和配套服务，并向乡村旅游行业提供特殊服务和独特体验，尽可能考虑客户的需求和期望，以提升满意度和回头率。

（4）客户群体。详细划分乡村民宿最重要的客户群体，并对其特征和购买习惯进行描述。这有助于民宿经营者针对需求制定定制化服务，做好目标客户的市场细分以支持民宿发展。

（5）营销战略。制定乡村民宿的推销战略，包括营销渠道、收费模式以及推广策略等。此外，也要详细说明在各个市场领域实施品牌推广的时间表和预算。

（6）行业细分和覆盖地区。乡村民宿在制定商业计划书中，必须确定所有细分领域和目标地区，以确保在组织营销活动时具有针对性和更高的市场占有率。

（7）财务预算。列明民宿成本和收入结构，包括预计全面资金的成本、各项开支和收费的预期。同时，识别资金筹集的门路，并对市场审查对民宿未来收入的潜在影响进行预测，领先规划，为民宿的长远发展做好规划。

三、乡村民宿商业计划书写作格式

乡村民宿商业计划书，一般需要包含项目简介、产品/服务、开发市场、竞争对手、团队成员、收入、财务计划七项内容。

由于乡村民宿商业计划书（项目可行性报告）属于订制报告，以下报告目录仅供参考，成稿目录可能根据客户需求和行业有所变化。

第一章　摘要

1.1　项目基本信息

1.2　市场前景

1.3　资金筹措

第二章　项目概况

2.1　建设环境

2.2　建设规模

2.3　建设期

2.4　总投资与资金运用

2.5　商业模式

2.6　资金筹措

第三章　乡村民宿简介

3.1　乡村民宿基本情况

3.2　经营理念

3.3　规划与战略

第四章　产品与开发

4.1　产品概述

4.2　开发

4.3　技术

第五章　市场

第六章　竞争分析

6.1　民宿竞争的压力来源

6.2　波特五力竞争强弱分析

6.3　SWOT 态势分析（SWOT 示意图）

第七章　营销

7.1　产业延伸策略

7.2　定位策略

7.3　定价策略

7.4　销售渠道

7.5　网络营销

第八章　风险及规避

【乡村民宿商业计划书撰写实例】

某乡村民宿商业计划书

一、概要

乡村旅游将是我国城市居民短途休闲度假旅游的热点，其市场容量将有极大增长。乡村民宿将以一种全新的网络连锁经营模式开拓这一市场，为旅游者提供高品质、高价值的旅游服务，从而创造公司价值。

二、市场需求及潜力分析

在旅游行业开拓市场，相对于传统旅游而言，人们的旅游方式和旅游偏好已经发生了很大变化。只有准确了解并努力满足游客需求的民宿才能生存，只有敏锐地顺应甚至引导游客需求的民宿才有机会成为市场的领导者。

乡村旅游的发展前景是基于对现代游客需求、旅游方式和旅游偏好的市场调查和深入分析。分析表明：乡村旅游这一市场经过近年来的初步酝酿，在市场需求的推动和产品供应升级的引导下，市场潜力将得到极大释放，从而迎来一个较长时间的高速发展期。

1. 休闲度假旅游将占据我国旅游市场的较大份额，并将从边缘旅游方式上升为我国城市居民的主流旅游方式。对休闲度假旅游市场的调查分析表明：

（1）从总量来看，城市周边旅游目的地才是居民休闲度假旅游活动的高发区。

现在市场上对休闲度假旅游的认识还很局限，认为坐飞机到海边晒太阳，或到某个度假村玩才算是休闲度假。其实从总量来看，大部分游客不可能频繁投入这一类的休闲度假。短途的城市周边旅游目的地的休闲度假活动才是主流，对梅家坞、桐庐、临安等地的市场调查充分说明了这一点。目前大部分城市周边的景点景区（以门票销售为主要收入的），无论功能设计、配套设施还是服务机制，都不适合休闲度假旅游，因此游客大量涌向一些村民自发经营的旅游设施。

（2）从时间来看，1~2天的休闲度假方式将是城市居民的主流选择。研究表明，与传统游客相比，现代游客旅游度假的频率更高，但每次旅游的持续时间缩短。在我国，双休日和黄金周的推行，使得经济发达地区周边的短途旅游市场异常火爆，1~2天的观光旅游市场的成功说明了这一点。考察一下长三角地区的旅游就可以发现，即使是一些旅游资源禀赋并不十分出色的景点景区，只要营销工作过得去，上海、杭州等城市的游客就会蜂拥而至。但短途观光旅游市场的长期吸引力有限，1~2天的休闲度假旅游将逐渐上升为城市居民的主流选择。

（3）乡村旅游将成为休闲度假旅游的主力产品，也是城市周边短途旅游的下一个发展热点。回归自然、寻找野趣和乡土人文，将是城市居民持久不变的兴趣所在。正如美国电视剧《欲望都市》的台词："生活在大都市的人们最乐意做的事，就是：离开它。"乡村，以其自然的风光、清新的空气和本土人文，对城市居民形成了极大的吸引力。

2. 游客的小规模自驾车出游将逐步成为休闲度假旅游的主要方式，而乡村旅游最适应这种方式。

我国城市居民的购车热持续升温，北京等经济发达城市的购车量增长这几年都在惊人的50%左右。发达国家的旅游发展经验表明，汽车使用率的普及会极大地影响游客的出游方式，具体表现在：自助旅游更普及；旅游团体规模小型化（家人、朋友组成的小团体）；出游更频繁；非大众化的旅游目的地有更多人光顾等等。

我国的私家车拥有者在城市居民中的比例还不算很高，但增长率非常高，从总量来看已经构成了一个非常庞大的特定市场，而且这一市场的人群消费活动最为活跃，消费观念最为超前，消费能力最为强大。自驾车出游已经成为这一人群的主要爱好和时尚活动，各个城市都活跃着这样的人群，小规模自驾车出游将成为这一人群休闲度假旅游的主要方式。乡村旅游是最适合自驾车出游的项目，其接待能力也适合小规模游客团体。事实上，在调查中发现，通过自驾车出游进行乡村旅游，这一市场已经自发形成，并处于快速增长中。

3. 网络媒体将对城市居民休闲度假旅游选择产生举足轻重的影响。

虽然缺乏较完全的统计资料，但基本可以认定：在城市居民中，消费比较活跃、经常进行休闲度假的人群，其上网比例是非常高的。互联网逐步成为人们选择出游地点、制定旅游计划的首选工具。调查中发现，除了各地旅游部门、旅游民宿开发的网页之外，在互联网上的各种社区和论坛中，旅游是一个非常重要的主题，并且这些网上社区和论坛在影响游客选择上，发挥了非常重要的作用。已经多次看到这样的案例：一篇发表在论坛上的游记，经过网络传播逐渐发挥了影响，使一个本来偏僻冷清的地方游客盈门。

现代游客并不满足于一般的观光旅游，他们喜欢新奇，热衷了解当地文化。此外，他们还注重旅游过程的参与感，乐于和别人分享旅游的感受。乡村旅游以乡村景致和乡土文化吸引着城市游客，还可以通过一系列参与性的旅游活动加强游客的体验，而互联网将成为乡村旅游进行营销的主要平台，同时也是游客们寻找乡村旅游目的地、共享旅游经验的集散地。

综上所述，有充分的理由得出如下结论：在经济发达城市的周边农村开发以短途休闲度假为主要特征的乡村旅游，将是一个潜力巨大的细分旅游市场。虽然目前还难以准确估算这一市场可以达到的规模，但乡村旅游市场在今后至少10年内的高速发展却是可以预期的。对城市居民、乡村旅游先行地方的调查也充分印证了这一观点。

三、乡村民宿业务模式

针对乡村旅游市场上的种种问题，计划书提出的乡村民宿业务模式可以在非常好地满足游客需求的同时，改造乡村旅游业，实现产业升级，从而迅速成为一个规模化的产业。这一模式将灵活高效地组织乡村旅游的供应链，并使本公司居于乡村旅游供应链的核心地位。这一业务模式通过如下方法和步骤设立：

1. 设立民宿。

（1）寻找符合基本经营条件的农户，说服其免费签约民宿。

经营条件包括：周边环境优美，有特色，可以对城市游客来乡村休闲度假形成很强的吸引力。农户拥有合适的经营场所，可供游客餐饮、住宿，有基本的卫生设施和一般经营所需的设备。农户具有持续经营所需的经济实力，拥有良好的社会行为记录。

说服农户签约：免费签约，不需加盟费用。由公司提供客源。只根据公司提供的客源人数抽取有限的佣金，佣金在做成生意后才返回，业主不存在风险。签约后拥有"民宿"这一全国性的品牌。签约后公司为该乡村民宿提供全方位的包装策划和培训，包括对其经营场所、服务方法等方面的改进提供全套方案；进行旅游项目、特色服务的包装设计，使该旅馆具备一定的服务特色，并具备休闲度假旅游的多样吸引要素；为其设计宣传网页；还将对签约农户进行适当的服务和管理知识培训。通过政府支持来说服农户。

（2）改造和包装签约的乡村民宿，使其符合现代乡村旅游的要求。

为该乡村民宿设计一日游和二日游的游览路线和项目。游览路线和项目应具有一定的主题，如钓鱼、爬山、采摘等，并体现一定的特色。

为乡村民宿的餐饮服务进行设计包装，指导业主如何将本地土特产作为旅游商品出售。

对乡村民宿经营场所的改进提供全套方案，在业主经济条件允许的情况下，为游客提供舒适、卫生的环境，使该乡村民宿达到基本的服务标准。

对业主和服务人员进行适当的安全、服务和管理知识培训。

为每一个乡村民宿设计宣传网页，内容包括旅馆特色、游览项目、周边风光、餐饮特色、旅馆设施等。

（3）公司将把众多乡村民宿按照经营特色和旅游特色进行分类，使不同偏好的游客进入中国乡村民宿网之后，有更多选择。

2. 中国乡村旅游网是乡村民宿的营销和服务平台，及乡村旅游供应链的核心。

（1）乡村旅游网的主要功能是：

1）乡村旅游信息查询。信息查询是旅游计划的第一步，一般对游客的旅游消费决策具有决定性的影响力。目前游客若要到乡村旅游，只能通过熟人或网友的介绍来获得信息，这些信息往往不够完备和准确，并且难以获得。乡村旅游网要成为游客查询乡村旅游信息的首选。虽然网站设立初期，由于签约旅馆少，可供游客的选择较少，不过当签约旅馆达到50家（预计半年）或是100家（预计一年）之后，大多数游客应该可以找到自己的偏好了。

2）乡村旅游服务预订。研究表明，一次复杂的旅游活动通常不能仅仅依靠在网站上下订单完成全过程（不像订票那样简单）。因此，网上的预订功能最终将引导顾客通过免费电话完成。公司将设立一个呼叫中心，当顾客有预订意愿时，只需直接拨打免费电话即可。或是由顾客填写一个简单的订单，由呼叫中心call back联系。呼叫中心将为顾客确认人数、交通、行程、游览项目等细节问题，在与预订的乡村民宿联系确认后，通过电话、邮件、短消息等多种方式与顾客确认预订。

3）乡村旅游网上社区服务。网站将为乡村旅游爱好者提供一个人性化的交流社区，旅游者不仅可以在社区中交流旅游体验，听取别人对乡村旅游地的评价，还可以在社区里发表自己的摄影作品和游记。对社区作出较大贡献者（如发表了较有影响力的游记或是照片的作者），网站将给予一定的奖励（如提供一次免费乡村旅游）。网站还鼓励乡村民宿的经营者与游客通过社区沟通，以进一步营造乡村旅游的亲切氛围。社区服务的另外一个功能是：可以帮助游客寻找合适的旅伴，游客可以通过网络征集旅伴发起一次旅游活动。社区服务不仅可以增加游客的参与感，使网站充满互动性，还可以为网站内容带来第一手鲜活的资料。此外，公司还可以从社区言论中及时发现乡村旅游业务中的各种问题，以提高服务水平。

4）乡村旅游营销。营销功能渗透网站的各个功能模块。公司可以在网站上开展各种网络营销活动，还可以通过记录并了解注册用户的信息，从客户关系管理（CRM）的理念出发，开展针对顾客偏好的一对一营销。

四、乡村民宿的盈利模式

1. 主要盈利来源——佣金。

可以预计的是：公司在开展业务的第一年到第二年，既是市场领导者，更是市场培育者。此时公司的收费模式应该简单、谨慎，以获得乡村民宿的佣金为主，市场培育到一定阶段时，公司地位得到稳固，公司品牌价值得到市场高度认可，可以考虑别的收费模式。

下面对公司的收费模式做简单的可行性测算：

如果以10元/人/天的低价与乡村民宿进行结算，如果公司每周为一个乡村民宿提供3批游客，每批以4人计，其中一批为过夜游（×2）。

公司每周可以获得的佣金为：10×4×4＝160元。

全年可获佣金为：160×52＝8320元。

30家乡村民宿可提供：8320×30＝249600元。

50家乡村民宿可提供：8320×50＝416000元。

100家乡村民宿可提供：8320×100＝832000元。

500家乡村民宿可提供：8320×500＝4160000元。

将估算的数字上下浮动30%作为对市场情况乐观和悲观的估计：

加盟旅馆数目（家）	正常估算（元）	悲观估算（元）	乐观估算（元）	估计所需经营时间
30	249600	174720	324480	3个月
50	416000	291200	540800	8个月
100	832000	582400	1081600	16个月
500	4160000	2912000	5408000	36个月

根据初步估算，当经营时间达到8个月，加盟乡村民宿数达到50家，公司基本可以实现盈亏平衡，随后的发展将逐步体现规模效益，公司成本并不因加盟旅馆数目的增长而同比增长，随着公司经验的积累，后期推动加盟旅馆的费用将会降低。每个乡村民宿的利润贡献率将随着规模的扩大而逐步提高。

当然，加盟旅馆的数目不可能无限制增长。另外一个担心是：这么多加盟乡村民宿，公司是否能提供足够的客源？

以公司在长三角地区拥有100家加盟乡村民宿，每家每周提供3批×4人次来估算，公司每周需获得1200人次的预订，这只相当于一个三流景区的接待量。如果市场培育较为成功，在整个长三角地区的加盟乡村民宿即使达到500家也不为多。

根据市场调查和测算，认为公司将佣金收入作为公司的主要盈利来源是可行的，并可以为公司的快速增长提供保证。

2. 其他盈利来源。

公司的核心业务和资源当然要用于保证主要盈利来源，但公司也可适当开展别的业务以拓宽盈利渠道，为游客提供更多样化的服务。随着市场条件和民宿在市场中地位的变化，以及民宿品牌价值的增长等因素的变化，公司还可以考虑收费模式的变革。

（1）旅游商品。乡村民宿事实上是旅游商品销售的最佳前沿，但目前乡村民宿所销售的、可以让游客带回家的产品，95%以上是食品类土特产。公司在指导农户开展土特产销售之外，还可以设计、组织多样化的旅游商品批发给各乡村民宿销售，旅游商品可以使用"农夫旅舍"这一品牌，既作为品牌延伸，也可以起到一定的营销作用。这些旅游商品将围绕乡村旅游的主题进行设计，成为游客旅游的纪念物。只有游客真正需要的、可以提升游客乡村旅游体验的旅游商品，才会提供给游客。

（2）景观房产代理服务。近几年的景观房产热潮使得市面上出现了很多景观房产，这些房产一般都建于风景优美、适合休闲度假之地，其建筑式样和功能都非常适合休闲度假，但空置率非常高。公司可以寻找需要在空置期赚取租金的业主，获得代理权后，通过乡村旅游网的平台进行出租或经营。这是一块有可能会意外成功的市场。但应在公司业务资源有富余能力的时候再从事此项业务。由此介入景观房产产权运营市场也是一个较好的切入点。

（3）收取加盟费或品牌使用费。最初3年内，公司应努力"跑马圈地"并培育市场，既努力吸收和控制资源禀赋最佳的乡村民宿，因此，一般应不考虑收取加盟费或品牌使用费。当市场条件成熟、公司市场地位较高、品牌优势较大时，可以在严格准入的基础上，考虑收取加盟费或是品牌使用费。但一般来说，该项收入不应成为公司的主要营收。

（4）网络广告费。当公司网站用户流量达到一定水平，可以适当开拓网络广告业务。开展广告业务时需选择适合的产品（如户外运动产品）和厂商，不能破坏公司网站的整体风格。

3. 收费方式。

对公司发展的最大担心是：能否长期、顺畅地收取佣金。签约并不能保证公司收取到佣金，必须通过一定的方法和业务流程来保证：

公司在网站上不提供每个乡村民宿具体的联系方式和交通路线图，避免游客跳过公司直接与乡村民宿预订。乡村旅游网和呼叫中心将成为预订活动的中心。

佣金收取有两种方式：

（1）公司提供预订服务，游客付费给乡村民宿，公司和旅馆确认到达人数，按月度人数收取佣金，即由乡村民宿付费给公司。

（2）公司将乡村民宿的旅游活动包装成一日游、二日游或是其他产品，标上价格在网站上接受预订，游客预订后付费给公司，公司和旅馆确认到达人数，公司在扣除佣金后付费给乡村民宿。

上述两种方式各有优缺点，公司将在业务开展初期对两种收费方式进行实验和总结，以市场检验不断优化和完善收费方式。

从长期来看，只有乡村旅游网和民宿成为强势品牌，乡村民宿被退牌将遭受重大损失时，公司的收费将更为顺畅。

4. 业务模式总结。

（1）面向以休闲度假为主要特征的乡村旅游市场。

（2）品牌化网络连锁经营。

（3）公司作为这一特定市场的组织者，将居于供应链的核心地位。

（4）公司的核心竞争力为品牌经营、网络营销和旅游策划。

（5）以代理佣金为主要收入，通过品牌延伸等方式拓展收入。

思考题

1. 简述自己开办乡村民宿的流程。

2. 简述加盟开办乡村民宿的流程。

3. 简述乡村民宿开办需要注意哪些事项。

4. 乡村民宿开办的资金来源有哪些？各有什么优缺点？

5. 简述乡村民宿选址的基本原则。

6. 简述如何通过大数据和科学技术手段进行民宿选址。

7. 开设乡村民宿需要办理哪些手续？

8. 根据商业计划书范本写一份乡村民宿的商业计划书。

第三章　乡村民宿设计

学习目标：通过本章的学习，使学生了解乡村民宿设计的内容；了解乡村民宿改造的注意事项；掌握乡村民宿 Logo 的设计以及 Logo 设计软件的使用；熟悉乡村民宿装修的色彩的搭配、客房设计和餐厅设计及相关设计软件的使用；掌握乡村民宿活动设计的要点。

第一节　乡村民宿设计概述

乡村民宿是当下中国乡村建设领域最火热的话题之一，也是建筑设计领域最活跃的主题之一，主要得益于近年来乡村休闲度假旅游的兴起。随着中国民众的富裕程度逐渐提升，对外出旅游和休闲度假的需求也逐渐上升。由于环境污染、食品安全、精神压力等"大都市病"，重新回归田园与山野去找寻"诗与远方"成为许多都市人的首选，乡村民宿的兴起便由此而来。

乡村民宿并不是一个新事物。传统的民宿规模一般都不大，大多由民宅略作改造而成。大部分民宿不会专门请建筑师进行设计，改造也相对简单，很少有特别的风格手法，以实用、自由、放松为主。多数时候，房屋主人仍居住在民宿建筑中，甚至和住客仅一墙相隔。

游客与房主的关系被微妙地联系在一起，游客也变为了暂时的家人。这与普通旅馆的服务关系不同，游客变为房客，进而变为朋友，甚至是家庭成员。随之，异地也就变为了在地。这也许就是民宿的核心魅力所在：一种家庭式的温馨和恬淡。随着乡村振兴战略的深入实施，中国的乡村建设日渐美丽富饶。因此，民宿也进入了一个快速发展的阶段，一些建设规模大、投资额度高的度假酒店式的"新民宿"也应运而生。

一、发展乡村民宿的重要意义

1. 旅游角度

随着交通的发展和自驾车的普及，自驾游、深度游、自由游、体验游逐渐成为流行和风尚，民宿是以知识经济为基础、以自然生态环境为依托的创意生活品类，迎合了游客自由体验的需求，民宿设计价值也随之体现。

2. 经济角度

乡村民宿提升农家乐产业，好的民宿设计是可以推动农村经济结构转变的强助力，不仅可增加农民收入，而且可带动整体产业链。

3. 文化角度

乡村民宿发展有利于发掘和保护当地人文历史、自然生态，用现代的文化创意手段来延续传承当地文化民俗，通过民宿设计，重塑乡村的魅力，提升乡村的文化竞争力。

4. 社会角度

乡村民宿设计是携带现代城市文明基因向农村地区延伸的桥梁，符合现代人的兴趣、梦想、生活理念和审美需求，因此发展民宿必将成为新生态农业与旅游融合发展的抓手。

二、乡村民宿的设计目的

（1）解决当下城乡之间的失衡状态，是空间的分享、多元化文化的交流。

（2）促进就业，提高物质和精神生活的品质。

（3）回归自然，返璞归真，与大自然健康和谐共存。

（4）具有可持续发展的意义。

三、乡村民宿的设计原则

（1）尊重自然。每个地方都有自己独特的自然环境和资源禀赋。

（2）尊重人性。空间因人而生。

（3）尊重市场。管理流程的规范。

（4）可持续性。使空间赋予生命。

四、乡村民宿的设计特性

1. 地域乡土性

乡村民宿景观规划设计要体现乡土性和区域文化性，应当充分利用当地的乡土元素，保持乡村资源的乡土性和原真性，营造乡村意象，沿续当地传统民居建筑风格，采用当地乡土植被，保持原有乡村景观结构，采取鼓励措施，保持当地农业生态文明。

同时，乡村的生活习俗、农事节气、民居村寨、民族歌舞、神话传说、庙会集市以及茶艺、竹艺、绘画、雕塑、桑蚕史话等都是乡村文化生活的重要组成部分，是展示区域文化的载体，对这些内容进行合理设计能增强乡村民宿乡土性和文化性，体现乡村民宿景观的区域文化性（见图3-1）。

图 3-1　具有地方乡土特色的民宿

图片来源：百度图库。

在设计中，要注重反映乡村景观所体现的场所历史、延续场所文脉，成为构建新景观、体现场所独特性的一种方式。

2. 整体综合性

乡村民宿景观设计首先要有整体观念，民宿景观规划与设计需要运用多学科知识把乡村民宿景观作为一个整体来思考和设计，达到旅游功能与生态环境的协调发展，实现整体优化利用。特别要注意的是整体考虑民宿庭前屋后的乡土植物种植，营造整体的环境氛围（见图3-2）。

图 3-2　北京海岸-攀枝花民宿

图片来源：百度图库。

3. 农业体验性

乡村民宿景观提供了农业体验，是游客感受乡村气息的重要方式。在设计中应充分尊重本土的乡村农业景观，保护历史农村的特征，使之成为一个真正的乡村农场。同时，提供农业有关的景观小品，让人回味过去的农村。还提供一些农业教育方面的课程，给游客带来全方位的农业体验（见图3-3）。

图 3-3　梯田民宿

图片来源：百度图库。

4. 生态自然性

乡村民宿景观设计强调自然美、生态美、和谐美以及与环境融合美，减少人为修饰景观。要以乡村自然的农业风景，如梯田地形、色彩绚丽的杂交林、乡间小路的小野花、村口的长满苔藓的破石块、木篱笆等自然景观要素为主导，适度进行艺术生态的规划设计，营造极致的乡野氛围。借景田园风光，如乡村广阔田野上斑斓的色彩、美丽的农田、起伏的山冈、蜿蜒的溪流、葱郁的林木和隐约显现的村落，通过设置观景平台和矮墙来欣赏花园外面的乡村景色（见图3-4）。

图 3-4 贵州黄丝江边民宿

图片来源：百度图库

五、乡村民宿设计的注意事项

1. 保留

保留具有历史年代感且保存较为完整的建筑，因为空间结构完整的传统院落功能合理，还有富有历史年代感的精美构件及无法修复的具有价值的古建构件，也有宜人的空间尺度、浓重的生活气息。

2. 改造

建筑结构不清功能设计不合理的民居，部分临街建筑的立面的改造，引入部分功能（商业、休闲娱乐等），对遗留的构件进行多样化处理——多运用于景观设计或收藏于基地展览馆，没有价值且荒废的场地作为休闲娱乐空间。

3. 拆除

拆除无法修缮、改造或闲置的建筑，如违章加建的建筑。

六、乡村民宿景观设计要点

1. 空间有序、四时有景

在乡村民宿景观设计的空间设计上，纵向空间的设计，可用不同的乔木、灌木及地被植物把纵向空间分割成不同的层次。横向空间设计中的花木、小品、道路等元素的组合，可以使横向空间的景观更加自然、美观。

设计不能只考虑一个季节的需求，应从春夏秋冬四个季节来加以具体分析，要使每个季节都不至于出现毫无生机的残败景象。在植物物种的选择上，要考虑秋冬季节花木的变化，做到四时各有景致。

2. 功能合理、形式完美

在乡村民宿景观设计中，要考虑多种功能，如农用工具的摆放、旋转空间、谷物的晾晒空间、家禽家畜的活动空间等。

有了对功能的具体考究之后，才可以依据功能设计出适合的美的形式。如种植中等乔木，可以用来乘凉，也可以用作晾晒粮食的支架，还可以用来扯晾衣绳。

由于乡村民宿的特性，可在民宿庭院种植 1~2 棵中小型乔木，树种可选择柿树、桃树、梨树等果树，以增加经济效益。

3. 多方适宜、自然为美

乡村民宿景观设计首先要功能适宜，即造景要与功能相适宜，不能片面地追求高、大、上等很虚的东西。其次是形式适宜，即追求视觉感受，景观设计必须形成客体物象与视觉感受的和谐。再次是美感适宜，即好的设计除了要满足使用功能和具备相应的形式之外，同时还要具备美的外观，以满足人们的审美需求。

在乡村民宿景观设计中，这种审美之"美"，更多地体现在自然之美上。自然为美是人们对民宿景观设计体验的期望。

4. 就地取材、创新利用

在民宿景观设计上，应该多考虑农民的实际需求，以最方便、最经济的原则为出发点来进行景观设计。

可就地取材，利用乡村农作物来进行景观美化；如不甚美观又没有生机感的石灰墙或泥口砖墙，可以用花墙或绿篱来装饰或遮挡；丝瓜、葫芦、黄瓜等蔓爬性蔬菜和瓜果，可以用朴实、典雅的木制藤架加以引导。

另外，利用可循环使用的废旧生活垃圾也是很好的设计点子；生活垃圾中废弃的瓶瓶罐罐在乡村民宿景观设计中可以是很好的花盆、庭院小品、墙饰等的制作原料。只要设计师有心，善于创新性思维，对乡村素材就地取材、循环利用，一个个低碳、环保、经济的可持续乡村民宿景观一定会应运而生。

七、AR 技术应用

增强现实（Augmented Reality，AR），是指一种实时计算摄影机影像的位置及角度并加上相应图像的技术，是一种将真实世界信息和虚拟世界信息"无缝"

集成的新技术，这种技术的目标是在屏幕上把虚拟世界套在现实世界并进行互动。

1. AR 技术的特点

AR 是增强现实技术的简称，是一种将虚拟信息与真实世界巧妙融合的技术，广泛运用了多媒体、三维建模、实时跟踪及注册、智能交互、传感等多种技术手段，并通过叠加的方式呈现在大众面前，用户通过便携的终端就可以观看到虚拟和现实环境组合而成的拟真体。AR 技术的特点是真实世界和虚拟世界的信息集成、具有实时交互性，是在三维尺度空间中增添定位虚拟物体。将 AR 技术与乡村民宿融合，实现实际场景与虚幻环境的虚实结合，使其自然景观更加丰富多元化，既大大增加现场感、观感以及娱乐性，也创造出更加震撼的视觉效果，进而给游客带来一种身处现场美景的感官体验。

2. AR 技术的优势

（1）信息介绍。传统的旅游大多是走马观花式浏览当地景观，或者由当地导游按照指定路线进行讲解，整个过程既缺乏游客与景点多层次的交互体验，也限制游客对当地空间多方位的了解。将 AR 技术应用在民宿当中，游客可以通过 AR 技术获取景点和周边环境的介绍。

（2）场景再现。使用 AR 技术可以将现实中的场景摄入电脑，运用数字化技术进行现场还原，进而实现将乡村民宿及周边建筑景观的旧貌还原到游客眼中。

（3）创意化营销。首先，乡村民宿营销多样化，乡村民宿在网上体现的内容和形式非常有限，产品介绍和展示都是平面且单一的，而 AR 技术将乡村民宿租赁营销带来了新世界。运用 AR 技术，乡村民宿的介绍可以多花样。通过 AR，可以看到乡村民宿在照片里表现不出的另一面和外出居住在意的细节与品质。此外，AR 技术让网上乡村民宿的储存量接近无穷大。有 AR 的加持，一间民宿的介绍可以搭建很多很多内容，比如屋内设备演示，房间详情和评价等。其次，场景营销更精准，通过 AR 技术构造场景，让乡村民宿介绍更加精准有效（见图 3-5）。通过 AR 技术可以打造很多精准内容。最后，乡村民宿营销最大化，AR 技术能打开线上、线下的隔阂，打造一种无缝连接的完美体验，同时将线上、线下的全新体验最大化。两者的流量互相作用，互相传播，提高乡村民宿的知名度。

八、乡村民宿的功能分区

乡村民宿作为一种新型的住宿方式，不仅提供住宿服务，而且提供更多的服务和体验。为了更好地满足客人的需求，乡村民宿通常有以下几个功能区划分（见图 3-6）。

图 3-5　AR 技术与乡村民宿融合

图片来源：百度图库。

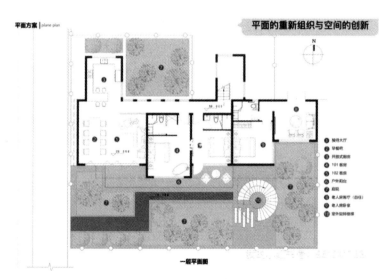

图 3-6　乡村民宿功能分区

图片来源：小红书。

1. 客房区

客房区是乡村民宿最主要的功能区之一，它是客人休息和睡眠的地方。客房区通常包括卧室、浴室、卫生间等。在客房区，乡村民宿会提供舒适的床铺、柔软的床上用品、干净的浴巾等，让客人感受到家的温馨和舒适。

2. 公共区

公共区是乡村民宿的重要功能区之一，它是客人与乡村民宿主人及其他客人交流的场所。公共区通常包括客厅、餐厅、厨房等。在公共区，乡村民宿会提供舒适的沙发、餐桌、厨具等，让客人可以自由地交流和享受美食。

3. 娱乐区

娱乐区是乡村民宿的重要功能区之一，它是客人放松和娱乐的场所。娱乐区通常包括电视音响、游戏机等。在娱乐区，乡村民宿会提供各种娱乐设施，让客人可以尽情地享受休闲时光。

4. 服务区

服务区是乡村民宿的重要功能区之一，它是乡村民宿提供服务的场所。服务区通常包括前台、行李寄存、洗衣房等。在服务区，乡村民宿会提供各种服务，如接送机、旅游咨询、洗衣等，让客人感受到贴心的服务。

5. 景观区

景观区是乡村民宿的另一个重要功能区，它是客人欣赏美景和享受自然的场所。景观区通常包括花园、露台、阳台等。在景观区，乡村民宿会提供美丽的花园、舒适的躺椅等，让客人可以尽情地欣赏美景和享受自然。乡村民宿的功能分区是为了更好地满足客人的需求和提供更多的服务和体验。

第二节　乡村民宿色彩选择

色彩是一种涉及光、物与视觉的综合现象，"色彩的由来"自然成为第一命题。对于色彩的研究，千余年前的中外先驱者们就已有所关注，但自18世纪科学家牛顿真正给予科学揭示后，色彩才成为一门独立的学科。七色按红、橙、黄、绿、蓝、靛、紫的顺序一色紧挨一色地排列着，极像雨过天晴时出现的彩虹。同时，七色光束如果再通过三棱镜还能还原成白光。三原色与色彩叠加见图3-7。

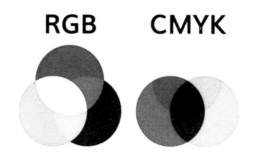

图3-7　三原色与色彩叠加

图片来源：百度图库。

一、色彩的心理

1. 色彩的冷暖感

红色、橙色、黄色为暖色；紫色、蓝色、青色、绿色与暖色之间的中间色，给人凉的感觉，为冷色。

2. 色彩的轻重感

明度强的颜色感觉轻，明度弱的颜色感觉重，也就是说浅色给人的感觉轻，深色给人的感觉重。

3. 色彩的软硬感

暖色、亮色感觉软而柔和，冷色、暗色感觉硬而坚固。

4. 色彩的面积感

深暗的色彩给人面积小的感觉。

5. 色彩的空间感

明度较强的色彩感觉远，明度较弱的色彩感觉近。

6. 色彩的味觉感

黄色、蓝色、绿色，给人酸味感；白色、乳黄色、粉红色，给人甜味感；茶色、暗绿色、黑色，给人苦味感；红色给人辣味感。暖色系列给人温暖、快活的感觉；冷色系列给人以清凉、寒冷和安静的感觉。如将冷暖两色并用，给人的感觉则是暖色向外扩张、前移；冷色向内收缩、后移。

7. 色彩的联想

不同的色彩在人的心里会产生不同的联想，以下分别是不同色彩的一般联想表达。

白色——纯真、清洁、明快、洁白、雪花。此外，在中国民俗中，白色还让人想到悲哀的事情。

黑色——寂静、绝望、不幸、恐怖、沉默、严肃。此外，给人庄重的感觉。

灰色——中庸、平凡、温和、谦让、不公平。

红色——太阳、火焰、紧急、血、喜庆、热情、爱情、活力积极、危险。

橙色——阳气、积极、乐观、热烈。此外有欺诈、嫉妒。

黄色——希望、富丽、权威、辉煌、智慧、金子、快活。

绿色——草木、和平、环保、成长、健康、自然、安静。

青色——诚实、沉着、海洋、广大、悠久、消极、智慧。

紫色——优雅、高贵、壮丽、神秘、永远、不安、气魄。

金色——名誉、富贵、忠诚。

银色——信仰、富有、纯洁。

二、乡村民宿的色彩搭配

真正好看并且成为网红的乡村民宿，都离不开装修配色。配色好的设计，不需要很多的装饰品，就可以透露出高级感。

1. 低饱和度色

常见的低饱和度色有：白色、鹅黄色、烟粉色、灰色、雾蓝色、橘粉色、豆蔻青等等。将颜色融入灰调，也就是比较暗的颜色。低饱和度的颜色整体给人一种柔和感，像一个清新淡雅的文艺青年。在颜色数量的选择上，由于低饱和度色容错能力较好，所以不用担心颜色过多破坏美感。但一定要选择好主色和主次色，再用剩下的颜色进行点缀，就可以达到良好的效果。主色和主次色多用于比较大的物品，比如墙壁、沙发、床铺。其他颜色则是对整体房间配色起点亮作用，可以用在抱枕、灯具、插画、鲜花等比较小的东西上。

2. 高低饱和度撞色

高饱和度的颜色没有特殊的说明，就是颜色浓。如果说低饱和度配色是个文艺青年，那么高低饱和度的撞色就是个艺术家。撞色撞得好，两种颜色都可以为对方加分。亮与暗的配色，很容易给人眼前一亮的感觉。民宿撞色配色分为下面两种：高饱和度，次低饱和度和低饱和度作为主色。这个时候加入一些高饱和度的颜色进行撞色，就会给房间增加些许活力。

3. 不推荐高饱和度撞色

高饱和度之间的配色非常难驾驭。两个都很显眼的颜色撞在了一起，就会有种喧宾夺主的感觉，如果没有足够的艺术细胞，高饱和度的配色也就不具有美感。

三、室内色彩

色彩：室内颜色不要超过三种，一般的室内设计都会将颜色限制在三种之内。原因如下：

（1）三种颜色是指在同一个相对封闭空间内，包括天花板、墙面、地面和家私的颜色。客厅和主人房可以有各成系统的不同配色，但如果客厅和餐厅是连在一起的，则视为同一空间。

（2）白色、黑色、灰色、金色、银色不算在三种颜色的限制之内。但金色和银色一般不能同时存在，同一空间只能使用其中一种。

（3）图案类以其呈现色为准。办法是，眯着眼睛即可看出其主要色调。但如果一个大型图案的个别色块很大的话，同样得视为一种色。

在没有设计师指导的情况下，家居最佳配色灰度是：墙浅，地中，家具色彩更深。天花板的颜色必须浅于墙面或与墙面同色。当墙面的颜色为深色时，天花板必须采用浅色。空间非封闭的，必须使用同一配色方案；不同的封闭空间，可以使用不同的配色方案。在所有色彩中，颜色差异最大的是红和绿、蓝和黄、白和黑，它们为互补色，两种互补色在同一房间内运用，可以营造出鲜艳、强烈的效果，但要注意的是，必须以一种色彩为主体，以另一种色彩为点缀。

第三节　乡村民宿外形及选材

乡村民宿的外形应当尽量符合当地的文化风情和建筑特色，营造出温馨、自然、舒适的氛围。

一、外形设计元素

1. 自然元素

选用自然石材、木材和瓷砖等天然材料，突显乡村民宿建筑的自然风格，同时合乎当地的环保理念。

2. 地域特色

充分利用当地的建筑文化特色和传统手工艺技术，将地域特色融入乡村民宿的外形设计。

3. 建筑风格

考虑运用某一定的建筑风格，如中式、欧式、日式、美式等，来增加乡村民宿的特色与美感。

4. 色彩搭配

选择适合的色彩搭配和颜色比例，以增加建筑的美感和视觉效果。常用于搭配的颜色包括暖色调和冷色调，深浅不一的颜色搭配也可以增加建筑的层次感与质感。

5. 建筑形态

可以尝试运用不同的建筑形态，如对称、非对称、历史复古、现代简约等，来展现建筑的个性特色。

6. 屋顶设计

可运用不同的屋顶设计来营造不同的建筑风格，如平顶、斜顶、异形顶等。同时，在屋顶的设计上还可以考虑添加屋顶花园、阳台等元素，增加宾客的活动空间和舒适性。

7. 窗户设计

窗户是乡村民宿外形设计中不可或缺的部分，它除了起到通风和采光作用外，也是装饰建筑的关键元素。选择不同形状、大小和材质的窗户来为乡村民宿赋予不同的特色，窗户也可配以不同形状、材质和花纹的窗户罩，营造出更加独特的氛围。

8. 门廊设计

门廊是乡村民宿的重要设计元素之一，其设计要时尚、简练、美观、实用，并富有当地特色。值得注意的是，请保持门廊高度与屋面的一致性，并选择既实用又美观的门廊灯或头版式，使之成为民宿建筑的一个明显特色，具有发展和经营的潜力。

9. 草坪和庭院设计

绿色和自然的环境会让人感到放松和舒适，因此，在乡村民宿的空地设计中，草坪和庭院的规划和设计非常重要。适当的植被和景观设计将使民宿更加舒适、自然，显得很有生气。

10. 门窗的选择

在乡村民宿的外形设计中，门窗的选择也尤为关键。合适的门窗设计不仅能维护建筑的完整性和实用性，还能起到较好的装饰作用。比如可以选择带艺术感和传统特色的木门，而门窗也可根据季节进行取舍，如夏天采用透气性和通风性较好的窗户和门。

11. 墙面的处理

在乡村民宿的外形设计中，可以采用不同的材质和处理方法来营造出不同特色的建筑形态。比如用石材、木材、漆面等来增加建筑完整性和美观度，也可试着采用特殊材质墙体来表现不同民族的文化特色。

12. 步行道和停车场的设计

乡村民宿的外形设计不仅包括建筑本身，还要考虑周边环境的规划。适宜的步行道和停车场设计可以提升宾客的入住体验，同时也有很好的装饰效果。在设计上，可将其与整体建筑风格相融合，使周边环境和建筑一体成形。

13. 室内设计

除了外形设计，乡村民宿的室内设计也非常重要。室内设计可以采用古朴纯粹的风格，如使用原木家具和装饰、精心挑选布艺织品等来强调建筑的自然气息和轻松感。同时可以根据不同的客房类型来做出不同的设计风格，让每个房间都具有独特的个性和特色。

14. 客房配套设施

在乡村民宿的室内设计中，为了满足宾客的"家外之家"需求，应该配备基本的生活设施，如舒适的床铺和卫生间设施、饮用水和电器设备等。同时可以增加一些特色设施，如烘干衣服的设备、音乐器材等来提高宾客的入住体验。

15. 公共区域设计

乡村民宿的公共区域，如休息区、餐厅等，也需要独具特色的设计。比如可借鉴当地的文化和传统元素，营造出舒适、自然和温馨的氛围；同时在设计上，也应该考虑空间的完整性和灵活性，以满足不同场合的需求。

16. 其他细节处理

在乡村民宿的室内设计中，还需注意一些其他细节。比如选择合适的家具和灯具，尽可能地营造出舒适和自然的环境；使用植物、布艺等元素来增加空间的活力和空气质量；采用渐变色、民族特色等元素来增加房间的层次感和视觉效果。

二、乡村民宿外形及选材口诀

1. 加固（朽危建筑结构）
2. 记录（时间风化印迹）
3. 隐藏（现代水电设备）
4. 暴露（传统构造节点）
5. 修补（老旧材料细节）
6. 混搭（多维时空要素）
7. 复原（部分历史格局）
8. 并置（现实生活场景）
9. 讲述（房子中的往事）
10. 植入（新的功能活动）

三、老房改造为民宿

20 世纪七八十年代的农宅限于成本和建造材料，普遍没有建筑保暖措施，屋面的功能仅仅在于防雨，很多老建筑更是连屋面板都没有，屋架之上直接是瓦片，热气通过瓦片缝隙直接就散走了，所以冬季的保暖很差。特别是在山区，昼夜温差大，作为现代民宿，房屋的保暖极其重要，同时也是节能环保的基础。

1. 屋面改造

保留原有老屋木架，重点是请有经验的木匠师傅整齐屋面，新的彩钢屋面需要与木架屋面处于同一水平面上。然后在屋架之上有 4 层结构，从上至下依次是：屋面板、夹心彩钢板、挂瓦条、瓦片。檐口还需要根据需求添加雨水槽和封檐板（见图 3-8）分项注意点：

图 3-8　老房子改成民宿

图片来源：豆瓣。

屋面板：屋面板同时也是对屋面内的装饰面，因此在成本许可的情况下，尽量挑选纹理好看、结痂少的实木板材。

夹心彩钢板：可以选择夹心的材料，厚度根据类似莫干山地区的冬季保暖需求，建议夹心泡沫层的厚度大于8厘米，也可以选区岩棉等防火夹心材料。

挂瓦条：根据瓦片的种类，选择相应的挂瓦条铺设方式。

瓦片：主要作用是头层防水，也是屋顶饰面，可以根据周边老房的环境选区合适的瓦片。例如：江南小瓦传统细腻但容易破损；洋瓦（大瓦片）防水好、强度高但纹理粗糙；沥青瓦厚度薄、成本低但耐久差。出于美观的考虑，除非有超强的设计把控力，切记挑选高亮高挑色系瓦片。

檐口雨水槽：雨水槽有多种做法，要求强度高、不怕冬季雪层滑落、易施工。有外观要求的项目，也可以选择其他做法。

封檐板：选择杉木板可以增加其耐久度，最好每年刷漆保养。

2. 暖通设备选择

改建的民宅多位于乡村，甚至位于山区，昼夜温差较大，除了房屋的保温外，暖通设备的选择也是至关重要的。比如莫干山，对于冬季旅游来说，室内温度的控制、热水的稳定提供是最能给客人带来美好体验的要点。

对于改建工程而言，暖通设备的投入也是整体工程的大头。通常乡村的热水系统相对于城市或者郊区的复杂一些，因为供水系统薄弱，水的温度、压力会不太稳定。比如在莫干山山区，很多村落是没有整体自来水系统的，所以必须自己做水箱，储存和过滤山泉水，然后再加压到屋内的冷水系统。

3. 主体锅炉的选择

由于山区不通管道天然气，因此一般不建议选择燃气锅炉（钢瓶除外）。常用的锅炉主要分为生物颗粒燃料锅炉、燃油锅炉和空气能锅炉。

（1）生物颗粒燃料锅炉。生物燃料实际为竹木或者木屑的合成颗粒燃料，大小与化肥类似。优点：热效率高，燃料成本低；缺点：锅炉管理环节多，依赖人力管理，燃料受湿度影响大，并且需要大量室内燃料堆放空间。

（2）燃油锅炉。传统的锅炉模式。优点：热效率高，管理便捷，锅炉炉体成本较低，炉体与燃料占用空间较小；缺点：柴油成本较高。

（3）空气能机组锅炉。这类锅炉近年广泛用于商业领域，尤其在南方，依靠空气压缩机组做功制热。优点：热效率高，较燃油锅炉燃料成本低，管理便捷，几乎无需人员照看。没有燃料堆放问题，相对安全可靠；缺点：热效率受压缩机大小限制，通俗来讲就是烧水慢一点，因此需要相对更大的热水储水箱。

在低温状况下，不同品牌、品质的机组，工作效率会不同程度地受影响。压缩机的低频噪声干扰问题。也会对户外基础的位置有特殊要求（扰民问题）。每一种锅炉都有优缺点，因此不能简单地下定结论说哪种好。需要民宿业主根据自己的基地状况来选择合理的锅炉机组搭配。

4. 供暖和散热

（1）热水。强烈建议所有屋内热水做循环水，美好的体验从打开水龙头立马出热水开始。水压不稳定的情况下，建议安排 300~600 升的承压热水箱来稳定热水水压。实力强劲的业主也可以选择恒温水龙头和花洒。

（2）供暖。所有供暖设备的效果都基于建筑本身的保暖。就像热水瓶质量好了，保温效果才好。因此屋面、墙体、门窗的保温性能是排在第一位的。常用的供暖办法：暖气片：安装方便，成本加地暖低。地暖体感最好，室内热循环效果好。壁炉：并不能替代上面两者供暖，局部取暖装饰效果加注意防火。

（3）空调系统。空调系统比较常用的选择分有分体式空调和风管式空调机：

分体式空调。也就是在家庭住宅里常用的挂壁机，有一个室内机和室外机。优点：成本低，安装便捷；缺点：功率低，不美观，出风不均匀，适合单体小建筑。

风管式空调机。俗称风管机，也就是家用小型中央空调系统，空调连接风管向室内送风，小型的全空调系统。优点：可以隐藏安装在吊顶美观，功率大，出风稳定；缺点：单价高，普遍适合单间民宿设备。

第四节　乡村民宿 Logo 设计

Logo：是 Logotype 的简称，以前指的是一家公司的签名或者符号。该词起源于希腊语 Logos，意思是"文字"。

在图片设计的语境来说，文字符号通常用来指公司的名称。如果标志没有文字，称其为"象征图案"（symbols），但用来沟通的象征图案（如交通标志或指示牌）实际上是一种"象形符号"（pictographs）如果一个标志仅由字体组成，可以称之为字母标（lettermarks）、文字标（wordmarks），或者称为字母组合标志（monograms），通常这些文字标志是采用首字母或缩写的形式来表现，当然，也可以用公司全称。当象征图案及文字标志结合在一起，就是"混合标志"（combination marks）。上述任何一种标志形式如果经过注册或受法律保护，称之为"商标"。

Logo 设计就是标志的设计，它在民宿传递形象的过程中应用最为广泛、出现次数最多，也是一个民宿 CIS 战略中最重要的因素，民宿将它所有的文化内容，包括产品与服务、整体的实力等都融合在这个标志里面，通过后期的不断努力与反复策划，使之在大众心里留下深刻的印象。

一、Logo 的作用

（1）Logo 是它的识别作用，如果一家民宿的标志很容易让人与其他事物混为一谈，那无疑是失败的。

（2）Logo 是它所具有的领导性，这点比较好理解，就是说它是民宿视觉传达要素的核心部分，领导了整个民宿的经营理念以及所有活动，因此它的领导地位是毋庸置疑的。

（3）Logo 就是它的同一性，代表着民宿的经营理念、价值取向以及文化特色等，因此在设计标志的时候一定要遵循事实。

二、Logo 的类别

（1）图形化 Logo。图形 Logo 是由点、线、面不规则的图形组成，是创造出的新的图形，而且这组图形在生活中是不存在的。

（2）字体化 Logo。字体 Logo 是指使用中文、英文、阿拉伯数字，经过艺术设计美化后，形成的图形。

（3）图像化 Logo。图像 Logo 是指使用动物、人物、植物、几何图形组成的图像，而且这组图像有提示性地说明某物某事。并且这组图像是现实生活中实际存在的。

三、Logo 设计原则

（1）Logo 设计要尽量简洁。
（2）Logo 在黑色和白色底色下均能良好显示。
（3）Logo 在小尺寸下能良好显示。
（4）Logo 在众多情况下能良好显示（如产品包装上、广告上等）。
（5）Logo 通常要包含公司的名称。
（6）Logo 作为公司的市场营销和品牌管理，能充分展示公司的沟通意图。

四、Logo 的设计手法 *

1. 表象性手法

采用形象化的手法直接表现人物、动物、产品、服务项目等的象形性标志图形。这种 Logo 设计方式主要是让 Logo 呈现成一个形象生动的物件，这个物件可以是代表民宿文化的一种动物，也可以是一个手势等，这类图形直观性、易认性强，通过概括性形象的直接使用，能强化人们的形象记忆，具有清晰、明确、一目了然的艺术特点（见图 3-9）。这种 Logo 设计方式容易让人遐想，加倍容易记住民宿。

图 3-9　表象手法设计

图片来源：SOHU。

---

* 以下内容是《标志设计公司阐述公司 logo 设计手法》全文，http://www.suntop168.com/。

2. 表征性手法

这种设计手法取其最能体现设计对象特征的本质部分，以简练、概括的图形表示设计物的标志图形。提供服务和技术的公司标志通常采用这类表现手法，用抽象意形表现其机构特征的性质。生产商品领域的企业公司，也常用这一方法表现效能、精度、优质等公共特征。银行、航空公司、艺术团体等亦常用习惯性的象征符号。例如以机翼、特殊线形、字头字母及方向视线等组合象征形表现航空公司的业务及性质。由于表征性标志是依靠其特征来树立设计形象的，因而具有含蓄性和感染力（见图 3-10），设计时应仔细分析、推敲，从其本质特征中表达一定的韵味和旋律。

图 3-10　表征手法设计

图片来源：百度图库。

3. 借喻性手法

这种表现手法借喻同种类型、同种性质与此相关联事物之特征来表示一定的对象和事物。它是从一个侧面表达或引申设计内容和性质。借喻法常用于服务性机构或社会团体的标志设计，因为这一类部门不便于应用表述和表征手法，故一般多采取表形符号。借喻法从侧面烘托主题，颇具新颖感（见图 3-11），但处理不当也会削弱主题，甚至产生歧义。

4. 标识性手法

这类表现手法常应用标志、文字或字头字母的表音符号。通过字形的变化、组合和装饰，加强标识性。除文字外，在商标设计中也可以用抽象图案、图画来表示商业名号。标识性手法有助于强调企事业的名号，特别是采用其他手法不太适宜时。其缺点是含义狭窄，缺乏联想性，企业业务性质不清楚。所以应力求在设计上达到精致性和趣味性，以加强印象，同时想办法做些变形和点缀，以表现其活动本质（见图 3-12）。

图 3-11　借喻手法设计

图片来源：百度图库。

图 3-12　标识手法设计

图片来源：百度图库。

5. 卡通化手法

卡通图案具有夸张、幽默的形象特征，为少年儿童所喜爱，而运用这一艺术手法所设计的标志图形，则具有一定的趣味性和通俗性，很容易引起人们的共鸣。由于个性突出、惹人喜爱，因而能给人以深刻印象（见图 3-13）。常作为儿童活动场所及服务性行业的标志。

6. 几何形构成手法

以点、线、面、体等几何形式所构成的标志形象。外形多为方形、圆形及多边形，轮廓清楚，线条特征明显，标志性强。可运用具有透视感的三度空间构成，具有一定变化的立体量感，外观显得庄重、别致，另有一番特色（见图 3-14）。

图 3-13　卡通手法设计

图片来源：SOHU。

图 3-14　几何手法设计

图片来源：ZCOOL。

7. 渐变推移手法

这种设计手法主要运用形式上由大至小，由粗至细；构成上由疏至密；色彩上由浓至淡的推移变化形成渐变层次来表现形象。该手法节奏明快、新颖别致，轻盈而富有节律变化，有一定韵味，颇具时代特色（见图3-15）。

图 3-15 渐变推移手法设计

图片来源：tukuppt。

五、民宿 Logo 设计软件介绍

1. 软件安装模式：硕思 Logo 设计师

硕思 Logo 设计师：硕思 Logo 设计师是一个功能非常强大，而且非常容易使用的专业 Logo 制作设计工具，拥有非常友好的操作界面，内置大量的 Logo 模板。该软件提供了很多精心设计的模板和丰富的资源，通过简单的点击就可以为网站、博客、论坛和邮件创建专业的 Logo、条幅、按钮、标题、图标和签名等。为更好地创建 Logo 艺术作品，用户可以导入图片并将 SWF 电影反编译到应用。硕思 Logo 设计师在图像渐变、文本效果、阴影、发光、斜角、倒影等中有多种多样的 Logo 图片样式。根据 Logo 使用方法，你可以通过适当的设置，导出或打印 Logo 来满足不同的需求。程序提供了所见即所得的界面，在预览窗口中可以实时查看 Logo 图片。

2. 网页在线设计模式

例如智能 Logo 设计生成器（https：//www. logosc. cn/）（见图 3-16）、图司机（https：//www. tusij. com/）（见图 3-17）、LogoFree（http：//www. logofree. cn/）（见图 3-18）等。

（1）智能 Logo 设计生成器：利用这个网站，你不仅可以在线设计 Logo，一键导出下载；还可以搜索各种 Logo，得到多个免版权图库，且不用担心商用图片侵权。

图 3-16　智能 Logo 设计生成器网址

图片来源：https：//www. logosc. cn/start。

图 3-17　图司机设计生成器网址

图片来源：https：//www. tusij. com/。

图 3-18　LogoFree 设计生成器网址

图片来源：http：//www.logofree.cn。

第五节　乡村民宿客房设计

客房是乡村民宿的基础设施。是乡村民宿投资中最重要的部分，也是乡村民宿经营的最主要产品，是收入的重要来源。筹建和经营乡村民宿都注重客房的设计。力求兼具独特性和舒适度，客房建筑和室内陈设富有创意。精致但不过分奢华，注重细节，深挖差异和创意，难以模仿。同时，应以人的活动和日常生活方式作为设计的出发点，平衡功能和美感。设施要齐全，床上用品要舒适。除了考虑客房的特点和用途、家具的种类及配置、空调和照明的方式，也要考虑建筑费用与维护费用等与经济相关的内容。

一、乡村民宿客房设计区域

1. 乡村乡村民宿客房动线设计

动线是客人完成某一系列动作而走的路线。好的动线设计应该动静分区明显，避免交叉，按不同功能分割空间。客房动线虽然很短但是设计上有一定难度，要在小空间内设计出符合客户行动习惯的线路，则需要对空间内的功能分区进行更加细致的考虑。

客人进入客房后会设计一个过渡区域，这个区域连接客房的各个功能区域，如衣柜、休息区、卫生间等（见图 3-19），虽然面积不大但是却必不可少，而过小的过渡区会让人感觉压抑、不舒服。设计时合理布局私密线路，插座及开关设计抬手能接触到的地方最佳。原则上，动线越短越好。

双人床尽量不要靠墙放，如果有两个人，里面的人不管是进出还是睡眠都极为不舒服。

图 3-19　乡村民宿入房动线设计

图片来源：土巴兔。

2. 乡村民宿客房卫生间设计

乡村民宿客房卫生间设计一般采用干湿分离的设计手法，这种方法可以使顾客的入住体验得到上升，合理的干湿分离可以保证客房内动线的顺畅性、舒适性（见图 3-20）。客房卫生间设计还需要注意将卫生间从视觉上隐藏好，注意地面材料的防滑及耐磨性。

3. 乡村民宿客房工作区设计

乡村民宿客房工作区是一个拥有大量功能设备的区域，例如电视机、洗衣机、音响、行李架等（见图 3-21），应该根据目标群体的习惯对其进行定制化的设计和风格搭配。

4. 乡村民宿客房床位区

乡村民宿客房的床位区除了设计一个或多个床以外，更要注意相关配套设计师的设计及选择，例如床头柜、沙发、茶几、落地灯等装饰物大小及颜色的选择（见图 3-22）。

乡村民宿客房设计需要对民宿本身、居住需求、私密性、舒适性、娱乐性、商务性等方面进行充分的考虑，从而使设计方案更适合项目本身。

图 3-20　乡村民宿卫生间设计

图片来源：土巴兔。

图 3-21　乡村民宿工作区域设计

图片来源：百度图库。

图 3-22　乡村民宿床位区设计

图片来源：摄影@青禾。

二、乡村民宿客房设计的原则

1. 安全性

安全是"健康、舒适、效率"的前提。客房的安全主要表现在防火、治安和保证客人的私密性等方面（见图 3-23、图 3-24）。

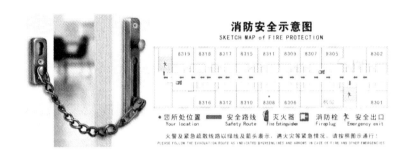

图 3-23 乡村民宿安全设计

图片来源：百度图库。

图 3-24 乡村民宿客房窗户设计

图片来源：玄冬廿三/摄。

（1）防火。乡村民宿客房设计时要设置可靠的火灾报警系统。如烟感报警器、自动喷淋装置等；减少易燃建筑材料、家具、布件及客人带来的可燃物的总体负荷。尽量不使用可燃建筑材料及易燃织物；规划安全疏散通道，并保持畅通，在客房门后张贴《疏散线路指南》，客房设计手电照明和防毒面具等。

（2）治安。门锁设计采用数字化门锁，门上安装内锁链；房间内窗户安装

30 度开窗和纱窗等。

（3）客房私密性。走廊式客房门错开，或采用葫芦型走廊的设计，拉大客房门之间的距离，使客房门前形成一个安静的空间（见图 3-25）。

图 3-25　乡村民宿客房走廊设计

图片来源：足彩吧。

2. 健康性

环境直接影响客人的健康。噪音会损害人的听觉和神经系统；照明不足或过足会影响人的视觉健康；生活在全空调环境内，新风不足或湿度不当会引起呼吸系统疾病。因此客房在设计时就要选择空气良好的地区，并在噪声、光照、温湿度等各方面达到环评标准。

3. 舒适度

舒适是一种主观感受，不同文化背景对应的生活习惯不同，对同一间客房舒适度的评价也不同，因此在设计客房时需先定位客户群体，主要服务于哪一类客人。在客房面积、装修和配备设施等方面根据客人加以考量。

4. 效率

实质是设计与经营的经济效益问题，客房设计效率包括空间使用效率和实物使用效率两个方面。

空间使用效率。表现在客房空间的综合使用及可变换使用两个方面。综合使用指一个空间区域的多功能、高效使用，标准客房设计表现突出。客房空间使用的可变性，指民宿客房类型虽然比较固定，但随着淡旺季和民宿市场，如亲子家庭（由三口之家变为四口之家）的变化，为了适应市场需求，客房类型设置与内部空间发生一定变化。

实物使用效率。客房内实物设计应以"物尽其用"为原则，不同使用方式有不同要求，如家具尽量减少不必要的抽屉；饰面材料采用划伤和碰坏、不易弄脏的材料；行李架后面的墙面采取防护措施；较大的地面选用耐磨的地毯；家具和卫生洁具尽量减少备品、备件的种类和数量。洁具以白色且大众易找到的产品为宜，织物等易耗品选替代性强的产品等。

三、乡村民宿建筑及客房设计常用风格

建筑层次的区别是建筑物的层次，是以建筑物整体性质来分析的。这主要体现为景观层次，因为有很多形态和构造，如中式房型、中式套房、欧式房型的房型等。中式房型是指通过房间大小而对景观有较大的要求，以家具和设备为主的住宅。欧式房型是指以欧式为主的住宅。中式住宅建筑以实用性为主，以地板和墙壁为主。而中式以装饰为主的住宅则主要分为室内空间和室外空间。中式民宿在建筑设计理念和装修工艺方面都有着丰富的功能。民宿是以居住为主的住宅，一般有各种各样的装修风格，比如以客厅为主的房间、以卧室为主的房间，这些都可以算作民宿住宅的设计。

1. 现代风格

现代风格即现代主义风格，是工业社会的产物，起源于 1919 年包豪斯学派，提倡突破传统，创造革新，重视功能和空间组织，注重发挥结构构成本身的形式美，造型简洁，反对多余装饰，崇尚合理的构成工艺，尊重材料的特性，讲究材料自身的质地和色彩的配置效果。现代风格大体包括后现代风格、新现代主义，整个空间的设计充分体现出简洁、实用的个性化空间，空间的色彩比较跳跃、空间的功能比较多。现代主义的装修风格有几个明显的特征：一般会选用不锈钢、铝塑板或合金材料作为室内装饰及家具设计的主要材料；在功能上强调现代居室的视听功能或自动化设施；以家用电器为主要陈设；构件节点精巧、细致；室内艺术品均为抽象艺术风格。简约、简洁、空间感很强是现代主义风格的特色（见图 3-26）。

2. 现代中式风格

现代中式风格也被称作新中式风格，是中国传统风格文化意义在当前时代背景下的演绎，是对中国当代文化充分理解的当代设计。现代中式风格的设计，并不是简单地将两种风格合并或将其中的元素进行堆砌，而是要认真推敲，从功能、美观、文化含义、协调运用传统文化和艺术内涵或对传统的元素作适当的简

化与调整等方面，对材料、结构、工艺进行再创造，格调上显得简约、时尚。

图3-26 乡村民宿现代风格设计

图片来源：花梦间民宿。

现代中式风格在空间设计上比较讲究层次，用实木打造结实的框架，固定好支架后，中间用榫子雕花做成古朴的图案。家具陈设讲究对称，重视文化意蕴。配饰多为字画、古玩、卷轴、盆景等，并用精致的工艺品加以点缀，以显主人的品位与尊贵。木雕画以壁挂为主，更具有文化韵味和独特风格，体现中国传统家居文化的独特魅力（见图3-27）。

图3-27 乡村民宿现代中式风格设计

图片来源：艺术设计联盟。

3. 欧式风格

按照不同的地域文化，欧式风格可分为北欧、简欧和传统欧式风格。欧式风格在形式上以浪漫主义为基础，装修材料常用大理石、多彩的织物、精美的地毯、精致的法国壁挂，整体风格豪华、富丽，充满强烈的动感效果（见图3-28）。一般的欧式风格，会给人一种豪华、大气、奢侈的感觉，主要特点是采用罗马柱、壁炉、拱形或尖肋拱顶、顶部灯盘、壁画等欧洲传统的元素。

图 3-28 乡村民宿欧式风格设计

图片来源：艺宿家。

4. 新古典主义风格

新古典主义风格其实是经过改良的古典主义风格。新古典主义风格从简单到繁杂、从整体到局部，精雕细琢、镶花刻金都给人一丝不苟的印象。虽然新古典主义风格保留了材质、色彩的大致风格，但是人们仍然可以从中强烈地感受传统的历史痕迹与浑厚的文化底蕴。这种风格摒弃了过于复杂的肌理和装饰，简化了线条（见图 3-29）。

图 3-29 乡村民宿新古典主义风格设计

图片来源：SOHU/空间设计。

5. LOFT 风格

"LOFT" 的字面意义是仓库、阁楼，这个词在 20 世纪后期逐渐流行，并且演化成了一种时尚的居住与生活方式（见图 3-30），其内涵已经远远超出了这个词汇的字面涵义。这种起源于欧美、被称为 LOFT 的居住方式正在广州、上海、北京等地悄悄兴起，并作为一种"家"的时尚得到推崇。

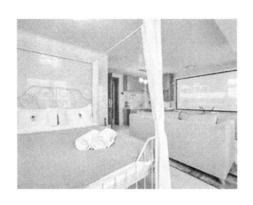

图3-30 乡村民宿 LOFT 风格设计

图片来源：豆瓣/厌学少女杜呼呼。

当然，随着科技的进步和社会的发展，人们的思维方式和审美也在发生着变化，不再拘泥于一个风格，而是尝试从各种风格中探寻自己喜爱的元素，再按照个人风格将它们融合起来，这不仅模糊了风格间的界限，而且创造了各种独一无二、别出心裁的混搭风格，经典而又充满艺术感的室内设计既趋向现代实用的特点，又汲取了传统元素的特征，并在装潢与陈设中融汇当地的文化特色，与自然景观相结合，保留乡土文化的同时，也增添了一些特有的设计色彩。

四、乡村民宿客房家具的选择

由于家具是乡村民宿室内空间的主体，客人的工作、学习和生活在室内空间都是以家具来演绎和展开的。客人从事的工作、生活方式是多样的，不同的家具组合，可以形成不同的空间，如沙发、灯饰、床头柜可以组合室内空间。家具在室内空间造型上大大提高了室内空间使用的灵活的利用率，同时丰富了建乡村民宿室内空间的造型。家具是构成乡村民宿室内设计风格的主体，乡村民宿室内设计都要把家具的设计与配套放在首位，根据乡村民宿客房设计风格，室内家具可以从以下几种风格上加以匹配。

1. 中式风

中式风格结合了古典文化艺术，通过营造历史文化特色，将中国风呈现出来。而民宿客房家具一般选择红木等高档木材作为主要家具，以中式器具装点，古典肃穆，禅意而深具韵味（见图3-31）。

图 3-31　乡村民宿中式家具

图片来源：知乎。

2. 日式风

日式风简洁素雅，但又独具韵味。常用榻榻米作为客房装修主题，再配一张实木榻榻米茶桌，营造出一种日式茶馆的气息（见图 3-32）。

图 3-32　乡村民宿日式家具

图 3-32　乡村民宿日式家具（续图）

图片来源：小红书/花园民宿。

3. 田园风

田园风借助自然景观进行取景，无论什么季节入住，都感觉春意盎然，生机勃勃。客房家具一般采用黑胡桃木沙发进行搭配，选用素雅清新的色彩，让人感到悠闲惬意（见图 3-33）。

图 3-33　乡村民宿田园风格家具

图片来源：橄榄树咖啡民宿。

4. 北欧风

北欧风格的装修近几年很流行，在乡村民宿客房装修中也是比较常见的。北欧风的特点就是简约大方，无论是大空间还是小空间，都能呈现出一种简约、简单的氛围。另外，北欧风民宿的家具也十分轻便，颜色不会太多太杂，大多会用到白蜡木或黑胡桃木家具进行装饰，既年轻又舒适（见图 3-34）。

5. 现代工业风

现代工业风大多采用黑白灰色系，运用铁艺、砖墙、水泥墙等。暗色的家具、地板，突出一种炫酷、高冷的感觉。客房桌椅等可以采用老木头，打造一种残缺美又不失艺术气息的空间。工业风打破了常规的治愈性民宿风格，虽说缺少了一些家的温馨感，但具有独特的个性气质（见图3-35）。

图3-34 乡村民宿北欧风格家具

图片来源：莫干山蕨宿。

图3-35 乡村民宿现代工业风格家具

图片来源：升闲艺术民宿。

6. 民族风

民族风就是装修上结合旅游地当地的特色、风土人情、文化内涵等，具有民族特色。这种民宿的客房装修风格越来越受到人们的追捧，因为去一个地方旅游就要融入其中。比如云南的丽江、大理，这种风格的民宿就十分有名，具有当地特色的装饰风格，用鲜艳的色彩突出特色，形成了当地民宿的一种新的风尚。不失民族风情之外又重新定义了民宿的风格（见图3-36）。

图 3-36　乡村民宿民族风格家具

图片来源：逢简润岚雅居民宿。

第六节　乡村民宿餐厅和厨房设计

乡村民宿餐厅设计是指为餐厅提供不同的装潢设计。餐厅的设计与装饰除了要同居室整体设计相协调外，还要特别考虑餐厅的实用功能和美化效果。

一、乡村民宿餐厅规划设计布局

根据规划布局，通常可分为厨房合并餐厅、客厅合并餐厅和独立餐厅三种。

1. 厨房合并餐厅

也称开放式厨房，目的是在厨房操作过程中可以与公区的客人充分互动，并展示厨艺，强调操作的卫生干净。好处在于节省空间，让视觉产生空间空透的扩展效果。缺点是设备成列、油烟排放以及公区的冷风等方面会受到影响（见图 3-37）。

图 3-37　乡村民宿开放式厨房

图片来源：知乎/Traveler's Notebook。

2. 客厅合并餐厅

《民宿经营管理办法》规定，整个民宿的面积规定不超过 800 平方米，扣除必要的房间所占面积后，营业空间相对就显得局促。在非餐饮为主的乡村民宿中是主打的设计形式。公区客厅通常是视觉的焦点，将餐厅与客厅合并，不仅在视觉上增加通透感，而且在层次和色彩上有丰富感。整体在色彩、灯光、家具上需进行统一。中间的隔断可以采用装饰性和收纳性统一的方式处理。

（1）横面式规划。将墙壁设计成凹型的储物空间，公共空间的地面采用没有断层界隔的平坦地面，以维持视觉的延展性（见图 3-38）。

图 3-38　乡村民宿餐厅横面式设计

图片来源：土巴兔。

（2）隐藏式规划。以矮墙、低柜或屏风作为客厅和餐厅界隔，既可以进行空间美化，也可以保持流畅的空间动线（见图 3-39）。

图 3-39　乡村民宿餐厅隐藏式设计

图片来源：未知/宅寂民宿。

（3）变化式规划。以天花板或地板变化，将客厅与餐厅的独立空间调和成一体。视觉上两个空间是统一的，但又保留了各自的功能（见图 3-40）。

图 3-40　乡村民宿餐厅变化式设计

图片来源：爱妻自媒体/大乐之野。

（4）统一式规划。将客厅和餐厅视为一个整体进行规划，省时省力，节约成本，但处理不当会有杂乱感（见图 3-41）。

图 3-41　乡村民宿统一规划式设计

图片来源：爱彼迎。

3. 独立餐厅规划

（1）确立餐厅的经营性质及菜式。

以轻食简餐为主：茶、咖啡、甜点、特色饮品、简餐等。

特色料理：日式料理、韩式料理、意式面点等。

自主餐厅：中式和西式。

（2）区分及确定营业与供餐时间：区分及确定早、中、晚、夜宵等营业时间。

（3）供餐人数规划：各营业时段用餐人数，高峰时段的翻台量。

（4）配餐与收餐方式。

套餐或单点式：由服务人员全程服务。

自助式：服务生配餐、收餐及桌面清理。

宴会式：可以集中配餐与集中收餐，偏重后场作业。

二、厨房规划

厨房规划应顺者食品的储存、准备、清洗和烹饪等一系列操作过程安排。科学的规划应该是将洗涤区、配菜区和炉灶台形成三角形排列，这样利于功能上的相互配合，符合人体工程学原理，效率最大化。

1. "一"字型规划

将所有的工作区都安排在一面墙上，通常在空间较小、走廊狭窄的情况下采用此种规划。特点是可以让所有的工作都在一条线上完成，注意工作台不宜太长，否则容易降低工作效率（见图3-42）。

图3-42　乡村民宿"一"字型厨房设计

图片来源：云溪上。

2. "L"型规划

将洗涤、配餐与烹饪三大工作中心，依次配置于相互衔接的"L"型墙壁空间上。这类厨房称为"三角形厨房"，是厨房设置中最节省空间的设计（见图3-43）。

图3-43　乡村民宿"L"型厨房设计

图片来源：BOOKING。

3. "U"型规划

不以墙面作依靠，工作处有两个转角，和"L"型的转角处功用大致相同。空间要求相对较大，水槽最好放在"U"型底部，并将配膳区和烹饪区分设两边，使水槽、冰箱和炊具形成一个正三角形（见图3-44）。

图3-44　乡村民宿"L"型厨房设计

图片来源：浚县古建筑民宿。

4. 走廊型规划

是将工作区安排在两边的平行线上，在工作的流程规划上，将洗涤区和配膳区安排在一起，烹饪区则设在另一边（见图3-45）。

图3-45　乡村民宿走廊型厨房设计

图片来源：土巴兔。

5. 岛型规划

在厨房中间放置一个独立的工作台。适合较大空间的规划（见图3-46）。

三、餐厅及厨房设计要素

1. 顶面

应以素雅、洁净材料做装饰，如漆、局部木制、金属，并用灯具作衬托，有时可适当降低吊顶，可给人以亲切感。屋顶应以平坦、无裂缝、排水好且宜清洁为宜，以防灰尘堆积。

图 3-46　乡村民宿岛型厨房设计

图片来源：KENNER。

2. 墙面

墙面的齐腰位置考虑用些耐磨的材料，尽量选择环保无害材料，如选择一些木饰、玻璃、镜子做局部护墙处理，能营造出清新、优雅的氛围，以增加就餐者的食欲，给人以宽敞感。厨房墙面在离地面 120 厘米处，以非吸收性耐酸、耐热、易清洗的建筑材料铺设。壁面与地面成圆角弧最少 3 厘米以上，便于清洁和消毒作业，防止藏污纳垢。

3. 地面

地面选用表面光洁、易清洁的材料，如大理石、地砖、地板，局部用玻璃而且下面有光源，便于营造浪漫气氛和神秘感。厨房可以选择与厅面一致的地板材料，但要注意防滑、排水倾斜度。

4. 餐桌

餐桌主要分为方桌、圆桌、折叠桌、不规则型，不同的桌子造型给人的感受也不同。方桌感觉规正，圆桌感觉亲近，折叠桌感觉灵活方便，不规则型感觉神秘。

5. 灯具

灯具造型不要繁琐，但要足够亮度。可以安装方便实用的上下拉动式灯具；把灯具位置降低；也可以用发光孔，通过柔和光线，既限定空间，又可获得亲切的光感。无论是何种灯具，光源一般以暖色光为主，这样可以使得餐桌上的饭菜颜色更加光鲜诱人。厨房灯光照明应在 110 瓦以上，检验作业区在 500 瓦以上。

6. 绿化

餐厅可以在角落摆放一株你喜欢的绿色植物，在竖向空间上以绿色植物点缀。

7. 装饰

字画、壁挂、特殊装饰物品等，可根据餐厅的具体情况灵活安排，用以点缀环境，但要注意不可过多而喧宾夺主，让餐厅显得杂乱无章。

8. 音乐

在角落可以安放一只音箱，就餐时，适时播放一首轻柔美妙的背景乐曲，可促进人体内消化酶的分泌，促进胃的蠕动，有利于食物消化。

9. 排水沟

排水系统防止"四害"入侵，沟板采用不锈钢或不生锈的材料，水沟底部应有倾斜度，防止水逆流。

10. 供水系统

应有充分的供水及储水设备，符合水质标准，区分清洁水与饮用水，并有明显标识。地下水及净水器应与污染源保持距离。如有储水塔应定期清洗。

11. 消防

考虑消防安全在门设置为从内向外开，餐厅正门与后门正对，以满足逃生需要。厨房屋顶安装高压喷淋系统和灭火器材及沙箱等。

四、餐厅及厨房设备

1. 餐厅设备

餐厅在乡村民宿中一般兼具公区交流的功能，因此应配备必要的刨冰机、榨汁机、冰激凌机、甜筒机、咖啡机、真空冷却机以及相应杯具。餐桌可以根据实际提供的菜系选用长条桌或圆桌，桌布整体上与餐厅色彩相匹配。

2. 厨房设备

乡村民宿厨房设备见表3-1。

表 3-1　乡村民宿厨房设备

设备种类	释义	设备名称
储藏设备	食品储藏	电冰箱、冷藏柜
	器物用品储藏：为餐具、炊具、器皿等提供存储的空间	底柜、吊柜、角柜、多功能装饰柜、不锈钢橱柜、木质橱柜、防火板橱柜、钢板橱柜、整体橱柜、整体厨房、集成厨房、橱柜台面、板材及配件

续表

设备种类	释义	设备名称
洗涤设备	包括冷热水的供应系统、排水设备、洗物盆、洗物柜。洗涤后在厨房操作中产生的垃圾，应设置垃圾箱或卫生桶等。	洗碗机、洗菜机、洗米机、冷热水系统、洗物盆、垃圾桶、消毒柜、垃圾粉碎器、洗涤槽、洗涤盘、餐具浸泡槽、操作台
调理设备	调理用具主要包括调理的台面，整理、切菜、配料、调制的工具和器皿。	切削机、调制机、搅拌机、切肉机、洗米机、豆浆机饺子机、压面机、和面机、饺肉机、切肉机、面点机
烹饪设备	主要有炉具、灶具和烹调时的相关工具和器皿	抽油烟机、燃气灶、油炉、汽炉、电炉、烤箱烤炉、万能点烤箱、酒精炉、木炭炉、电饭锅、电磁灶、微波炉、烤锅；炒锅、炒勺、蒸锅、汤锅、砂锅、火锅、平底锅、蒸笼、高压锅、电饭煲、开水器、净水机、排风扇、连续油炸机、刀板杀菌柜
进餐设备	进餐时的碗、杯、刀、叉等器皿	陶瓷餐具、塑料餐具、不锈钢餐具、竹木餐具、金银餐具、铜锡餐具、金漆餐具、西餐具、中餐具、酒具、茶具、咖啡具
其他	其他必要的设备设施	排风管道、排烟设备、快餐厅桌椅、吧台桌椅、水龙头、桌布、台布、照明灯具、开关、装饰品、水果篮

注：乡村民宿根据自身市场定位和客源选择性采购相关餐厅厨房设备。

五、餐厅及厨房设备品牌

餐厅及厨房设备品牌（见图 3-47）与乡村民宿自身定位及整体预算相关，不同定位选择不一样的品牌，总体上选择品牌产品在质量和性能上有保证，免除后续使用过程中出现一系列不愉快，给民宿客人愉悦的体验感。

六、乡村民宿餐厅规划注意事项

乡村民宿餐厅同样促进着民宿的发展，为当地住户提高经济收入。因此，要了解当地的人流量与地理环境，根据游客的流量和自身空间大小规划设计乡村民宿餐厅，从而有更多的需求量。对民宿餐厅设计可以着重注意以下两个部分。

（1）为增加收益，增加人流量，要尽可能保证民宿的餐厅设计得足够大，可以容纳整个民宿的住宿游客就餐，还包括一些不在本民宿居住的游客也可以享受美食。大部分游客游玩的时间都差不多，一般都是早晨出门傍晚才回来，保证充足的在外游玩时间，这样就很容易在就餐时间造成住客就餐拥挤。因此，保证餐厅的充分空间至关重要。餐厅自身的空间范围是固定的，不可改变的，可以通过视觉感受让住客感到宽敞，如使用南北通透的玻璃门，这样采光效果非常合理，空气也新鲜，视线也很广阔。再用一些具有当地特色的工艺品进行装饰，让游客充分感受到当地的风土人情。

图 3-47　餐厅及厨房设备品牌

图片来源：MAIGOO。

（2）为了防止在就餐时间，游客大量拥挤，对餐厅的整个内部空间进行合理规划，可以在餐厅的进出口设计足够大的流动空间，不会造成需要用餐的游客进不来、用完餐的游客出不去的状况，让游客可以循环流动起来，合理的设计对餐厅的营业会有更好的帮助。增加游客流量，提高就餐效率，保证相对舒适的就餐环境。

七、乡村民宿餐厅及厨房设计软件

1. 3D MAX

3DMAX 是 3D Studio Max 的简称，是基于 PC 系统的三维动画渲染和制作软件。其广泛应用于广告、影视、工业设计、建筑设计、三维动画、多媒体制作、游戏、以及工程可视化等领域。3D MAX 室内设计见图 3-48。

2. 酷家乐

酷家乐（见图 3-49）是杭州群核信息技术有限公司，以分布式并行计算和多媒体数据挖掘为技术核心，推出的 VR 智能室内设计平台。通过 ExaCloud 云渲染技术，云设计、BIM、VR、AR、AI 等技术的研发，10 秒生成效果图，5 分钟生成装修方案。通过酷家乐用户可以通过电脑在线完成户型搜索、绘制、改造，拖拽模型进行室内设计，快速渲染预见装修效果。

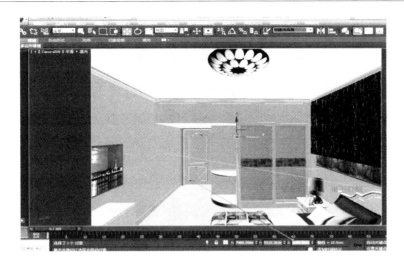

图 3-48　3D MAX 室内设计

图 3-49　酷家乐软件网站

图片来源：https：//b. kujiale. com。

第七节　乡村民宿活动设计

一、乡村民宿体验

佩恩在《体验经济》一书中认为，体验是企业以服务为舞台，以商品为道具，围绕消费者，创造出值得消费者回忆的活动，每一种体验源于被营造事件和体验者前期的精神、存在状态之间的互动。

1. 体验的特性

（1）主观性。体验是生命个体依据自己的知识、经验和需求，通过感觉、知觉、记忆、想象认知世界，因个体在知识、情绪、经验、环境、甚至生理上的差异，对客观世界刺激做出的反应具有差异性。是一种生命个体通过自身感官的内在激发和释放，受生命本能制约的主观感受。包含较多个人主观判断、情绪感受等因素，是顾客心中的体验，并受到顾客主观变化的强烈影响。

（2）情境性。体验是在"场域中"发生的，且这种场景中，一般氛围情景和行为情景会同时出现，在场景中个体通过生理感官对客观世界进行认识，这种场景从时间角度划分，有前设情景、当下情景和后体情景。对某标的物的领悟、感官或心理所产生的情绪与其亲身参与的经历。体验是生命个体的内心受到某些情景刺激产生的个别化感受。

（3）互动性。契克森米哈赖认为体验是人类与物质环境和社会环境之间的交流，是生命与诸要素间的互动。只有互动才能释放需求和资讯，才能达到体验的高峰。商业是人际互动形成的，企业和企业之间、企业与顾客之间的互动也需要体验，每一种体验都源于被营造事件和体验者前期的精神、存在状态间的互动。互动是体验的重要方式，也是判断体验品质的关键。

2. 体验的类型

（1）教育体验。宿客通过积极主动参与民宿主人举办的活动，提高自己的知识和技能水平。通过教育经验，宿客可以在目的地吸收在他面前展开的活动，同时通过心灵和或身体的互动参与增加他们的技能和知识。乡村民宿主人可以组织参观访问本地博物馆、特色建筑或民俗、户外教学、DIY 活动等。让宿客深度了解乡村文化。

（2）娱乐体验。反映了体验经济模型的被动/吸引维度，主要是表演者吸引宾客的注意力，它提供了最古老的体验形式，也是当今商业环境中最发达、最常见和最令人熟悉的的体验形式。娱乐体验一般在观赏表演、听音乐和阅读等休闲活动时产生，营造这种体验要以产品能够吸引宿客的注意力为前提。当这种重叠发生时，就称为寓教于乐。娱乐体验成为衡量旅行的结果"有趣"与否的重要指标。乡村民宿客人可以欣赏乡村美景、观赏乡村音乐会或参与乡村篮球赛、足球赛等活动。

（3）审美体验。指宿客通过身临其境感受身边的真实，对乡村环境的美学解释。这种体验营造可以是完全的自然环境，也可以以人为主，或者二者兼有，但前提是真实，而非伪造。审美体验需要沉浸在感官环境中。周遭环境划分为环境条件、空间布局、功能三个维度，具体以标志、符号、艺术品加以体现。宿客凝视的中心原则是直接的基于对将其与日常生活分离开来的景观和城市景观特征的审美判断。审美体验增加了对宿客的时间和金钱的竞争，以及物质环境在决定宿客的态度、未来的惠顾意愿和推荐意愿方面起着重要作用。宿客可以欣赏日出、流星雨、萤火虫等。

（4）逃避体验。完全沉浸在自己主动参与的事件中，而高于娱乐性体验和教育体验的一种状态。逃避体验是高度沉浸其中的消费者全神贯注于不同的时间或地点，它是个人全神贯注地沉浸在某一活动中的程度，这种体验环境通常是人为活动，如电子游戏、网上聊天或一些更刺激、冒险活动，这种体验不但能让他们忘记悲哀忧愁，而且能发现真实的自己。游客可能想逃离他们的惯常环境，来暂停其所有现实生活中的行为，从不同角度思考他们的生活、社会规范和价值观。可以与民宿主人一起干农活，体验农村生活。

3. 乡村民宿特色体验活动

（1）农业体验：插秧割稻、采菜采果、水耕栽培、种花植树等（见图3-50）。

图3-50 农业体验活动

图片来源：百度图库

（2）林业体验：林间活动、菌菇拾采、锯木组装等。

（3）牧业体验：放牧喂养、挤奶、机械驾驶等。

（4）渔业体验：牵绳拉网、修补渔网、海边垂钓、夜航等（见图3-51）。

图3-51 渔业体验活动

图片来源：百度图库

（5）矿业体验：挖矿淘金、矿业DIY等。

（6）工艺体验：陶艺、剪纸、捏面人、虫草标本、制茶、编竹器等。

（7）民俗体验：地方祭奠、风筝狂欢、歌曲舞蹈等。

（8）运动体验：登山、单车、独木舟、漂流等。

（9）文史体验：城堡、民家、寺庙、老城、古镇等历史遗迹参访等。

二、乡村民宿体验活动设计原则

1. 主题特色化

民宿主题通过活动体现，把静态的主题文化通过动态的活动呈现出来，使游客在参与活动的过程中潜移默化地享受到物超所值的在地文化，留下难忘记忆。如围绕香草开发的一系列参与性强的产品，如花卉盆栽、药用香草、玫瑰甜点、花草精油、沐浴露洗发水等，增强住宿客人的对民宿认同。

2. 强化正面效益

对能增强住宿客人体验的，不断刺激住宿客人的视觉、味觉、触觉、听觉、嗅觉，形成综合性良好体验，给客人留下难忘记忆。

3. 合理利用乡村民宿资源条件

乡村民宿通常开设在具有较好自然和人文资源的地方。乡村民宿的特色活动，应当考虑如何巧妙地利用这些生态资源和人文资源。例如，中国台湾淘米的"青蛙丫婆的家"乡村民宿，除了提供40多张床位外，还提供当地青蛙和蝴蝶的科普教育，带着住宿客人郊游，寻找和认识各类物种，晚上带着客人捉萤火虫，甚至动手做陶艺，让人们意识到环保低碳生活的重要性。

4. 选择恰当的活动时间

乡村民宿的特色主题活动，通常需要常年性固定开展，所以时间的选择很重要。比如有些与特定生态资源、自然现象结合的特色活动只能在特定的时间进行，例如观看蝴蝶、萤火虫等，只能在限定的季节。游客可能存在季节性，特色活动需要选择具有一定规模的游客旺季进行。活动开始和结束的时间。活动需要在一天中某个时间开始和结束。有的活动宜在白天举行，比如团建活动，有的活动则要选择晚上，比如观测天文活动。同时若参与活动的旅客中有老人、孩子，活动开始和结束的时间也不能太晚。如果是必须在晚间开始的活动，则必须考虑特殊的安全应对措施。

5. 选择合适活动场所

乡村民宿的住宿空间通常不会太大，民宿的活动需要考虑活动的复杂性和参加人数规模对空间的需求。一些复杂的活动可能需要特殊的空间安排，例如舞台空间、运动竞技空间（如球场）、展览陈列空间等。比如有些乡村民宿会配备附属的活动场所；有些则利用乡村民宿周边的资源条件开展活动；有些是在室内举行；有些是在露天举行。不同的场所空间条件，要考虑到的因素差异很大。因此活动组织者必须有效利用空间资源来设计活动的路线图和进程。例如，组织一个家庭或者团队的自行车骑行观光活动，需要在相应起伏迂回的山地园林进行，并规划路程、时间和驿站，并在每个驿站设计好内容，例如餐饮休憩，生态考察和小型游戏等。

6. 细分活动主体

所有的活动，都是在一定主题设定和游戏环节设计下，由特定的人群参与的体验。所以，做特色活动，必须要明确活动的参与主体是谁，就是民俗的特色活动针对的是什么样的旅客。只有对旅客进行目标细分，进而对这些细分旅客群体的需求、偏好进行分析，才能设计出有针对性的特色活动，最终提高旅客对特色活动体验的满意度。通常乡村民宿具有非标准化、小规模、特色化的旅居条件，吸引的是大城市的消费群体，这些消费群体又可按照收入水平、年龄层次细分。如在收入方面，根据相关调查，主要集中在高收入的人群和收入不高的城市年轻人，市场消费群体呈现哑铃状分布。这两个群体对活动的品质、内涵、需求自然会有较大的差异。如果从性别细分，不同性别的旅客，对特色活动的需求也是不一样的。乡村民宿的经营者应当密切地关注和分析旅客群体，建立起旅客数据系统，对自己民宿的主要客户群体的偏好和需求进行分析，在此基础上设计具有较强针对性的特色活动。在具体分析中，还可将不同的细分标准交叉对比，例如手工陶瓷体验活动，可分析高收入和低收入消费群体的喜好差异点和共同点，及不同年龄、不同收入群体的特征。这样在设计活动的时候，可以在活动内容、活动环节、活动配套服务上进行有针对性的设计，将陶瓷体验区分为高级专业陶瓷体验和普通陶瓷手工 DIY 体验两个工作室，让参与活动的女性旅客自己选择。这种细分群体的分析和活动设计，有利于乡村民宿特色活动的精细化、特色化和丰富化。

要注意的是，乡村民宿的旅客通常来自大城市，虽然散客也较多，但是大多数出行的方式是三五好友、家庭或者是机构的团队外出拓展等群体型方式，针对不同团队和群体组织不同特色的活动是十分重要的。

7. 配备精干队伍

特色活动的执行，需要乡村民宿主人投入全部的心思，也要有一定的人员配备和组织形式。通常，乡村民宿的经营团队不可能有酒店一样的规模和专业化，但是乡村民宿主人可以在民宿特色活动设计中利用各方的力量，在活动的细节上做好组织设计，以提高活动的执行力。

乡村民宿的活动虽然规模不一定太大，但是要精致，需要做到细节完美。乡村民宿主人在活动的设计方面，要把活动的每个环节、流程都清楚地列示出来，在每个环节和流程的关节点上，确定要完成什么样的工作，需要什么样的人参与，明确各自的分工和角色以及花费多少时间、何时何地完成。这是对民宿非标准化的特色活动进行标准化设计的重要步骤。民宿主人还要在执行中，严格按照计划和标准去检查每个环节，并在每次活动后进行总结、修改和提高。只有这样精益求精，才能让特色活动越做越好，成为民宿的品牌，成为旅客心中永存的美好记忆。

此外，乡村民宿的活动非常强调旅客的参与性。乡村民宿主人在组织和执行中，应当将旅客代入其中，在自主性、参与性方面进行活动环节设计和任务分配，巧妙地、合理地分配角色，让民宿的特色活动充分体现出民宿特点，并提高旅客参与的趣味性和体验度。例如，乡野民宿的土灶自助野炊活动，乡村民宿主人只需要提供柴火、锅灶台、炊具、餐具等必要的设备，可让旅客自助采摘，或由乡村民宿主人配送好旅客提前定制的食材，让旅客自己生火、烧菜，体验乡村大灶的美味生活。

8. 控制活动预算

开展特色活动必然要投入一定资源，这会提升乡村民宿经营成本，是乡村民宿主人必须要考虑的事情。做好活动的预算，控制活动的成本开支，做到投入产出最大化，用最小的投入获得最大的活动效益是特色活动在财务方面的要求。

通常乡村民宿都不会像酒店那样有很大的财务预算投入，在有限资金预算条件下，乡村民宿主人需要树立正确的财务观念。一方面，活动做得再好看，最终还是反映在财务上划算不划算。乡村民宿主人要对活动效益做一个评估，包括客户满意度、活动对销售提升贡献等，既有硬性的财务衡量，也要有软的品牌和满意度等评价。这项工作可以衡量活动的有效性，帮助乡村民宿主人找到哪些环节还可以提高和哪些环节还可以降低成本。另一方面，预算控制并不是说投入越少越好，而是要提高特色活动的有效性。因此，有的特色活动在改进的过程中，可能需要增加投入，提高性价比。比如在举办手工活动，可能发现请来的老师并不能满足高端客户要求，而这些高端的客户需要更专业的指导和培训，为了提高活动品质，就需要请专业的艺术家或者手工艺大家来，必然会提高成本。民宿主人需要衡量增加投入对提升整个活动品质和品牌，扩大知名度，提高旅客满意度的贡献。

9. 分发必要纪念品

纪念品既是对参与活动人员的一种奖励，也是民宿主人与客人建立情感沟通的桥梁，更是民宿客人回去进行美好回忆和对友人宣传民宿的诱物。

三、乡村民宿活动设计设计步骤

1. 制定主题

体验如果没有主题，游客就抓不到主轴，就很难产生整合体验感受，也就无法留下长久的记忆。主题要非常简单、吸引人。主题要能够带动所有设计与活动的概念。主题可以从订名开始。活动强调生动活泼、别出心裁，订名比如中国台湾的飞牛牧场、跳跳农场等，强调自然生态。还有如中国台湾的恒春生态农场、绿世界休闲农场等，强调与众不同。

2. 塑造印象

主题只是基础，活动还要塑造印象，才能创造体验。塑造印象要靠正面的线索。每个线索都须经过调和，与主题一致。游客不同的印象形成不同的体验。像农场体验塑造印象，如飞牛牧场以挤牛奶塑造鲜活的印象；恒春生态农场以复育萤火虫及蝴蝶，塑造生态保育的印象。

3. 配合加入纪念品

纪念品的价格与它具有回忆体验的价值相关，而其价格超过实物的价值。纪念品让回忆跟着消费者走，能唤醒消费者的体验。如：飞牛牧场以乳牛为图案，恒春生态农场以羊为图案，制作 Tshirt、帽子、钥匙圈、茶杯等。

4. 动员五种感官刺激

感官刺激（视觉、听觉、嗅觉、味觉、触觉）应该支持并增强主题，所涉及的感官刺激愈多，设计的体验就愈容易成功。如：飞牛牧场和恒春生态农场各提供乳牛和羊的游玩、观赏、听声、闻体味、喝奶、喂饲、触摸等活动，以丰富体验。

思考题

1. 简述乡村民宿发展有哪些意义。
2. 简述乡村民宿设计的目的和原则。
3. 简述乡村民宿设计的特性有哪些。
4. 简述乡村民宿设计的注意事项有哪些。
5. 简述乡村民宿室内设计色彩的搭配原则。
6. 简述乡村民宿设计中 Logo 的作用。
7. 简述乡村民宿设计有哪些风格。
8. 简述乡村民宿餐厅设计的原则有哪些。
9. 简述乡村民宿活动设计的主要原则有哪些。
10. 乡村民宿活动设计步骤是什么？

第四章　乡村民宿施工

学习目标：通过本章的学习，使学生了解乡村民宿施工过程中关键构建的施工注意事项以及在民宿中的作用；掌握游泳池、壁炉、取暖设施的施工注意事项；熟悉施工过程中基础材料和核心材料的选用方法和环保考量。

乡村民宿在前期市场调研、选址、设计等基础工作基本完成的基础上，开始进入实质性的施工阶段。施工关系乡村民宿的风格、质量和与区域文化的适宜性，也涉及到建筑成本和施工时间等一系列问题，科学的规划和决策是施工的重要工作。

第一节　乡村民宿泳池的建造和维护

游泳池是多数乡村民宿设计师的选择，因其一方面会满足部分游客休闲放松的市场需求，另一方面是游泳池会给乡村民宿带来品牌溢价，重要的是游泳池会增加乡村民宿的氛围感，更容易做出灯光效果，拍出的照片更有美感，更容易在互联网上传播。

一、乡村民宿建造游泳池前的考虑因素

在乡村民宿建造游泳池既有客观原因，也有主观原因。

1. 市场定位

在前期进行市场调研和做商业计划书期间，主人必须明确本民宿主要接待什么类型的顾客，根据顾客决定是否建造游泳池，如果市场定位的顾客确实需要建造，就得建造，这样可以为顾客提供更多的服务和娱乐选择，从而提高顾客的满意度。另外，泳池也可以吸引更多顾客入住，增加民宿的收入并提高知名度。

2. 地理位置和气候条件

如果民宿位于气候温暖的地区，顾客可能希望在夏季游泳消暑，泳池则可以

满足这一需求。相反，如果乡村民宿位于气候寒冷的地区，并没有必要建造泳池。

3. 建造成本和维护费用

泳池建造的成本相对较高，而且还需要定期维护，这些费用需要加到企业运营成本中。如果民宿预算较为紧张，可以根据实际情况考虑是否建造泳池。

总之，乡村民宿建造泳池的必要性需要根据实际情况综合考虑，如果市场定位、地理位置和气候条件适宜，同时企业预算允许，可以建造泳池为顾客提供更多的服务和娱乐选择，提高顾客的满意度，实现营销目标。而不是所有的乡村民宿必须建造游泳池，应从实际出发，根据需要建造。

二、乡村民宿游泳池建造过程中的考虑因素

如果计划在乡村民宿建造泳池，那么以下是需要考虑的因素。

1. 泳池的尺寸和形状

这要根据实际需求来确定，一般可以根据预期入住人数和场地大小来选择适当的尺寸和形状。如果是私人住宅的游泳池，一般长度在 10 米左右；如果是公共场所的游泳池，尺寸会更大一些，一般在 25 米或 50 米左右。游泳池的深度也可以根据实际需求和使用场景来决定。通常游泳池的深度可以分为浅水区、深水区和跳水区。其中，浅水区的深度一般在 1.2 米左右，适合儿童和游泳初学者使用；深水区的深度一般在 1.8 米左右，适合熟练游泳者使用；跳水区的深度则要求更深，一般在 3 米以上，适合进行跳水运动。乡村民宿游泳池一般深度在 1.2 米，长度在 10 米左右，主要是满足部分消费者的游泳需要，更重要的是满足后期活动和拍照需要（见图 4-1）。

图 4-1 乡村民宿游泳池

图片来源：弹指间行摄。

造型通常为规则的长方形，但也有根据地形地貌建造的花瓣形、心型和其他

不规则形状（见图4-2）。

图4-2 乡村民宿游泳池建造形状

图片来源：百度图库。

2. 建筑材料

泳池的材质可以选择混凝土、钢筋水泥、钢制或塑料材质。不同的材料有不同的优缺点，可以根据实际情况和预算选择适合的材质（见图4-3）。

图4-3 乡村民宿游泳池材质

图片来源：百度图库。

3. 设备

泳池需要配备一些设施设备，如循环设备（专用循环水泵自带毛发收集器）、过滤设备（多介质过滤器）、消毒设备（臭氧消毒、紫外线消毒、铜银离子消毒、氯制剂消毒）、恒温设备（空气源热泵、水地源热泵、燃气锅炉、太阳能等）、除湿设备（三集一体除湿热泵）、电控设备（定制电控系统）、泳池配件及安全设备（救生衣、救生衣、救生绳等）、照明设备等。这些设备需要根据泳池的尺寸和使用频率来选择型号和品牌。知名品牌有 Emaux 意万仕、戴思乐 DSL、金泰泳池 JT、恒泰泳池 HENGTAI、Hayward 亨沃、Desjoyaux 迪泉优、As-tralpool 浮士达亚士图、WATERCO 运水高、威浪仕 LASWIM、POOLKING 等。

4. 环境卫生

泳池的建造和运营需要遵守《中华人民共和国传染病防治法》《公共场所卫生管理条例》《公共文化体育设施条例》《突发公共卫生事件应急条例》《游泳场所卫生规范》等法律、条例、规范。周围的地面要防滑、结构要牢固、有必要设置围栏、环境卫生要符合要求等。

5. 泳池维护

需要定期进行维护和保养，比如清洗、消毒、测量水质等。

（1）加药处理，泳池水中需加入消毒液、PH 调节剂等化学药品，以保证水质清洁，药品加入量需按照比例严格控制，以免对健康产生危害，加药后需等待药剂作用时间后再使用。

（2）定期清洗，泳池水每天都会有污染物和杂质进入，需定期清洗，清洗周期根据周边环境和使用人数和频率确定，清洗包括表面悬浮物和池底沉淀物清理，配备抽水器、真空泵等设备，确保无污渍、无异味。

（3）检查泳池设备，需要检查过滤设备、循环泵等系统设备是否正常运转，及时清理异物和更换损坏设备。

（4）控制水位，泳池水位应该保持在特定高度内，水位过低，泳池设备会因抽水过度而损坏，水位过高，有可能造成泳池漏水。

（5）频繁检查泳池周围设备及设施，如防滑垫、灯光、天线、标志等设备，以保证使用者在泳池周围的安全。

第二节　乡村民宿取暖设施建造

乡村民宿通常建在乡村自然景观相对好的地方，在我国，自然景观好的乡村冬天一般都较寒冷或湿冷。民宿的核心是家氛围的营造，温度恒定在乡村民宿中是衡量"家氛围"的重要指标。乡村民宿中取暖设备的设计、建造和维护显得尤其重要和必要。

一、乡村民宿取暖设施建造的考量因素

在寒冷的季节，为乡村民宿配备取暖设施是必要的，以下是需要考虑的

因素。

1. 顾客需求

在冬季，顾客会更关注乡村民宿的取暖设施，如果缺乏良好的取暖系统，顾客可能会因为不适宜的室内温度而不满意，从而减少收益和降低口碑。

2. 气候条件

如果乡村民宿所在的地区气温较低，那么取暖设施就显得尤为重要。长时间的寒冷气候会使顾客无法享受愉悦的住宿体验，好的取暖设施可以在保证室内温暖的同时带来舒适感。通常一月份我国多数地区温度较低，特别是一些以雪景、冰景为特色的乡村民宿，建取暖设施尤为必要，尽管在江南、华南等地，冬季气温较为温和，一般在 5℃~15℃，但时常会有阴雨天气，湿度较大，天气阴沉，少有阳光，湿冷会给乡村民宿的住客带来不适感，也有必要建取暖设施。

3. 设备稳定性

在具体设计中，设计师要根据乡村民宿所处区位设计相应的取暖设施，但乡村民宿要有稳定性高的取暖设备，保证设备不易损坏和出现故障。

4. 取暖设备类型

根据乡村民宿的需求，根据实际情况选择电暖、燃气暖、空气源取暖等取暖设备。

二、乡村民宿取暖设施类型

根据取暖方式，乡村民宿取暖设施可以分为：

1. 中央供暖

由热力公司或区域热力中心向比较集中的建筑提供供暖服务，通常使用热水或蒸汽作为传热介质。

2. 电暖气

通过电能转化为热能，发热体加热空气来达到取暖的目的（见图4-5）。

图 4-5 电暖气采暖

图片来源：星珑科技。

3. 燃气采暖

通过燃烧燃气产生的热能来加热空气或者热水，实现室内取暖。

4. 地暖

通过在地面下铺设采暖管道，将热水或电能传导到地面，再由地面散发出来，达到取暖效果（见图4-6）。

图 4-6 地暖采暖

图片来源：华创。

5. 空调采暖

空调除了能够制冷外，也可以通过借助逆转换器实现制热，从而达到取暖的目的。

6. 热泵采暖

通过热泵系统将自然界中低温热源（如空气、水、土壤）中的热量转移到室内，从而实现取暖。

7. 生物质能采暖

利用生物质能源（如木材、秸秆、芦苇等）作为燃料，通过燃烧产生的热能来加热空气或热水，实现取暖效果。

8. 太阳能采暖

利用太阳能集热板将太阳能转化为热能，再通过热水循环来实现取暖。

9. 石墨烯采暖

利用石墨烯材料的高导热性和红外线远红外辐射特性，通过加热石墨烯薄膜来实现取暖。

10. 壁炉取暖

一种传统的取暖方式，可以为民宿增添温馨的氛围。壁炉的取暖效果主要取决于其热量输出和热效率（见图4-7）。

三、各种取暖设施的特点

由于材料和热源不同，不同的取暖方式各有优缺点，具体如下。

图 4-7　壁炉取暖

图片来源：小红书。

1. 中央供暖

热水片式采用供水管道热龙头，通过水源热交换器，将供水冷水加热后返水供后端热片加热，达到取暖效果。热水片式取暖设备建设成本较高，但可以大面积供暖，无气体、噪音和扬尘污染，且可长时间、全天候使用，且使用过程中湿度低，不易导致空气干燥。这一取暖方式适合大城市，乡村民宿缺乏实现条件。

2. 电暖气

电暖设备可以快速运转，操作简单，适用于小空间或少量使用，相对较便宜。但电暖设备功率较大，长时间使用会导致耗电量较高，造成电费负担，同时可能产生干燥和静电等问题。由于其便捷性，乡村民宿中可选择使用。

3. 燃气采暖

燃气暖设备可以快速加热，同样适用于小空间或少量使用，通常比电暖更节能，且更为安全。需要购买燃气热水器或锅炉等设备，并且需要定期维护。使用过程中若燃气漏气则会对人体健康造成威胁，使用燃气暖设备必须配备通风设施，并定期检查管道。在注意安全的情况下，燃气是乡村民宿取暖首选。

4. 地暖

地暖是一种整体加热方式，通过在地面下铺设采暖管道，将热水或电能传导到地面，再由地面散发出来，达到取暖效果。相比于局部加热方式，地暖使室内温度更加均匀，提高舒适度；不需要使用风扇等机械设备，不会产生噪音和灰尘等问题，也不会影响室内空气质量；地暖的管道隐藏在地下，不会破坏室内装饰和空间布局，使用过程也不存在燃气泄漏、漏电等安全隐患；地暖的管道和辅助设备使用寿命长，一般能够使用 20 年以上，且维护比较简单。但是地暖的安装成本比较高，在建筑施工时就需要进行规划和布置，否则后期改装会比较困难；管道维修可能需要翻开地面，维修成本比较高；地暖的散热速度较慢，所以需要比较长的时间才能达到预设的温度。地暖是乡村民宿首选。

5. 空调采暖

空气源热泵以空气为热源，通过提高空气温度来加热室内空气。空气源热泵不仅可以供暖，同时可以制冷，适用范围广，不受燃料的限制，使用环保，且运行成本较为低。但空气源热泵的建设成本相对较高，需有较强的维护保养意识，且需要对空气中灰尘、异味、细菌等进行过滤处理。

6. 热泵采暖

能够实现高效、节能，且对环境污染较小，但是安装成本较高，需要定期维护。

7. 生物质能采暖

使用环保、可再生能源，但是燃烧产生的灰尘和气味需要及时处理。

8. 太阳能采暖

环保、节能、无污染，但是受天气和日照条件限制，无法实现全年无间断供暖。

9. 石墨烯采暖

热效率高，使用寿命长，加热速度快，但是价格较高，且目前市场上石墨烯采暖设备数量有限。

10. 壁炉采暖

燃气壁炉的热效率比较高，燃烧效果也比较干净；而木材壁炉则需要考虑燃烧时的烟雾和灰尘等问题。所选壁炉必须符合国家的安全标准，并且安在合适的位置，以避免燃烧时产生危险。同时，必须注意火源的安全，避免火源扩散引发火灾。壁炉的热效率和输出热量需要符合实际需求。如果壁炉的输出热量过大，可能会导致室内温度过高，浪费能源；如果输出热量过小，则不能满足取暖需求。

四、乡村民宿选择取暖设备的原则

1. 安全性原则

取暖设备必须符合国家的安全标准，防止使用时发生意外事故。

2. 因地制宜原则

取暖设备必须能够适应当地的气候条件，满足不同季节的取暖需求。

3. 环保原则

取暖设备的能耗应该尽量低，以节约能源和降低成本，同时符合国家生态保护和绿色发展的总体方向。

4. 成本最优原则

取暖设备的价格应该合理，在乡村民宿的经济承受范围内。

5. 常态性保养原则

取暖设备应该易于维护和保养，以确保其长期的使用寿命。

第三节　乡村民宿隔音怎么做

乡村民宿一般是旧有建筑的升级改造，由原来的日常居住场所转变为经营性场所后，原有的隔音效果不能满足经营需要，需对原有的墙壁设计、建筑材料选择、功能分区等方面进行科学处理，以达到隔音目的。

一、乡村民宿隔音设计

乡村民宿的隔音设计，是为了避免房屋之间或者房间内部的噪声干扰，同时提高用户的住宿体验。通过以下几个方面改善隔音效果。

1. 声音隔离

指在一个区域内，通过使用隔音材料、隔音设备等手段，来降低声音传递和传播的效果，从而使得外界的噪声、声音等不会干扰该区域内的人们。声音隔音一般应用于需要保持安静环境的场所，可以设计多层或加厚，将吸音板、隔音毡、隔音棉、玻璃钢和喷涂降噪材料等隔音材料加以应用。同时，在设计时，排除有噪声的机器或房间，或者可以在室内或室外安装隔音装置。充分利用声音的反射、折射和吸收原理降低房间内和公区内的噪音，为住客创造静谧的休闲环境（见图4-8）。通常有如下几种隔音方式。

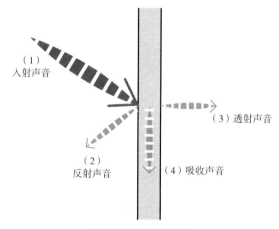

图 4-8　声音传播

图片来源：头条。

（1）三角形隔音饰面板。在墙体应用三角板，由于每个版块的深度和长度不同，加上面板的起伏变化可以将声音分散开来，形成"漫反射"，能避免声音过大和回声。不同大小的面板和起伏加上混合孔洞，在吸收声音的同时还能起到装饰作用，而且饰面的木材也可以换成织物，进一步提升面板的声学质量，也就是吸音强度（见图4-9）。

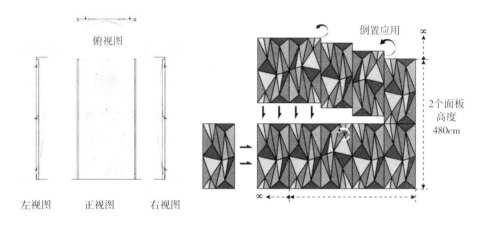

图4-9　三角板漫反射隔音设计

图片来源：头条。

（2）线型隔音饰面板。线型面板的线条打造的图案，能实现墙面的动感效果，并且可以旋转、拼接更多的模块从而使最终外观更加复杂（见图4-10）。

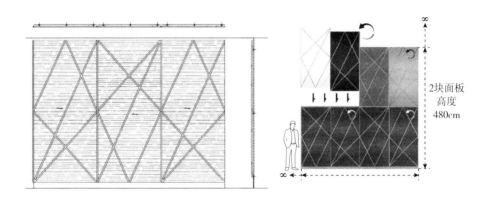

图4-10　线性隔音设计

图片来源：头条。

（3）矩形隔音饰面板。每个模块的角度和大小、深度、投影大小不同，让空间中的声音散射开来，不能穿透墙面以此实现隔音效果，表面还可以选择穿孔和织物材料（见图4-11）。

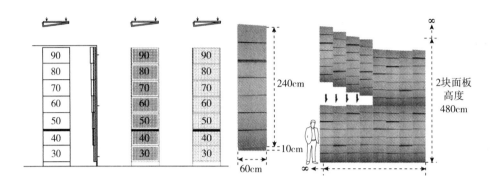

图4-11　矩形隔音设计

图片来源：头条。

（4）起伏隔音饰面板。表面有凸出的纹路，可以有效地分散声音（见图4-12）。

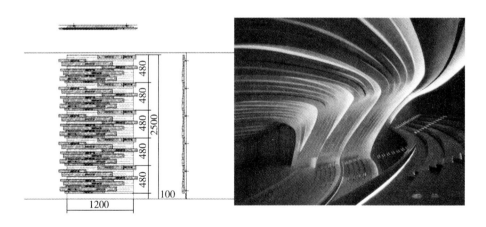

图4-12　起伏隔音设计

图片来源：头条。

（5）条纹隔音饰面板。每个元件深度和长度上的不同，可以实现声音的分散。大面积使用时，模块相邻放置，还可以提供自然特性的外观（见图4-13）。

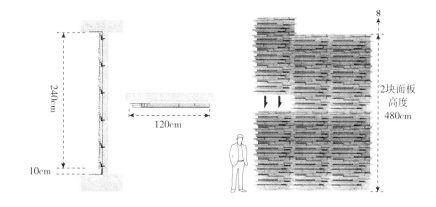

图 4-13　条纹隔音设计

图片来源：头条。

（6）格栅隔音饰面板。隔音效果取决于面板材料的选择。与木材或金属相比，织物类材质具有更好的吸音性，而且线性元件的重复与深度则让声音散布，起到隔音作用（见图 4-14）。

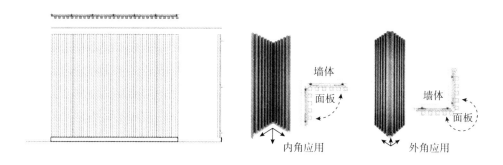

图 4-14　格栅隔音设计

图片来源：头条。

（7）常规模块化隔音。主要是根据环境需要，对面材进行穿刺形成不同的孔洞，大面积的孔洞在很大程度上降低声音的反射从而吸收噪音。这种隔音板可以有多种组合，目前橡木、胡桃木、柚木、清漆和织物组合是标配（见图 4-15）。

2. 空间隔离

指在建筑物的不同空间采取一定措施，以减少声音的传递和传播，目的是避免不同空间中的声音相互干扰，保障住宿客人在不同空间中进行不同活动时的舒适性和安静度。通常选择家具、软质材料（桌布、靠垫、软垫）、窗帘、地毯、隔音垫、防风雨胶带等。

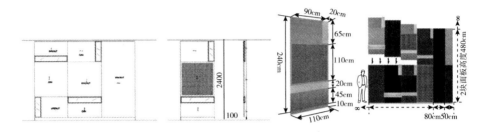

图 4-15　组合隔音设计

图片来源：头条。

二、乡村民宿隔音措施

1. 消声材料

墙体和地面可以选用消声材料来减少噪声的传播。例如，安装隔音膜、声音吸收泡沫、玻璃纤维、矿棉板等隔音材料，可以有效减少噪声的输出和传播。

2. 空气隔音

双层玻璃窗、密封门和窗等设计都可以形成隔音的空气层，达到比单一材料更好的隔音效果。

3. 气密设计

房屋的通风设备要注意选择封闭式的，以达到好的隔音效果，同时，门、窗、插座的质量好坏也会影响隔音效果。保持密闭性的设计可以大大减少噪音的传递。

4. 声学设计

有些建筑物的设计已经默认隔音。例如，建造一个有多个房间的杂物间、卫生间更集中的间隔、通风设备、空调管道。

针对不同的乡村民宿隔音需求，可以通过多种方法进行设计和改进，如增加垂直隔断、消声材料、空气隔音、气密设计和声学设计等，以达到降噪和提高室内环境舒适度的目的。要始终注意住宿顾客的需求和体验，隔音设计要精细化、全方位。

三、乡村民宿隔音设计应遵循的原则

1. 重质低频原则

隔音设计应该以重物高低频率噪声的隔绝效果为衡量标准，比如砖墙材质和加重板隔音设计等。

2. 环保原则

吸声材料可以消音，将声音发散到周围环境和空气中，比如玻璃纤维、吸振泡沫、岩棉板等材料。在装修新房时，可以使用隔音结构件，在前、后墙面之间划定层板空间，以达到更好的隔音效果。

3. 科学原则

利用断桥隔音原则，将振动传递到建筑物之外，减少传递到内部的声音。保证房门和窗户的气密性以及插座的密封性，减少空气流过时的噪音，同时还能减少室内冷气外渗而增加隔音效果。隔音设计时，应使垂直立面的振动频率相对于噪音的主要频率或高或低，以避免共振并减少噪音的传递。

隔音设计的原则是尽量地将噪音隔绝出去，以保持室内的舒适度和住客的体验。同时，隔音设计应该从听力学、建筑学、结构学等多个角度入手，通过材料、结构、气密、吸声等隔音设计原则，实现尽可能完美的隔音效果。乡村民宿设计隔音时，需要考虑室内和室外的环境，结合资金预算进行科学合理的设计，优先选用合适的隔音材料和技术，最大程度地避免噪声的影响，提高住客的住宿体验。

第四节　乡村民宿节能

节能是一个广泛应用于现代建筑领域的理念，通过使用更智能化的设计来减少能源浪费，提高建筑能效性的方式，达到减少碳排放和降低能耗的目的。乡村民宿在建造过程中要全面贯彻这一发展理念。

一、乡村民宿节能方法

1. 窗户和门的保温

通过使用高效保温隔热材料（房顶）和多层玻璃来改善民宿的窗户和门的隔热和保温能力。同时，门和窗的密封处理可以避免不必要的空气流动，减少热能和冷风的损失（见图4-16~图4-19、表4-1）。

2. 升级能效设备

使用高效的热水器、冰箱、空调等节能设备，它们的能源效率都比传统设备高，不但可以为住宿客人创造更加舒适的环境，还可以大幅减少用电量。

3. 利用太阳能

安装太阳能热水器、太阳能发电设备等，在合适的场所并发挥作用可以大大降低能源使用成本，减少对传统能源的依赖，同时对环境也更加友好。

图 4-16　硅酸铝板

图 4-17　岩棉板

图 4-18　胶粉聚苯颗粒保温浆料

图 4-19 聚氨酯发泡材料

表 4-1 各种隔热保温材料性能

保温材料名称	优点	缺点
胶粉聚苯颗粒保温浆料	耐压、耐高温、抗老化；隔音效果好；更环保；防潮抗渗；不会燃烧，防火性能好	材料强度低（脆）；吸水率高
岩棉板	吸音效果并没有玻璃棉的要好，但隔声效果却优于玻璃棉	防水性能差
聚氨酯发泡材料	遇火不燃，燃烧性能最高达 A 级；优良的绝热性能；抗腐蚀；密度小、重量轻；吸声性能好；使用安全	超过 200℃会释放剧毒的烟气；结性不好，抗压抗折能力极低；价格较为高昂；污染环境
硅酸铝板	耐高温、导热率低；重量轻；对熔融金属不受润，具有良好的化学稳定性；吸声隔音性能好；电气绝缘性好	抗压抗折力比较差；易产生粉尘；防水性能并不是特别好，硅酸铝保温棉如果接触水会大大降低保温隔热效果

4. 灯光设计

采用节能的照明设备和照明系统，比如 LED 灯，白天利用光照采光。调整灯光设计，指导客人减少空调和灯光的使用时间，减少能源的浪费。

5. 科学利用传热设计

选择一个选用热传导系数较小的材料开建隔层设计。

6. 利用智能化管理系统

应用现代数字化节能系统，实现热电耗的最小化。如，采用智能温度控制系统、光线控制系统，再加上热泵式排风系统等多种技术手段，可以进一步提高能效性，实现智能化管理理念。

7. 打造绿色餐饮

餐饮业是民宿重要的服务业，设计合理的餐具、确保采购食材来源正规并且环保，将做饭废气、污水用引流处理，避免影响周边环境。

8. 推广低碳生活

在民宿的运营过程中，可以向客人宣传低碳环保理念，鼓励客人减少使用塑料制品，如杯子、碗、勺等。可以在客房里挂出标语或提示客人如何合理使用能源，如如何关掉空调、在不需要的时候关闭电源等。

提高乡村民宿的能效性不仅可以减少资源的消耗和环境的污染，而且可以帮助其节省能源开支、节约成本，提高民宿竞争优势。

二、乡村民宿节能原则

1. 减量化原则

乡村民宿以节能、节水、节料为目标，要求以较小的投入开展乡村民宿客人的接待工作。

2. 循环利用原则

在乡村民宿运营过程中，特别是客房用品，尽量劝导宿客循环利用低值易耗品，做到节水、节电、节能和绿色消费。

3. 分类处置原则

对乡村民宿中产生的垃圾，一方面在使用过程分类堆放，另一方面分类处置，做到从源头开始节能控制。

第五节　乡村民宿夯土墙

夯土墙是一种古老的墙体建筑技术，使用的原材料是泥土，也就是夯土。用夯土墙建造的房子，有较好的隔音、防火、保温、防水、环保等特点，而且价格相对较低。夯土墙也被广泛应用于乡村民宿，给游客带来了一种原始、质朴、文化、自然的感觉。

一、为什么要在乡村民宿中应用夯土墙

1. 给乡村民宿增加自然的质感

夯土墙本身的优点就是天然环保，与自然环境相协调，因此在乡村民宿的设计中加入夯土墙，能够让整体风格更加自然、质朴和健康（见图4-20）。

图 4-20　乡村夯土墙

图片来源：百度图库。

2. 提升民宿的保温性能

夯土墙由于材料本身的缘故，在室外温度为5℃时，具有厚度30厘米夯土外墙的乡村民宿，其室内的平均辐射温度波幅（温度波幅是当温度呈周期性波动时，最高值或最低值与平均值之差）约为0.3℃，波动较室外延迟时间为2~3个小时，室内温度波幅为0.5℃，室内作用温度波幅为0.4℃左右，说明夯土建筑热稳定性良好。对于夯土墙的冬季测试，对应房间空气温度平均高出4℃。炎热的夏季正午时分，室内气温比阳光下气温平均低5℃~7℃，从室外进入夯土民宿，顿感凉爽。因此加上夯土墙，不仅可以使房间具有较高的保温性能，而且可以保持空调、暖气等系统的效率，减轻了环境的负担，也避免了能源的浪费（见图4-21）。

图 4-21　夯土墙

图片来源：朴之源。

3. 展现周边的文化特色

有些地区有用夯土墙的历史传统，这些区域的民宿在建造过程中采用夯土墙是一种展现乡村文化特色的设计方式。这样不仅可以增加民宿的独特性，还能立刻让游客了解当地的文化背景（见图4-22）。

图4-22 夯土建筑

图片来源：百度图库。

4. 提高外墙的防水性能

夯土墙的材料选择不仅有土壤等水性较高的材质，同时涂抹防水剂也可以增加墙体整体的防水性能，提高民宿的水利用率。

5. 降低乡村民宿的建筑成本

夯土建筑的主要原材料是干净黏土、毛石、木材、竹材、碎石、条石、芦苇、稻草等，价格低廉，房前屋后简单易得，运输方便。由于就地取材和施工简易，夯土建筑的造价仅为常规砖混结构建筑的1/4~1/3。夯土墙建造是一种传统的墙体技艺，会降低建筑师和工人的用工成本，同时缩短施工时间。整体来看夯土墙的工程和成本相对较低，可以帮助乡村民宿节约建筑成本（见图4-23）。

图4-23 夯土墙施工

图片来源：朴之源。

6. 增加房间的隔音效果

夯土墙一般比普通砖墙厚，具有较好的隔音效果，避免外界噪音对民宿客人的影响。

总之，夯土墙对于乡村民宿的建筑来说，是一个很不错的建筑技术选择。它具有较低的价格、卓越的保温效果和环保优点，同时又能彰显乡村文化特色，形成独特的民宿风格，满足客人在生活和精神上的全方位需要，给在乡村体验生活的游客带来不一样的感受。

二、夯土墙建造需遵循的原则

夯土墙作为传统的建筑技术，原材料以土壤为主，在乡村民宿的建造过程中，要按照以下建造原则进行施工。

1. 选取适宜的原料

夯土墙的建造，需要选取质量优良、结构紧密、含水量适中、泥土易成型的表土层土壤为基材。同时还需要根据当地的气候，以及毛石、木材、竹材、碎石、条石、芦苇、稻草、牡蛎壳等辅助材料的科学组合和乡村民宿所在地的地形地貌等因素来确定选材（见图4-24）。

图4-24 泉州牡蛎壳夯土墙

图片来源：百度@老吉行色。

2. 采用科学的施工技术

夯土墙建造主要有材料准备、支模、倒入材料、捣实、夯实、拆模等步骤，主要工作是将各层夯实，需要采用科学、严谨的施工工艺，建立合理的构造设计方案，力求每层间夯实程度不浮动，从而确保墙体的整体强度和稳定性（见图4-25）。

图4-25 夯土墙施工

图片来源：百家号@追忆夯土墙。

3. 根据环境要求选择墙体厚度

常见的夯土墙厚度一般在30~60cm，福建土楼夯土墙超过90cm，随着经济发展和科学技术的进步，夯土的厚度、材质、结构、色泽、肌理等都发生了颠覆性的变化，现代制作的夯土墙范围在30~150cm。具体应根据墙体本身是否为承重墙、房屋的高度、当地的气候和环境，在不影响美观的前提下，加厚底部可以增加墙体的抗风防震等能力（见图4-26）。

图4-26　夯土墙厚度

图片来源：朴之源、百家号@刺楸。

4. 减少墙体开窗、开门数量

夯土墙在保温、隔音上有较好的表现，但其构造本质也决定了其开窗开门数量不如现代房屋多，因此在乡村民宿建筑中夯土墙的开窗、开门数量需要在功能和美观之间做出平衡（见图4-27）。

图4-27　夯土墙乡村民宿

图片来源：朴之源。

5. 推广科学的建造理念

夯土墙作为一种传统建筑，在乡村民宿建造过程中，需要科学推广，防止使用低质量的残旧建筑材料导致防火防水和可持续性出现问题，从而让游客在这里享受到健康和安全的居住环境。

总之，在乡村民宿建造过程中，采用夯土墙建造需要遵循规定的原则，经过科学合理的架构设计、合理选材、科学施工等过程，加以融合传统的工艺艺术，通过这些措施建造出具有环保、低碳、防水、隔音等优点的乡村民宿，为游客提供独特的住宿环境体验是乡村民宿的终极目标。

三、夯土墙的施工步骤

夯土墙是一种传统的墙体建筑技术，主要用于乡村建筑建造。下面是夯土墙的一般建造方法。

1. 地基挖掘

需要根据设计图纸和选作建房土地的实际情况，把宅基地上的土壤挖掉，挖出地基模型，深度控制在夯土建筑高度的 1/8~1/12，尽量使整个地基均匀。

2. 夯实地基

在地基中加入石料和水泥等粘结材料，然后统一夯实，直至地基完全凝固（见图 4-28）。

图 4-28　夯土民宿地基

图片来源：知乎。

3. 搭建模板

支模时应保持模壁光洁，支完模后应在模的内壁打横隔线，横隔线为虚土的上限，虚土层高约为 20cm。夯土墙的转角处，采用"L"形或"T"形模板进行夯筑，以加强角部的连接，而且夯土墙应分层交错、交圈夯筑，避免墙体出现竖向裂缝。同时建模时需要考虑窗口、门洞的位置（见图 4-29）。

图 4-29　夯土模板搭建

图片来源：中国夯土网。

4. 夯土材料准备

选择乡村民宿所在地相宜的粘土，将粘土充分晾晒、敲打、碾碎、过筛处理，使用的土料需筛分直径≦3mm 的颗粒，砂选用含土量较小的分化砂，粘土、砂、灰混合比例为 7∶2∶1，并进行现场反复试验，寻得最佳配比。

5. 填土夯实

把材料填入第一道横隔线，即可开始夯实，夯 3~5 遍为宜，切勿过量，夯完后要有专人将模板边上的浮土清理干净，清理后的浮土可放在中间，洒水养生，在下一次填土之前，应先将上次夯完土的面层拉毛（用耙子搂一下），然后洒水，洒水时不要将水洒到模板上。每层铺虚土 32cm，夯实后为 22.4cm，每层用大夯（直径为 12.8cm），间隔点为 19.2cm，每个位次打 8~10 夯头。如此反复 3 遍。然后进行第二次填土，夯实过程中应遵循"先中间后两边"的顺序，通过逐级夯实，在接茬处先松土，在拐角处不要接茬。并每一步骤进行取样检测，取样位置在夯层的 2/3 深度处，要求夯层的压实系数大于 95%（见图 4-30）。

图 4-30　夯土施工

图片来源：知乎。

6. 模型拆卸

先松动并取出拉接螺杆，再将模板仅靠夯土墙体并侧向推离，以保证模板不粘土，或者墙体遭到局部破坏。且应对土墙侧面不平整处进行修补，用土料抹平，保证墙体的平整性，还要把墙体端部铲成一个斜面，以使前后夯筑的夯土墙能够紧密的结合，保证墙体的稳固性。

7. 夯土养生

夯土墙做完后，需要一周养生期，其条件为保持适当湿润且不低于20℃，可通过洒水或覆盖两种方法，养生是建造夯土墙的重要环节，一旦养生做不好，墙体的强度就会受到较大影响，甚至造成墙体土质松散，影响后期居住的安全性和整体性（见图4-31）。

图4-31 夯土房屋墙面

图片来源：bilibili。

8. 封口与刮灰

在夯实墙体的基础上，进行墙体封口和灰砂质量把握（见图4-32）。

9. 内外粉刷

夯土墙建成后可以内外两面涂刷，内外涂刷不同的颜色以满足不同的设计要求（见图4-33）。

以上是一般情况下夯土墙的建造方法，不同地域、不同时期可能会有所不同。在实际建造中，还需要根据当地的实际情况进行适当调整。

图 4-32　乡村民宿夯土建筑内部

图片来源：一桶润马漆。

图 4-33　夯土墙粉刷

图片来源：百度图库。

思考题

1. 乡村民宿为什么要修建游泳池？
2. 乡村民宿在修建游泳池前要做哪些工作？
3. 乡村民宿在游泳池修建过程中要考虑哪些因素？
4. 乡村民宿修建取暖设施需考量的因素？
5. 乡村民宿取暖设施可以分为哪些类型？
6. 乡村民宿各种取暖设施各有何利弊？
7. 乡村民宿选择取暖设备的基本原则是什么？

8. 乡村民宿隔音应从哪几个方面入手?

9. 乡村民宿声音隔音有哪些措施?

10. 乡村民宿隔音应遵循什么原则?

11. 乡村民宿节能有哪些方法?

12. 乡村民宿技能需遵循哪些原则?

13. 为什么要在乡村民宿中使用夯土工艺?

14. 夯土墙建筑要遵循的原则是什么?

15. 夯土墙的施工步骤有哪些?

第五章　乡村民宿运营

学习目标：通过本章的学习，使学生了解乡村民宿运营的基本概念，乡村运营的内容，熟悉乡村运营的拍照技巧、系统管理、平台运作、特色餐饮打造和二销产品的运营等内容，提供乡村民宿的曝光度和宿客的粘性，为乡村民宿的营收增加提供可靠保证。

乡村民宿是一种在广大乡村地区提供住宿、膳宿、娱乐等服务的业态。在过去几年间，乡村民宿在中国获得了广泛的关注和发展，成为了中国农村旅游业的重要组成。乡村民宿的核心竞争力在于其清新自然、远离喧嚣的环境，以及当地特色鲜明的文化和美食。多数乡村民宿是由当地居民家庭自行经营的，包括个体经营和集体经营等多种模式。在乡村民宿运营中，建筑环境是非常重要的。与城市民宿相比，乡村民宿通常建在传统民居、农家小院等特色建筑之中，具有浓郁的地方文化特色。同时，服务配套也是乡村民宿运营的重要内容，如提供特色的餐饮、活动、旅游、文化体验等。在经营上，乡村民宿的营销渠道和方式也相较于城市民宿略有不同。除了微信朋友圈、景区网站、OTA 等传统营销方式之外，网络短视频和新兴的直播带货营销方式，吸引更多年轻人。如何在新媒体下从众多乡村民宿中出圈，除了在传统运营方法上做实做精外，还要根据乡村民宿的特殊性，选择一些宿客关注的产品，乡村民宿运营也要聚焦特色。

第一节　乡村民宿照片的拍摄技巧

乡村民宿通常位于风景秀丽、环境清幽的乡村地区，周围的自然景观和人文景观都有着独特的魅力。在这样的环境中，游客可以放松身心，感受自然，享受宁静。同时，乡村民宿也提供了独特的文化体验、美食体验等，让游客在享受美好时光的同时，留下美好的回忆。因此，游客会到乡村民宿拍照，留下美好的回忆和分享给朋友和家人。此外，乡村民宿在环保、社会责任等方面也有独特的意义，游客拍照等也可以带动更多人参与。

随着智能手机的普及率提高，拍照似乎由几年前专业人员的技术活转变成为任何人都可以企及的日常活动，但要真正通过手机拍出惊艳的照片还需对手机拍照的关键知识有所了解。

一、手机拍照的基础知识

1. 手机屏幕显示比例

一般手机有三种照片比例，4∶3 的画面比例可以最大化利用相机的 400 万像素，适合二次加工的照相，也是日常使用最多的画面比例；1∶1 画面比例适合快速画面，在拍摄生活化、温暖、清晰的照片使用；16∶9 为全屏画面，长宽比例较大，适合拍摄电影风格的照片（见图 5-1）。

图 5-1 苹果手机拍摄比例

图片来源：作者自摄。

2. 普通模式下的对焦

对焦也叫对光或聚焦，即需要镜头的焦点对准拍摄画面中的主体景物，以使主体景物达到最清晰的效果和状态。

（1）自动对焦。手机拍照都是自动对焦，即对准拍照物后稍停留3~5秒后，拍摄物会由模糊到清晰，就是自动对焦的过程。

（2）手动对焦。手机拍摄时如果停留较长时间，拍摄物还处于模糊状态，就需要手动调整距离和对焦。

3. 手机拍照特殊模式

（1）大光圈。即手机拍摄出背景虚化的效果，有两个及以上摄像头的手机都带有背景虚化的拍摄效果功能，更聚焦于拍摄主体本身，通常用于拍摄花卉、人物和景观是采用此模式。

（2）夜景拍摄。根据拍摄需要调整夜景拍摄功能，感光度设置过高会使画质降低，过低会使画面过暗，需根据场景调整。

（3）延时拍摄。是一种缩时记录技术，是利用时间的间隔对某一场景拍摄出大量的图片和视频，经过加工把照片串联或抽帧，制作出短视频连续播放（见图5-2）。

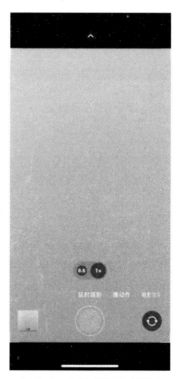

图5-2　苹果手机延时拍摄

图片来源：作者自摄。

（4）全景拍摄。默认模式是从左到右模式，也可通过点击箭头改变方向，始终保持箭头在水平线上，防止画面缺失，选择起始点尤为重要，可以拍出有趣的画面（见图5-3）。

图5-3　全景拍摄

图片来源：作者自摄。

（5）人像拍摄。专门对人像的拍摄，有自然光、摄影室灯光、轮廓光、舞台光、单色舞台光和高调单色光等，根据需要选择不同的光需。

4. 后期修图

（1）裁剪。形状有长方形竖放和横放，以及正方形；比例有原始比例、自由格式、墙纸、9∶16、4。5、5∶7、3∶4、3∶5和2∶3。裁剪是后期对照片的二次构图，是将多余非照片主体的东西裁剪掉，使主体更加突出，整体画面更加和谐。

（2）旋转。分为水平旋转、垂直旋转和前后翻转（见图5-4）。

图5-4　裁剪和旋转

图片来源：作者自摄。

（3）滤镜。调整图片的色调，有原片、鲜明、鲜暖色、鲜冷色、反差色、反差暖色、反差冷色、单色、银色调和黑白（见图5-5）。

图5-5　滤镜

图片来源：作者自摄。

（4）调整。包括曝光、鲜明度、高光、阴影、对比度、亮度、黑点、饱和度、自然饱和度、色温、色调、锐度、清晰度、噪点消除和晕影等。根据主体进行调整。

二、乡村民宿拍照视角选择

选择合适的视角拍摄，可以让素材更具吸引力，并展现出乡村民宿的独特魅力。可以考虑低角度或鸟瞰角度，或者选用人物最容易停留或乡土景物排列有序的区域进行拍摄。拍照的视角选择可以因拍摄对象和个人风格而异，以下是常见的视角选择。

1. 低视角

拍摄相机置于地面，仰拍，通常拍摄花丛、森林、路面、街景、桥梁、建筑等场景都可尝试这个拍法，结合低视角+广角，更能体现张力。营造出增加拍摄物的气势、庄重、威严感（见图5-6、图5-7、图5-8）。

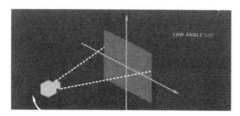

图5-6　低角度

图片来源：知乎。

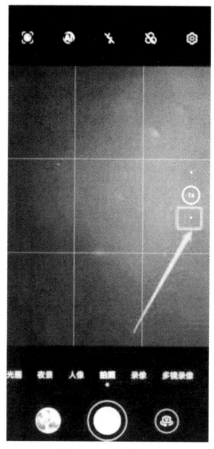

图5-7　手机焦距

图片来源：360个人图书馆。

图 5-8　低视角拍摄乡村美景

图片来源：《中国摄影报》·2022 年·第 48 期·12 版。

正常拍摄焦距是 1X，焦距往上拉是 2X，摄像物会离摄像者更近，拍摄焦距往下拉就是广角，低视角+广角，把手机倒置，摄像头靠近地面，拍摄效果更佳。

2. 高视角

通常用于多人拍摄景色、城市全貌等，这种高视点的创作结合形式感强的人物形态、画面整体性和宏大感，削弱拍摄物的气势和威严感（见图 5-9、图 5-10）。

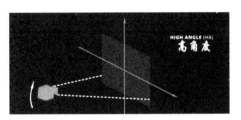

图 5-9　高角度

图片来源：知乎。

图 5-10　高视角多人拍摄

图片来源：中关村在线。

3. 平视角

直观，被摄体不易变形，基本与人眼看到的一致，给人平等的感觉，视觉感受上最接近原貌，是最为写实的。画面构图变化小，给人一种拘谨、单调、呆板之感，不易表现动感、动势。通常用于拍摄人物和小型建筑物，可以突出主体和环境之间的关系（见图5-11）。

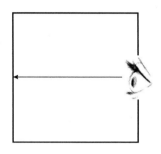

图5-11　平视角

图片来源：知乎。

4. 侧面视角

镜头与主体成侧面90度的时候，就是常说的侧面角度拍摄，可以表现出物体或人物的形态特征和微妙的情感（见图5-12）。

图5-12　侧面视角

图片来源：知乎。

5. 正面视角

镜头位于拍摄主体的正前方，能够完整展现主体的最主要特征，可以将物体或人物的细节展现得更加真实，让人产生强烈的代入感（见图5-13）。

图 5-13　正面视角

图片来源：知乎。

拍照的视角选择应该根据拍摄对象、氛围和风格等因素进行选择，创造具有视觉冲击力和情感触动力的照片。

三、乡村民宿拍照的光线选择

光线是照片的灵魂，不同的光线可以呈现出不同的气氛，如温馨、静谧、优雅等特点，因此在选址和拍摄时需要注意光线的掌控。

1. 认识不同的光线

太阳直射下的光线比较强，适合拍摄明亮、清晰的照片；早晨、傍晚的光线比较柔和，适合拍摄暖色调的照片；阴天的光线比较柔和但较弱，适合拍摄比较清淡的照片（见图 5-14）。

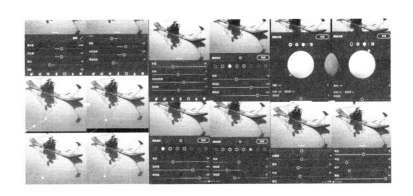

图 5-14　不同时段光线调整

图片来源：小红书。

2. 把握光线的方向

在拍摄人物时，光线的方向对于照片的效果非常重要。正面的光线能够让人物看起来亮堂、明亮；侧面的光线能够突出人物的轮廓和质感；背光的光线能够营造出梦幻般的感觉（见图5-15）。

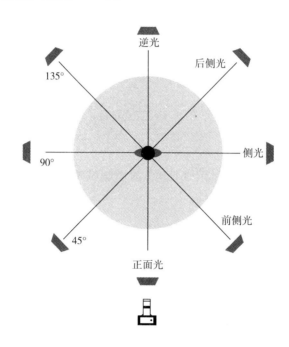

图5-15 光线方向

图片来源：百家号/爱读微课。

3. 利用反光板或闪光灯

在光线不足或者背光比较强的情况下，可以使用反光板或者闪光灯来增强光线，让照片更加明亮、清晰。

4. 利用环境的光线

有时候，环境中的灯光或者自然光可以为照片带来更加丰富的表现力。比如夜景照片，可以利用城市中闪烁的各种色彩的灯光来使照片更加鲜活、生动。

四、乡村民宿拍照的色彩搭配

注重画面的色彩搭配和搭配趋势，选择一些与主题和环境相符的色彩作为主打，再搭配一些相对显眼的元素，可以让照片更有吸引力。色彩是照片表现中不可缺少的一部分，良好的色彩搭配可以提高照片的质量，给人以愉悦舒适的感觉。以下是拍照中的色彩搭配技巧。

1. 色彩对比

选择对比明显的色彩组合，比如黑白、红绿、黄紫等，可以突出主体的颜色，让照片更加鲜明（见图 5-16）。

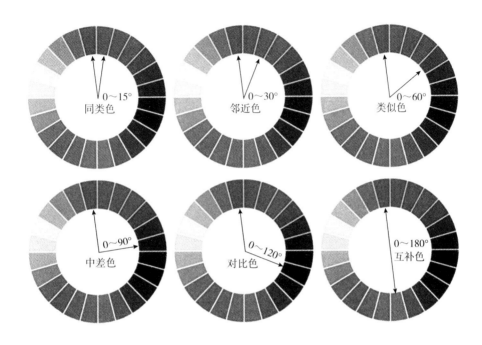

图 5-16　色彩对比

图片来源：妮图网。

2. 色彩渐变

在同样的色系中选择不同的颜色搭配，可以营造出渐变的颜色效果，如从黄色到橙色、从蓝色到紫色等。

3. 原色搭配

原色即红、黄、蓝三原色。在照片中大量使用原色可以让照片看起来更加生动、鲜艳。

4. 暖色调和冷色调的搭配

红、黄、橙为暖色调，蓝、绿、紫为冷色调。暖色调和冷色调可以相互搭配，营造出不同的氛围和效果。

色彩搭配是一种很有趣又需要实践的技巧，需要结合场景和照片主题进行灵活运用，以达到更好的照片效果。

五、乡村民宿拍照细节

在乡村民宿中，风景和建筑物之外还有很多小细节可以用于拍摄，例如曲径通幽的院子、色彩斑斓的花园、悠闲的牧羊犬等。这些小细节不仅能为照片增添趣味，而且能够真实地反映乡村民宿的生活和氛围。在拍照时注意细节可以让照片更加精美，提高照片的品质。以下是拍照中的细节建议。

1. 构图细节

在手机相机设置中，有一项"网格线"功能，打开网格线，可以辅助拍摄者对照片进行构图。构图是照片中非常重要的组成部分，在构图时使用线条（三分构图、四点构图）、对称、黄金分割、横拍（4∶3 比例）、竖拍（3∶4 比例）、S 曲线、均衡法、水平法、垂直线、对角线等方法，可以让照片更加有层次感和美感（见图 5-17）。

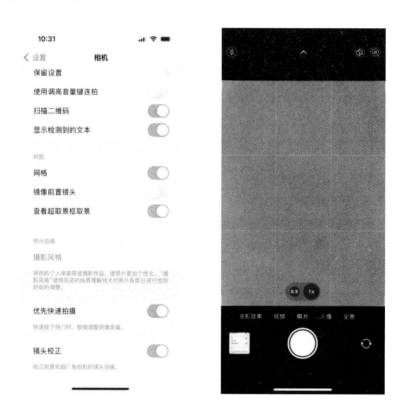

图 5-17　手机网格设置

图片来源：作者自摄。

2. 对焦细节

对焦是确保照片清晰的关键。在拍摄人物时，需要注意眼睛的对焦，使眼睛清晰，因为眼睛是人物表情的重要部分。

3. 光线细节

光线的方向、亮度、色彩等都能影响照片的效果。在光线明暗变化大的环境下，需要注意曝光度的设置。在光线色彩较暗时，可以使用闪光灯或者反光板等工具。

4. 背景细节

背景是照片的重要组成部分，需要注意背景是否干净整洁，是否与主题相符，是否有突兀的物品打扰主体。

5. 细节拍摄

在拍摄小物品和细节部分时，需要注意局部特写和差别拍摄，突出照片中的细节和变化。

第二节 乡村民宿 PMS 系统应用

PMS 系统（Property Management System，物业管理系统）是一个处理民宿信息管理的人机综合系统，将其用于乡村民宿，不但能准确及时地反映民宿业务的当前状态、房源状态，还能快速实现客人预定入住到财务对账等一系列操作。其既是一个数据统计的数据库，也能提供各方面的报表，也可以利用数据进行统计分析，从而更有利于民宿的经营和管理。

目前国内的 PMS 系统主要有石基、绿云、西软、众荟（中软好泰）、别样红、金天鹅、住哲、云掌柜、番茄来了、佳驰等，国外的 PMS 主要有 opera、Sabre 等。

一、PMS 客房管理系统

PMS 客房系统可以用于管理客房的预订、分配、清洁等工作。在预订管理方面，可以通过 PMS 系统快速识别客人的订单信息，并自动排定房间预留，减少手动工作量。在客房清洁管理方面，系统可以用于记录房间清理时间和进度等情况，帮助管理人员快速了解房间状况，优化清洁工作流程。

1. 客房预订管理

客房预订是乡村民宿运营中非常重要的一环，PMS 系统可以帮助管理人员精确预测房间需求并进行相应的预订处理。该模块一般包括客户预订的日期、数量、房型和价格等信息记录，可以通过系统管理实时或定时预订房间，以优化房间利用率（见图5-18）。

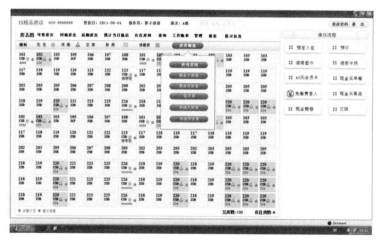

图 5-18 客房预定系统

2. 客房分配管理

客房分配是指将已预订的房间分配给客人入住。PMS 系统通过记录客人信息、接待时间等信息，让管理人员可以方便快捷地分配房间，保证客房分配的高效率和准确性。系统以不同颜色搭配图形显示客房的分配情况，民宿主人能实时掌握房间的入住情况（见图5-19）。

图 5-19 客房分配系统

3. 客房状态管理

客房状态管理是该模块的重要组成部分，主要用于掌握客房的实时状态，包括空置、清洁中和繁忙等。管理人员可以通过系统监控客房使用状况，合理安排客房清洁、维修和预订管理，提高客房的使用效率（见图 5-20）。

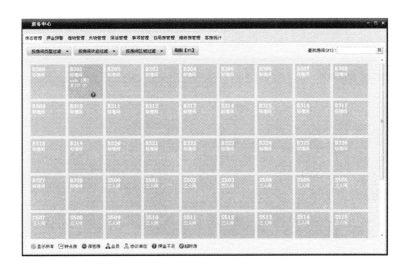

图 5-20 客房所处状态

4. 客房维护管理

客房维护管理包括客房的修缮、维修、清洁等工作，PMS 提供了简便的管理工具，例如客房维护计划，管理人员可以通过该模块记录和编制客房维护计划，以确保客房设施的顺畅运作和长期使用的可靠性（见图 5-21）。

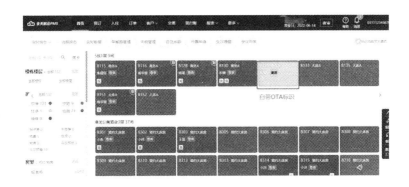

图 5-21 客房维护状态

5. 基础数据管理

基础数据管理包括客房基本信息的收集、存储和管理工作。PMS 系统可以快速收集客房的基本信息和特征信息，并升级或修改相应信息。基础数据管理具有长期性和高通用性，使得当需要对客房访问、预定或升级时，可以快速且准确地识别对应的客房（见图 5-22）。

图 5-22 客房数据统计

二、PMS 前台管理系统

PMS 前台管理系统可以优化前台客户服务流程。通过网上预定和快速入住操作，客户可以快速地完成入住和离店手续，减少客户等待的时间。此外，管理员可以通过系统自动或手动完成客房账户管理，包含账单计划、结算和发票管理，使前台工作更加高效。

1. 预订管理

前台管理模块包含了客户预订信息的收集、预订的确认、预付款的收取等子模块。通过 PMS 系统，客人可以在网上自动完成前期的预订工作，在线付款大大缩短了前台现场办理入住所需的时间（见图 5-23）。

2. 入住管理

前台管理模块中，输入住信息收集、手续确认、安全保障、清扫卫生检查等是重要的子模块。当客人到达乡村民宿时，在前台入住管理模块中进行身份证和预订信息的核对确认，并为客人办理入住手续和收取房费。同时在入住过程中，前台管理模块需要负责客房卫生清洁检查、安全保障等流程的管理（见图 5-24）。

3. 预付款管理

前台管理模块提供了客人预付款的管理功能，方便客人自主选择预付款方式。当客人通过网上支付或他可用的预付款方式成功支付预付款时，PMS系统可以协助自动处理预付款的相关流程，如对预付款余额的管理与使用、预定资格的判断处理、结算账审等。

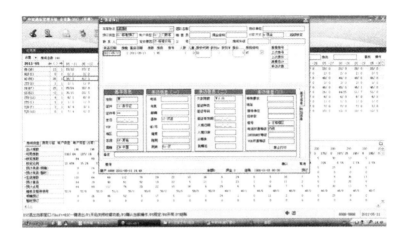

图5-23 前台预定系统

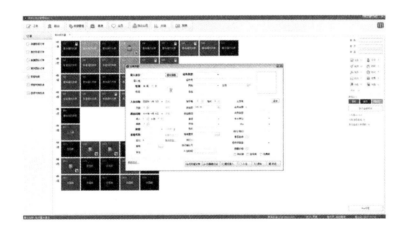

图5-24 入住管理系统

4. 离店管理

离店也是前台管理模块中有关客户活动的重要一环。客人办理离店手续时，需要前台管理人员对客人的房间状态和消费账单进行核查，并收回房卡和发放相关的结算账单信息等（见图5-25）。

图 5-25　离店结账管理系统

5. 客户关系管理

客户服务和管理通过前台管理系统进行。该模块用于记录和管理客人的信息、房型偏好等相关信息数据，为客人的下一次光临提供更优质的服务。

前台管理模块通过 PMS 系统方便、快捷地解决入住、离店工作，以及将客人与民宿相关的信息，放在一个完善的并持续更新的客户数据库中，对营销和市场集成非常重要。

三、PMS 统计分析

PMS 系统可以记录、统计和分析乡村民宿的客房出租率、收入、客户口碑等数据，帮助管理人员及时掌握经营状况，随时调整和优化。

1. 统计分析

该模块可对各项数据进行统计，并分析客房预订率、出租率、客房收入、清洁成本等数据，以便决策者或经营者调整经营策略。模块可根据客人的生日、住宿时间、房型偏好等信息，分析和预测市场需求和客人的购买意向，并通过系统生成分析报告或图表等形式来反馈分析结果（见图 5-26）。

2. 历史账单记录

该模块可以统计历史账单，如查看一段时间内所有顾客的详细消费记录并进行分析，这有助于了解顾客和预测未来的销售趋势（见图 5-27）。

3. 预算管理

预算管理模块主要是针对乡村民宿的费用预算、费用分配和费用控制等层面进行统计与分析。

4. 数据查询

数据筛选是该模块重要的操作之一。它不仅可以根据时间和日期筛选数据，还可以根据货币、住宿情况、精细化搜索和客票预订量等多项搜索项过滤、查询数据。

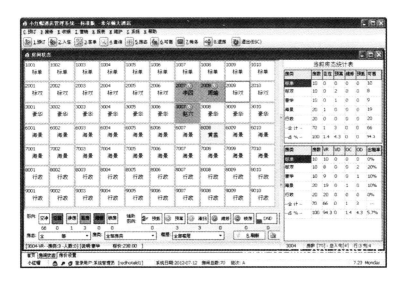

图 5-26　房态统计

图 5-27　客史管理

5. 数据可视化

该模块允许经营者通过可视化界面查看销售指标、交易流程、市场趋势等实时数据。

统计和分析模块通过 PMS 系统为经营者提供了针对客房预定、设备养护、客户消费、管理效率等层面的信息收集和分析，将数据转换为对策略和决策的重要依据，并及时调整和优化其管理模式，从而提高运营效率和经营性能。

四、PMS 库存管理系统

乡村民宿需要管理大量的物资和清洁用品，PMS 系统可以帮助管理库存数量、出库入库记录等，减少物资浪费和盗窃，提高物资管理效率。

1. 物料管理

该模块用于监控乡村民宿中的物品和设备，例如房间、床铺、电视、空调等设备。该模块可以直观地显示物料库存情况，方便经营者及时进行检查和调配。

2. 仓库管理

该模块用于保存和管理库存物品及其库存信息，如初始库存、入库流水、出库流水等。该模块可以监控商品的数量、品种和状态等库存情况。可以实现物料的增加入库、损失或者损坏的减库等日常操作。

3. 材料计划

此模块用于管理和预测乡村民宿经营和管理过程中所用到的材料、工具等的需求情况，根据销售数据、利润数据、顾客拍摄信息等进行预测，以节约时间和减少浪费。

4. 采购管理

该模块通过物料计划模块，根据经营者的需求，管理采购订单及其交付方案的实施。通过"自动生成库存预订订单"的功能自动生成采购订单，并及时跟踪订单的收货、收款等流程。

5. 出库管理

此模块用于处理物资的出库流程，包括库存分配、出库申请、领料审批、计算库存成本、库存更新等操作。

库存管理模块能够协助经营者及时发现和处理物品和设备方面的短缺或损失。PMS 系统不仅使库存管理更加高效、精准、并且可以帮助经营者减少库存成本，并最大化地利用乡村民宿的资源。

第三节　乡村民宿 OTA 平台使用

乡村民宿 OTA 平台是为乡村民宿提供线上预订服务的平台，OTA 是英文"Online Travel Agency"的简称，意为旅游在线预订平台。在 OTA 平台上，民宿业主可以发布房源信息、价格、预订政策等信息，游客可以通过平台浏览房源信息，并根据自己的需求进行预订。

一、OTA 平台提供的服务

随着旅游业和科学技术的发展，OTI 成为旅游业的重要组成部分，国内外各种 OTA 平台业务种类繁多，但也有专业做乡村民宿的平台（见表 5-1）。

表 5-1　国内外部分乡村民宿平台

名称	网址	简介	支付方式
Agoda（安可达）	https：//www.agoda.com	是一家亚洲在线，主要市场在中日韩、东南亚以及澳大利亚。展现在地风情的的各种民宿，抑或是隐藏在避世之源的酒店庄园	支付宝银联卡
Priceline	https：//www.priceline.com	是美国一家基于 C2B 商业模式的旅游服务网站，房源多样化，可满足客户的个性化住宿需求	Visa Mastercard
Booking（缤客）	https：//www.booking.com	Booking.com 是 Priceline Group 集团下的公司，是全球领先的在线旅行及周边服务供应商。总部在荷兰阿姆斯特丹，是全世界最大的全球性线上住宿预定平台，网站支持 40 多种语言，有着将近 60 万多家住所，遍布全球 227 个国家，日均客房预订间夜数超过 75 万	Visa、银联信用卡等、部分可支持借记卡、也可到店付款、Mastercard
Airbnb（爱彼迎）	https：//www.airbnb.com/host	是一个让大众出租住宿民宿的网站，提供短期出租房屋或房间的服务，拥有最全的房源，可以找到经济住宿，抑或是包下一栋海岛度假村	Visa, Amex, Master Card, Discover, JCB）、PayPal
Hotels.com	https：//www.hotels.com	是一家领先的在线住宿预订网站。有 90 个本地网站和 41 种语言为数百万旅客提供相关的旅游资讯，遍布 200 多个国家和地区	Visa, Mastercard, Paypal 等，支持银联信用卡
TripAdvisor	https：//www.tripadvisor.com	是 Expedia 旗下品牌，目前是全球最大的旅游社区，可以浏览数千万计的旅客评论和意见、预订热门游览和景点，并在绝佳餐厅订位、筛选度假屋等	Visa, Amex Mastercard 等信用卡支付
Trip.com	https：//www.trip.com	携程网的国际版，提供多种语言，除了广东话、英文、普通话，还有日、韩、德、法、西班牙语等	PayPal Visa, Mastercard, Amex 等

续表

名称	网址	简介	支付方式
去哪儿网	https：//www. qunar. com	是中国领先的在线旅游平台，覆盖全球 68 万余条航线、580 家航空公司、147 万家酒店、9000 家旅游代理商、120 万余条度假线路、1 万余个旅游景点，并与国内外超 100 家航空公司进行了深度的合作，构建起一个融合线上、线下全价值链的在线旅游服务生态系统	支付宝、银行卡、信用卡
途家	https：//www. tujia. com	全球领先的民宿短租预定平台，旗下途家网、蚂蚁短租、携程民宿、去哪儿民宿、大鱼自助游五大平台的海量用户入口，覆盖国内 400 个城市地区和海外 1037 个目的地，在线房源超过 230 万套，包含民宿、公寓、别墅等住宿产品及延展服务，可满足以"多人、多天、个性化、高覆盖"为特征的出行住宿需求	支付宝、微信、银联卡及信用卡
携程民宿	https：//inn. ctrip. com/onli-neinn/index	集团能够提供超过 120 万种全球住宿服务，480 多家国际航空公司，以及超过 31 万项目的地内活动。并与超过 3 万家其他合作伙伴一起满足客户不断变化的需求	支付宝、微信、银联卡及信用卡
一家民宿	http：//www. https：//www. onehome. me	全球华人民宿预订平台，有超过 10 万套房源，遍布于全球 50 多个国家，200 多个地区，包括各地区市中心民宿、日本的百年町屋、巴厘岛的悬崖别墅、俄罗斯的艺术窟、法国的古堡等，房东还能提供接送机、包车、旅游咨询等服务	微信、信用卡及银联卡等
蚂蚁短租		国内领先的短租民宿在线预订平台	支付宝、微信、银行卡等
木鸟短租	https：//m. muniao. com	北京爱游易科技有限公司旗下独立运营的短租房在线预订平台，覆盖全国 192 个城市	支付宝、微信、银行卡等
美团民宿	https：//minsu. dianping. com	美团旗下的民宿预定平台，超过 15 万名活跃房东、72 万套在线房源，遍布全国 350 余个城市	微信、信用卡及银行卡等

续表

名称	网址	简介	支付方式
小猪短租	http：//www.xiaozhu.com	小猪全平台共有超过 80 万间房源，分布在全球 700 座城市及目的地。房源包括普通民宿，也有隐于都市的四合院、花园洋房、百年老建筑，还有绿皮火车房、森林木屋、星空房等	支付宝、微信、银行卡等
我出价网	https：//www.wochujia.com/homestay/hotel	独家采用传统 OTA 模式＋自我报价（砍价）模式，双预订模式运营	微信、支付宝等
榛果民宿	http：//www.zhenguo.com	于 2017 年 4 月 12 日正式上线，成都、深圳、杭州、房源数量达 35 万套。广州、苏州等三百多个热门旅游城市，榛果民宿，目前覆盖北京、房客可以在榛果挑选隐于都市的四合院	微信、支付宝等
青芒果	青芒果 APP	港中旅集团（央企）子公司，"预付+纯在线"运营模式是其特色，产品以优品酒店、文化主题客栈、青年旅舍/青年旅舍、公寓、民宿为主，目前产品覆盖国内外 3000 多个目的地，超过 10 万家加盟酒店 300 万特色房源，已服务超过 1000 多万会员	微信、支付宝等

1. 房源信息展示

平台会提供乡村民宿的房源信息、图片以及地理位置等相关信息，让游客能够更全面地了解乡村民宿的概况，从而预订（见图 5-28）。

图 5-28 Booking 房源界面

2. 在线预订

宿客可以直接在线预订民宿的客房，通过 OTA 平台提供的实时预订和支付系统，游客可以轻松完成预订和支付流程（见图 5-29）。

图 5-29　爱彼迎预定平台界面

3. 评价和反馈

游客可以在 OTA 平台上对自己入住过的民宿进行评价和反馈，为其他游客提供参考意见，并帮助乡村民宿在平台上树立良好的口碑（见图 5-30）。

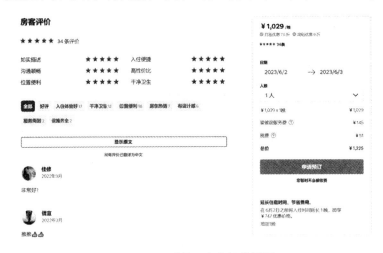

图 5-30　爱彼迎客房评价界面

4. 保证金服务

OTA 平台也会提供保证金等服务，让民宿业主和游客都可以更加放心地使用平台服务。

5. 全球乡村民宿搜索

平台可提供全球范围内的乡村民宿搜索服务，让游客可以在平台上找到符合自己需求的民宿（见图 5-31）。

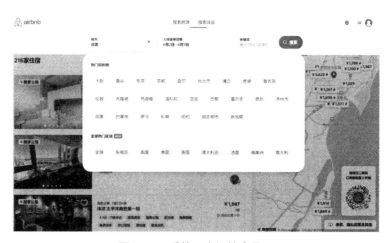

图 5-31 爱彼迎房源搜索界面

6. 多语种服务

OTA 平台可能提供多语种服务，让不同国家的游客都可以方便地使用平台进行预订（见图 5-32）。

图 5-32 Booking 语言选择界面

7. 智能推荐

平台可能基于游客的浏览和预订记录，自动向游客推荐符合其兴趣和需求的乡村民宿房源。平台也会为乡村民宿提供线上广告和推广服务，包括搜索引擎营销、社交媒体广告等，提高民宿的知名度和曝光率。

二、OTA 的优势

1. 精准数据分析

平台可能会基于用户行为数据、评价数据等，提供数据分析服务，帮助乡村民宿分析顾客的需求和偏好，提高客房入住率和收益水平。

2. 扩大曝光度

乡村民宿在 OTA 平台上发布房源信息，可以让更多的潜在客户了解和关注乡村民宿，从而扩大曝光度。

3. 提高入住率

通过 OTA 平台，乡村民宿能够得到更多的预订和入住，从而提高入住率。

4. 降低营销成本

通过 OTA 平台发布房源信息，可以降低乡村民宿的销售成本，避免过多的人力、物力和财力资源在营销方面的浪费。

5. 方便快捷的预订

通过 OTA 平台实现在线预订和支付，方便快捷，提高了游客的预订体验。

6. 减少工作量

OTA 平台提供的预订管理、支付、评价等服务可以减少乡村民宿业主在这些操作上的手工工作量，降低了操作成本。

7. 提供保障服务

OTA 平台一般会提供保障服务，令游客和乡村民宿都得到更多保护，比如提供保险和信用担保等。

8. 提高信誉度

OTA 平台可以帮助乡村民宿提高信誉度。平台会定期检查和审核民宿的房源信息和服务质量，如果符合标准，就会给予好评和推荐，提高民宿在用户心目中的信誉度。

需要注意的是，选择 OTA 平台前需要对平台实力和信誉进行了解和评估，并且需认真阅读和理解平台的使用协议，以确认合作条款和具体服务内容。

三、OTA 平台佣金

OTA 平台通常会根据其提供的服务和平台费用，结合乡村民宿的营收情况，制定不同的分成比例。不同平台和不同民宿之间的分成比例也不同，以下是一些可能的分成模式。

1. 固定佣金分成模式

平台收取民宿固定的佣金，并与民宿商家事先协商好分成比例。如：携程采取的是底价计费模式，目前在国内不同城市佣金比例有 10%、12%、15%、25%；美团采取的是佣金计费模式，目前在国内不同城市佣金比例有 10%、12%、15%；飞猪传统的佣金计费模式，佣金比例是 8%（见表 5-2）。

表 5-2 OTA 平台佣金标准

各渠道佣金标准（2021 年 5 月更新）						
渠道	正价		活动价 （门市价的 95 折以下）	钟点房	连接方式	支付方式
	佣金比例	正价标准				
携程	15%	门市价 95 折	10%（挂牌 12%）	8%	直连	预付
艺龙	15%	门市价 95 折	10%	8%	直连	预付
去哪儿	/	/	10%	8%	直连	预付
美团	8%	门市价 95 折	8%	6%	直连	预付
飞猪	10%	门市价 95 折	10%	6%	直连	预付/信用住
BOOKING	标准 15%，主推 18%	门市价 95 折	/	/	直连	预付
AGODA	15%	门市价 95 折	10%	/	直连	预付
道旅	15%	门市价 95 折	10%	/	直连	预付
天下房仓	底价输出	门市价 85 折	/	/	直连	预付
工行融 E 购	5%	门市价 95 折	/	/	直连	预付
分销通	10%	门市价 95 折	/	/	直连	预付

2. 动态佣金分成模式

该模式下，平台可能会在不同时期采取不同的佣金比例。民宿商家的每笔订单，平台收取不同的佣金，这取决于其房型、预订日期以及民宿商家议价的结果等。

3. 阶梯式佣金分成模式

平台根据民宿商家在平台上的市场表现和营业额设定不同的佣金比例。如民宿商家的营业额达到一定的金额或预订量时，平台可以降低其佣金比例。

总之，具体的佣金分成比例是由平台和民宿商家协商的结果，因此不同平台和乡村民宿的分成比例也不同，也可能随着时间和条件的变化而调整。一般来说，佣金分成比例通常在 10%~30%，具体的数值取决于一些因素，如平台的知名度、客户的预订量、所在地区的旅游市场等。除了佣金分成外，OTA 平台可能还会收取其他费用，如普及费、保证金或积累的积分等。因此，在与 OTA 合作之前，需要了解平台的具体服务政策、服务费用、分成、付款周期以及扣款事项等具体细节，避免后期欠费或出现纠纷。

第四节 乡村民宿的客评管理

在新媒体时代，客户评价是乡村民宿发展重要的参考指标，它可以直接反映乡村民宿服务的质量和业务的管理水平。因此，乡村民宿业主应该非常重视客户的评价，并不断改进和提高自己的服务质量。

一、乡村民宿客评的类型

客户评价在商品诞生之日就产生了，这既是对生产商家的监督，也是对产品的宣传，在发展过程中，客户评价分为如下几种方式。

1. 口头评价

商品经济发展的整个阶段都伴随着这一评价方式，俗称口碑，就是购买者口头对购买商品或服务进行评价和推荐。

2. 书面评价

通过文字的方式表达对商品或服务的意见，表现方式是意见卡（见图 5-33）。

3. 电子评价

随着互联网的发展，各种产品都在互联网平台上进行售卖，随之产生了在互联网平台留言评价的形式（见图 5-34）。

二、正确看待乡村民宿客评

1. 保持良好的心态

不论是好评还是差评，都应该真诚和认真对待。民宿业主应该感慨好评，并尝试了解差评的原因，并及时采取措施改进服务。

2. 保持沟通

民宿业主应该时刻保持与客户之间的沟通，以便及时了解客户的需求和反馈，并为客户提供满意的回应和解决方案。

3. 做出改进

评价中的意见和建议应该被视为改进和提高服务质量的机会，客户评价的问题应该被认真研究并解决。

宾客意见询问表

尊贵的宾客：

非常感谢您填写此问卷！华美达大酒店全体员工愿真诚的为您提供尊贵的礼遇及优质的服务，并向您保证：您的意见一定会得到我们的重视！再次对您的光临表示由衷的感谢！

单位名称：　　您的姓名：　　房号：

地址：　　联系方式：

客服：

服务效率、速度、准确性	□满意	□尚可	□不满意
服务主动、语言规范、微笑答疑 其他：	□满意	□尚可	□不满意

礼宾：

热情主动、服务规范、业务熟练	□满意	□尚可	□不满意

其他：

前台：

前台办理入住手续的效率	□满意	□尚可	□不满意
酒店信息与问询服务	□满意	□尚可	□不满意
微笑服务、微笑答疑	□满意	□尚可	□不满意
业务精通、保证效率	□满意	□尚可	□不满意

其他：

客房：

空调及房间温度	□满意	□尚可	□不满意
灯光及房间设备	□满意	□尚可	□不满意
客房网络信号连接与服务	□满意	□尚可	□不满意
客房清洁度（卧具、沙发、地毯、日常清洁是否及时）	□满意	□尚可	□不满意
浴室用品（毛巾、洗护用品、洗浴设备、水温）	□满意	□尚可	□不满意
服务品质（服务热情主动及时、服务过程规范）	□满意	□尚可	□不满意

其他：

餐饮与宴会：

设备品质（包厢装修、设施设备运转正常、餐具清洁程度）	□满意	□尚可	□不满意
服务品质（服务热情主动及时、熟悉菜品、服务过程规范）	□满意	□尚可	□不满意
食品品质（可選性、口味、质量）	□满意	□尚可	□不满意
送餐服务（快捷、可选性、口味）	□满意	□尚可	□不满意
会议/宴会厅设施设备满意度	□满意	□尚可	□不满意
会议/宴会期间提供服务满意度	□满意	□尚可	□不满意

其他：

康乐设施：

康乐及活动中心设施总体满意度 □满意 □尚可 □不满意 康乐设施能否满足您的需求 □满意 □尚可 □不满意 游泳池卫生状况 □满意 □尚可 □不满意

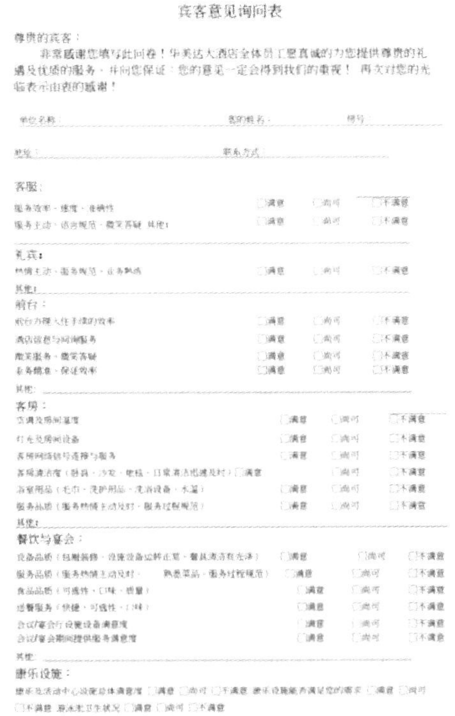

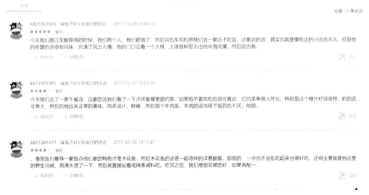

图 5-33　纸质意见卡

图 5-34　网络评价

4. 重视客户体验

民宿业主应该时刻关注客户的体验，了解客户对于房间环境、卫生情况、交通便利性等的看法，并对服务流程和标准进行频繁调整，以便为游客提供更好的接待体验。

乡村民宿业主应该始终将客户的满意度放在首要的位置，并不断改进和提高服务质量。客户的评价应该被视为一项重要的参考因素，并应该在合适的时候采取相应的行动来回应客户的反馈和建议。

三、乡村民宿客评管理方法

1. 及时回复客户评论

民宿业主应该定期关注客户留下的评价和评论，并尽快回复。及时的回复可以体现出业主的重视和关注，同时能解决客户提出的问题和不满。

2. 提高认知

乡村民宿业主可以通过平台或其他途径向客户宣传民宿的优势和特色，提高客户对于服务质量的认可。

3. 关注评价细节

民宿业主应该详细询问客户评价的具体细节、原因和建议，并倾听客户的声音，适时予以回应，表达出对客户的感谢和关注，并且尽力解决客户提出的问题，以免客户因不满而离开。

4. 建立客户关系

民宿业主应该主动与顾客建立联系并保持良好的沟通、互动和关系，以便更好地理解客户的需求和反馈。

5. 鼓励评价

民宿业主可以适当地鼓励并奖励留下评价的客户，在维护服务流程和提高信任度的同时，也可以激励客户积极参与评价。

6. 分析评价

民宿业主应该定期分析客户评价和反馈，仔细了解涉及哪些方面，客人对哪些方面不满意以及哪些方面需要改进。通过对评价的分析，了解客人的想法，以便做出改进方案。

7. 优化服务流程

民宿业主可以根据客户评价和反馈，系统梳理服务流程，从入住、退房、服务等方面出发，优化服务流程，关注细节问题，以提升客户体验。

8. 引导客户评论

民宿业主可以适当引导客户进行评论和反馈，以获取更多客户信息和提高民宿的知名度和形象，进一步优化经营服务水准。

四、乡村民宿客评分析方法

1. 文本挖掘分析

文本挖掘是指从大量文本数据中发现有用信息的过程。文本挖掘技术可以用来分析民宿客户的评价和意见，在众多评论中筛选出与民宿相关的信息和主题，进而进行统计分析（见图5-35）。

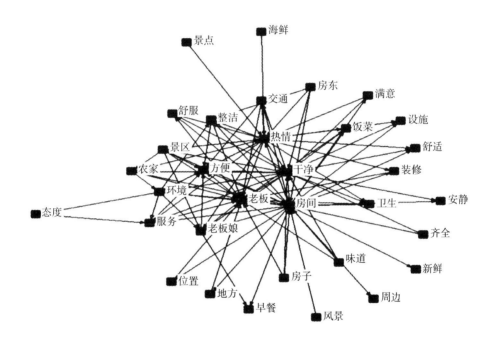

图5-35 住客评价语义网络分析

2. 密度图

民宿业主可以用密度图来可视化客户评价数据，通过直观的图表展示评价和反馈的分布情况，对民宿的经营水平有更全面的了解。

3. 词频分析

对明确目标的评价内容进行词频分析，以了解评论和反馈中最常用的词语和词组是什么，进一步判断客户对民宿的哪些方面较为关注和看重，从而更好地满足客户的需求（见图5-36）。

4. 情感分析

情感分析技术可以自动分析客户评价中的情感极性（如情感的积极与消

极），以帮助民宿业主了解客户对服务的满意程度和改进空间（见图5-37）。

图5-36　民宿客评词云图

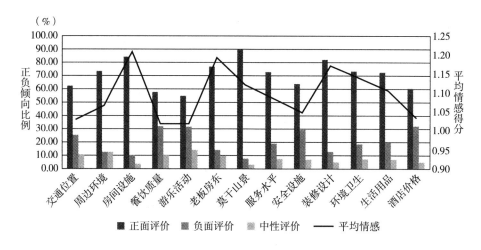

图5-37　民宿客评情感分析

分析同类型民宿的客户评价，了解行业内的常态与优秀的表现，并进行行业内的横向比较，找到自己民宿的优势和弱点。对客评进行分析可以有效帮助乡村民宿主通过客户评价和反馈，判断业务水准、目标成果与未来方向，为民宿的经营提供重要的总体分析和数据支持。

第五节　乡村民宿早餐

早餐是一天中的第一餐，也是人体能量的重要来源之一，同时是乡村民宿打造特色的重要途径，在乡村民宿经营中谋划一顿特色兼具丰盛的早餐具有重要意义。

一、优质的乡村民宿早餐益处

1. 提升客户体验

提供丰富、健康、美味的早餐可以让客户在住宿期间获得更好的体验，增加他们对民宿的信任，提高口碑（见图5-38）。

图5-38　中国台湾英格兰小堡民宿早餐及评价

图片来源：Booking。

2. 适应客户需求

根据客户口味和需求提供私人定制的早餐服务，可以提高客户满意度，获得更多的客户和更高的回头率。

3. 增加民宿收益

提供早餐服务可以增加民宿的收益，提高服务质量和客户满意度。

4. 优化市场竞争

提供健康、美味、个性化的早餐服务，可以为民宿业主赢得更多的客户和市场优势，从而更具竞争力。

5. 加强品牌形象

通过提供丰富、健康、美味的早餐，可以加强民宿业主在客户心中的品牌形象和口碑，提升其知名度和独特性，提高其企业形象和竞争优势。

重视民宿早餐可以帮助业主获得更多客户，增加收益，提高客户满意度，同时也是优化民宿服务体系的有效途径之一。

二、乡村民宿早餐开发

提供丰富、健康、美味的早餐可以为客人营造更好的住宿体验，对于乡村民宿主而言，也是提升服务质量和客户满意度的有效手段。下面是一些关于乡村民宿早餐开发的建议。

1. 注重平衡和营养

早餐应该包含足够的营养成分，既要有蛋白质、淀粉质，也要有蔬菜、水果等，不过也要合理平衡。平衡饮食需要考虑客户偏好，对于一些不健康的食品（如炸物、油腻），应该减少摄入量，提供清爽健康的食物。一日三餐的主食和副食应该粗细搭配，动物食品和植物食品要有一定的比例，建议每天吃些豆类、薯类和新鲜蔬菜。一日三餐的科学分配是根据每个人的生理状况和工作需要来决定的。按食量分配，早、中、晚三餐的比例为 3：4：3，如果某人每天吃 500 克主食，那么早晚各应该吃 150 克，中午吃 200 克比较合适（见图 5-39）。

图 5-39　营养早餐

图片来源：百家号。

2. 结合本地特色

乡村民宿可以充分利用当地的食材、特色，结合当地文化和习俗，打造独具特色的早餐体验（见图 5-40）。

图 5-40　莫干山客堂间早餐

图片来源：小红书。

3. 支持私人定制

了解客户口味和需求，提供客制化早餐服务。此外，如果有儿童或老年客户，应该着重了解他们的口味和营养需要，例如，可多选素食或动物性蛋白、少油少盐、易消化的食物。

4. 支持健康饮食

与当地知名餐饮企业、品牌或运动机构合作，提供更健康、低糖低盐的食品，以体现乡村民宿为客户服务的精神。

5. 安全卫生要有保证

早餐的卫生和食材的新鲜程度至关重要，民宿主应该选择资质合规、具有保险和安全认证的供货商，对食材进行严格检测和筛查，确保食品的安全性和卫生标准。

在提供早餐服务时，乡村民宿业主可以充分考虑客户口味、营养、当地文化等多方因素，给予游客独特的体验，提高满意度和客源回头率。

三、乡村民宿早餐创新

1. 引入异国风味

民宿早餐可以引入其他国家的特色风味，加入不同国家独特的调味品、香料和参加等元素，让客人尝试不同文化的美食（见图5-41）。

图 5-41　日式餐具搭配早餐

图片来源：小红书。

2. 细分市场做特色

发掘本地特色，设计出独特的早餐菜单，这将会是一个创新性的方式。如，可以针对中国台湾垦丁地区的本地特色面食和各种小点系列，推出具有鲜明特色的早餐食材（见图5-42）。

图 5-42　本地特色早餐

图片来源：小红书。

3. 采用用中药和五谷杂粮

将中药和五谷杂粮加入早餐，提供富含纤维、高营养价值的食物，满足客户个性化的饮食需要，增加健康因素（见图5-43）。

图 5-43　杂粮搭配早餐

图片来源：小红书。

4. 配合当地季节

根据不同的季节、气候环境和其他因素，调整早餐供应的类别、搭配和口感，例如，夏季可以选新鲜的水果沙拉和冰品，冬季则可以选热粥等（见图 5-44）。

图 5-44　季节早餐

图片来源：小红书。

5. 增添主题元素

根据当地场景和活动，搭配特别的食品和装饰，以主题化的方式来丰富早餐服务，增加商业亮点，特别是在特定环境享用早餐（见图 5-45）。

图 5-45　享用场景创新早餐

图片来源：小红书。

乡村民宿早餐创新是一项非常有挑战性的工作，需要根据地域、文化、客户口味等多方面考虑，并结合当地美食、时令等因素，打造出独特、新颖、洋溢生活情趣的早餐体验，以提升民宿在客户心中的品牌形象，提高竞争力，增强客户满意度和回头率。

第六节　乡村民宿的特色饮品开发

特色的美味饮品可以为乡村民宿营造更好的氛围和客户体验，也能够帮助民宿业主增加收入。特色饮品需从乡村自身产业出发，开发有一定吸引力且独具特色的饮品，如茶饮料、咖啡、鸡尾酒、粗粮和果蔬汁等。

一、特色饮品开发原则

1. 利用本地特色饮品素材

乡村民宿可以根据当地特色资源，以本地原材料为基础，选择饮料主材料，比如苹果汁、葡萄酒、蜂蜜、柿子等，添加当地特色调味汁等进行调制。

2. 引入民族文化元素

可以结合当地民族文化，将传统的茶香、柴火和文化符号融入乡村民俗庆典和建筑构造中，将茶文化与景观、艺术、民族文化的元素融成一体，打造"茶文化乡村民俗庆典"。

3. 与季节相适应

民宿可以根据季节不断对饮品的口味和特性进行创新。夏季可推出清凉类饮品，如绿茶冻、果汁冰沙等，而冬季可提供暖身的热饮，如姜茶、红枣炖饮等。

4. 加入特定功能

针对不同客户群体，可以加入保健功能元素，如补血、美容、减压等。例如，某民宿推出美容饮品和减肥饮品，符合女性客户需求。

5. 优化配套服务

以饮品为主打产品，推出相符合的小食配套服务，如糯米卷、豆腐干、红薯脆片等，为客户带来更多美味享受。

二、咖啡特色饮品开发

咖啡是乡村民宿特色饮品中经常配置的产品，打造特色咖啡饮品，可以从咖啡豆、添加辅料和场景方面打造，与乡村民宿相得益彰，以突出乡村民宿的特色。

1. 咖啡豆凸显特色

除了传统的阿拉比咖啡、罗布斯塔和利比里亚咖啡外，近几年兴起的几种咖啡豆成为咖啡爱好人士的新宠。

（1）猫屎咖啡。又称麝香猫咖啡（Kopi Luwak），它是由麝香猫吃下成熟的咖啡果实，经过胃的发酵，破坏蛋白质，产生短肽和更多的自由氨基酸，咖啡的苦涩味会降低，经过消化系统排出体外，将粪便中的咖啡豆提取出来后，经过水洗或日晒处理法，除去果皮、果肉和羊皮层，最后取出咖啡豆，再进行烘焙、研磨而制成的咖啡。该咖啡会散发似蜜糖与巧克力的香味，不需添加糖及奶精即有香甜，不苦、不酸、不涩，却多了几分奶香味，入喉后不刮胃，不会引起胃部不适，即使放冷了，口感依然甘醇，品尝完后，杯中仍旧留有甜甜的奶香味，是独具丰厚质感且有深度的咖啡。因其产量少，因此价格昂贵，成为少数咖啡爱好者的新宠（见图5-46）。

图5-46　猫屎咖啡

图片来源：百度图库。

（2）大象屎咖啡。泰国以当地山区部落妇女手工采摘的阿拉伯咖啡豆为原料，将咖啡豆与香蕉、甘蔗等大象常吃的素食混在一起喂食大象，大象食用咖啡豆后，胃酸在消化的过程中分解咖啡豆中的蛋白质，分解后一般咖啡常有的苦涩感消失，产生独特的泥土味和水果味，味道更顺滑（见图5-47）。

图 5-47 大象屎咖啡

图片来源：百度图库。

（3）鸟屎咖啡。Jacu 是生活在南美洲的一种鸟，它们很喜欢吃咖啡豆，经过它们的消化系统发酵后，排泄出来的咖啡豆经炒制醇厚度增加，而酸度苦味则会降低。此种鸟没有实现养殖，全部是野生，咖啡屎收集难度低，产量极低，价格十分昂贵（见图 5-48）。

图 5-48 鸟屎咖啡

图片来源：百度图库。

（4）猕猴咖啡。此种咖啡产自中国台湾屏东地区的好茶村，当地的野生咖啡多，且香气特别，常有猕猴光顾。村民认为，猕猴吃过的咖啡树，就是好果子，因此村民选种移植时也以此为标准，"猕猴咖啡"之称不胫而走。另外，印度一些地区也有猕猴喜欢吃咖啡豆，但只吃甜美咖啡果实，猕猴将咖啡果先含在口腔，慢慢将果皮肉与核果分离，吞入腹内，经过肠胃消化后排出体外，再经过清洗、曝晒、烘焙等工序制成咖啡豆（见图 5-49）。

图 5-49 猕猴咖啡

图片来源：小红书。

（5）死亡之源咖啡。美国纽约一家咖啡生产商生产了一种世界上最猛的咖啡，之所以称它"最猛"，是因为其咖啡因含量是普通咖啡豆的 4 倍。包装印有骷髅头，号称"全球最提神"，更附有健康警告，称每天最多喝两杯（见图 5-50）。

图 5-50 死亡咖啡

图片来源：百度图库。

2. 添加辅料凸显特色

除了单品饮用外，咖啡饮品爱好者不断推陈出新，加入焦糖、牛奶、烈性酒、水果、奶油、蛋黄等，创造出与众不同的味道，如爱尔兰咖啡、皇家咖啡、意大利咖啡、欧蕾咖啡、奥地利的混合咖啡、拿铁咖啡、白咖啡、黑咖啡、马琪雅朵、冰咖啡、绿茶咖啡、黑玫瑰咖啡、鸳鸯咖啡、土耳其咖啡、卡布奇诺咖啡、调酒咖啡等。

3. 咖啡饮用体验场景凸显特色

体验成为现代消费者新的消费诉求。产品即场景，产品伴随体验完全融入场景。与咖啡饮品相匹配的消费场景可以根据本区域消费文化不断创新，甚至引入外来文化进行升级改造，引导消费者体验这种独特的产品。

"连咖啡"不再是简单的商品，而是传达、连接情感的载体，承接着用户的亲情、友情和爱情。咖啡不再是一件寻常单品和标配，而是场景的解决方案，产品置于场景之中，被选择，被重新定义。产品即场景，人们愿意为特定的场景解决方案付费（见图5-51~图5-53）。

图5-51　猪圈咖啡

图片来源：搜狐。

图5-52　雨天场景咖啡

图片来源：百度图库。

三、茶饮料特色饮品开发

除了青茶、白茶、红茶、黑茶、黄茶、绿茶六种传统茶饮料外，可以根据乡村民宿自身产业开发养生茶、创新茶，还可以与演艺结合，展现茶道、茶文化等，突出茶饮料的特色。

图 5-53　怀旧器具场景咖啡

图片来源：ZCOOL。

1. 茶组合凸显特色

（1）青桔茶。茶与岭南特色佳品混搭，开发出了"荔枝红茶""陈皮普洱""小青柑""柑白茶""柑黑茶""六堡柑茶"等独具特色的广东柑茶，青桔茶号称中国第七类茶（见图5-54）。

图 5-54　荔枝红茶

图片来源：茶情报。

（2）柑普茶。用广东新会大红柑或小青柑和传统的黄茶、黑茶、乌龙茶、白茶、红茶和绿茶相结合，其特点是入口甘醇、香甜，有独特的花香味和陈香味；保健作用突出，发挥出新会陈皮"理气"的功效（见图5-55）。

（3）花草茶。以花卉植物的花蕾、花瓣或嫩叶为材料，经过采收、干燥、加工后制作而成的保健饮品（见图5-56）。

图5-55　柑普茶

图片来源：千库网。

图5-56　花草茶

图片来源：ZCOOL。

（4）茶饮料。传统的饮茶方式适合慢品的消费群体，"00后"的消费者不再喜欢坐下来有条不紊地喝一杯由茶艺师精心泡制的茶，更喜欢有茶的味道，兼顾奶、甜和文艺场景的奶茶。这种源于中国台湾的新型产品近些年出现了一系列品牌，如喜茶、COCO、贡茶、煮叶、奈雪的茶、乐乐茶、一点点、快乐柠檬、答案茶、鹿角巷、蜜雪冰城、古茗、蜜菓、hey juice、遇见奶牛、甘茶度等。乡村民宿根据定位或引进或根据该产品结合自身拥有资源开发类似产品，打造特色茶饮品（见图5-57）。

2. 茶空间凸显特色

茶是自然之物，饮用茶的空间也需要与之相匹配，乡村正是这样天然的饮茶环境，在民宿主人打造特色茶饮品的同时，营造乡村民宿的饮茶空间也能够打造乡村民宿特色，并获得宿客好评（见图5-58）。

图 5-57　创新茶饮料

图片来源：小红书。

图 5-58　乡村民宿茶空间

图片来源：宝家乡墅。

四、果蔬饮料特色饮品开发

乡村民宿利用乡村田园生产的果蔬，通过料理机鲜榨果蔬汁，凸显乡村民宿特色。既满足了乡村民宿客人追求营养健康的消费理念，也消化了乡村民宿农产品。

1. 果汁及果汁饮料

（1）果汁。是以水果为原料，经过物理方法（压榨、离心、萃取）得到的汁液产品，一般是指纯果汁或100%果汁。按形态分为澄清果汁和混浊果汁。澄清果汁澄清透明，如苹果汁，而混浊果汁均匀混浊，如橙汁；按果汁含量分为原果汁、水果汁、果汁饮料、果粒果汁饮料、果汁类汽水、果味型饮料（见图 5-59）。

图 5-59 鲜榨水果汁

图片来源：锥糖。

（2）果肉饮料。是剥了皮的水果经破碎、筛网过滤形成果肉酱料，再经稀释制成。柑桔类的果肉饮料，日本农林规格定的标准是含水果酱状物 50% 以上（不溶性固形物 19% 以上）（见图 5-60）。

图 5-60 鲜榨含果肉饮料

图片来源：搜狐。

2. 蔬菜汁

在蔬菜中加入水、糖液、酸味剂等调制而成的可直接饮用的制品。一般为均匀混浊的汁液，允许有少量微小悬浮肉质，静置后允许轻度分层，浓淡适中，汁液黏稠适度，应具备该新鲜蔬菜原料的色泽、滋味。常用作加工蔬菜汁的原料有番茄、胡萝卜、芹菜、荷兰芹、菠菜、冬瓜、莴笋、卷心菜以及洋葱、大蒜等（见图 5-61）。

3. 藻类饮料

将小球藻、衣藻和栅列藻的细胞壁破碎，再用蛋白酶进行分解，分解物通过酵母发酵后，除去发酵液中的酒精，最后加入调味品、强化剂和香料等，制成的饮料。由于藻类是用蛋白酶分解后，再经发酵制成的，所以藻体所含各种营养成分容易被人体吸收，又因经过酶解、发酵和脱掉酒精，有迷人的香味和独特的营养价值（见图5-62）。

图 5-61　蔬菜汁

图片来源：全景。

图 5-62　螺旋藻饮料

图片来源：小红书。

　　乡村民宿特色饮品的开发需要充分考虑当地文化、客户口味和需求、特色食材、季节等多方面因素，打造出丰富多样化、具有地域性和文化性的饮品，吸引更多客户并获得商业成功。

第七节　乡村民宿二消产品开发

乡村民宿最基本的产品也就是主产品即住宿服务。民宿通过提供舒适、安全的住宿服务来满足客户的基本需求。然而，只提供住宿服务可能无法满足所有客户的需求，也限制了民宿业主的收入增长空间。这时，乡村民宿二销产品应运而生，扩大了民宿服务的范围，为客户提供了丰富的多样化选择。通过提供各种精巧的二销产品，民宿可以加强客户留存，树立品牌形象，同时提高了收益的潜力。乡村民宿二销产品与主产品之间是一种互相促进的关系。二销产品不仅可以补充民宿业主的收益，也可以为住宿客户提供更加个性化和专业化的服务，促进客户对民宿品牌的忠诚度和口碑提高。在创新民宿二销产品时，也要密切结合主产品及时反馈并进行产业升级和进一步扩展，以提高客户满意度、吸引更多客户和打造独具特色的民宿品牌。

一、二消产品的种类

乡村民宿二消产品是指在民宿住宿过程中提供的非住宿类产品和服务。这些产品和服务能够给游客带来独特的体验和记忆，也能够帮助民俗业主增加收入和打造特色品牌形象。根据乡村民宿自身拥有的资源，二消产品有以下种类。

1. 美食产品

包括民宿自产、本地特色的土特产及特色餐饮产品等（见图5-63）。

图 5-63　土特产

图片来源：民宿网。

2. 本地游玩产品

包括本地的景点门票、自行车骑行、垂钓、采摘、皮划艇及其他游玩项目（见图 5-64）。

图 5-64　垂钓

图片来源：搜狐。

3. DIY 活动

包括手工艺品教程、毛制品工艺制作、茶艺制作、草编织等（见图 5-65）。

图 5-65　DIY 活动

图片来源：马蜂窝。

4. 休闲活动

包括健身器材、游泳池和热水浴缸等休闲设施，以及烧烤、音乐会、鸡尾酒会等（见图 5-66）。

图 5-66　同里民宿烧烤

图片来源：小红书。

5. 特色体验活动

包括本地特色文化的体验、园艺体验、水果采摘体验等（见图 5-67）。

图 5-67　乡野采摘活动

图片来源：吉屋。

6. 特色服务

包括瑜伽、按摩、中医养生、咖啡厅、酒吧、乐器演奏等个性化服务（见图5-68）。

图 5-68　养生活动

图片来源：搜狐。

乡村民宿二消产品的创新和服务是帮助民宿业主提高收入并打造独特品牌形象的有效途径，通常针对性地在住宿过程中提供，洋溢文化和地域特色，加强游客对于民宿服务和当地文化的认知和体验，达到互惠共赢的效果。

二、二消产品开发

乡村民宿二消产品是主产品的补充，主产品民宿空间是二消产品重要的展示和服务场所，与主产品一定是相得益彰、相辅相成的。开发二消产品步骤如下。

1. 调查客人需求

通过调查住宿客户的需求和口味，利用当地原产的特色土特产、动植物产品以及民俗、古迹等资源，开发市场上有地域特色的产品。确定二销产品开发方向，合理确定二销产品的品种、数量和价格。合理的价格和品种设置有利于吸引客户和增加乡村民宿收入。

2. 定位清晰

乡村民宿要精确定位二销产品目标人群，并有针对性地进行宣传和推广。在产品宣传中把二销产品跟主产品有效结合以及体现当地特色文化，形成差异化。

3. 培训人员

鼓励员工积极学习相关知识，提高服务质量和销售技能。同时要对员工进行监管和考核，确保服务水平。

4. 跟踪宿客体验

提升二销产品的品质和服务水平，并进行售后跟进和回访，及时获取客户反馈，做好产品更新和维护工作。根据客户反馈情况及时进行调整和改进，增强客户体验和满意度。

5. 网络推广

加强网络营销，发布相关二销产品信息和促销消息，引导客户从不同渠道获得更多细节。同时可以借助网络平台的收益，开展网络营销活动。

在进行乡村民宿二销产品经营时，要合理定位目标人群，加强员工培训，优化服务水平，加强网络推广，提高产品质量和品牌形象，以创新的方式带动民宿业的发展，丰富客户体验和提升民宿经营状况，使得客户在体验购买过程中，可以感受到地域文化气氛、当地风味和民俗传统习惯，达到互动和留念的效果。

三、二消产品营销

在进行二销产品开发时，要始终把市场需求和客户体验放在第一位，注重创新和个性化创意，二销产品还要与主产品相配套，满足客户多元化需求，提高客户服务满意度和成功体验，进一步增强乡村民宿品牌价值和竞争力。加强宣传和营销，才能取得更好的营收收益。

1. 合理策划促销活动

例如周年庆、节日促销活动等，配合当地特色文化和二销产品进行推广。在不同的营销渠道投放专题广告、短视频、优惠券，营造节日营销氛围，为二销产品进行盲证。

2. 社交媒体营销

将二销产品与乡村民宿设计和市场营销战略相联系，利用微信、微博、陌陌以及其他社交媒体建立品牌形象和业务传播。不断更新推文、图文并茂、声音和影像的营销文案。

3. 视频获客

借助各大视频平台推广二销产品，如利用一些美食主题进行视频创作，在视频公开课上，对人群进行二销产品的介绍，增加客户对营业的兴趣和信任度。

4. 合作联营

利用当地旅游局或者其他旅行社，与当地的风景名胜、剧院、度假村等进行联合营销，形成旅游产业的聚合效应。同时，借助平台资源，与航空公司，酒店预定平台、线上零售平台等建立合作，推出套餐销售，打造全方位网络推广策略进行广告营销。

5. SEO 优化

在民宿网站和其他平台上进行关键词优化和排名优化，提高二销产品的曝光率和搜索量，进而提升客户推荐和参观的销售机会。

6. 口碑营销

获取客户的反馈和评价后，通过在线评论、客户推荐等方式，积极传播乡村民宿的独特产品优势，提高品牌知名度和客户黏性。

7. 限时特惠

通过限时促销和特别优惠，吸引新的客户和增加销售额。特别提供小团体、朋友亲戚聚餐、生日庆祝和组团出行等针对性的优惠服务。降低二销产品成本，增强客户消费的活力。

乡村民宿二销产品的营销策略需要围绕客户需求和民宿优势进行制定和实施，同时需要动态调整和优化，在多个线上和线下，场景、人群、时间、社交媒体平台和信息流的环节，创新和多元化营销方式，加强客户与民宿之间的沟通有效连结，创造独特的产品信息性价比，形成民宿旅游品牌的口碑效应，提高客户忠诚度和提升二销产品的销售额。

乡村民宿二销产品的营销过程还需要体现差异化和个性化，发挥乡村民宿的资源优势和品牌形象，运用多元化的营销手段和渠道，创造优秀的主题内容，形成协同效应，提升产品品质和客户体验，使乡村民宿二销产品能够迅速得到广泛的市场接受，增加收入来源和客户忠诚度，实现乡村旅游和民宿产业的可持续发展。

思考题

1. 手机拍摄照片需具备哪些基础知识？

2. 手机拍摄角度选择有何讲究？

3. 如何正确选择手机拍摄的光线？

4. 手机拍摄色彩选择有哪些内容？

5. 手机拍摄在细节处理要注意哪些事项？

6. PMS 系统是什么？国内外有哪些知名品牌？

7. PMS 系统通常包含哪些内容？

8. PMS 系统能做哪些统计分析？

9. PMS 系统的库存管理包含哪些项目？

10. OTA 平台是什么？国内外有哪些 OTA 平台？有何特点？

11. 通过 OTA 平台能做什么？

12. OTA 平台有什么优点？

13. OTA 平台的佣金怎么计算？

14. 乡村民宿的客户评价有哪几种类型？

15. 如何正确看待乡村民宿的客户评价？

16. 对于客户评价如何处理？

17. 客户评价分析方法有哪些？

18. 为什么要重视乡村民宿的早餐？

19. 乡村民宿早餐开发要注意哪些事项？

20. 从哪几个方面对乡村民宿早餐进行创新？

21. 乡村民宿特色饮品的开发原则是什么？

22. 咖啡饮品进行创新从哪几个方面入手？

23. 特色茶饮料怎么开发？

24. 果蔬特色饮料怎么做？

25. 乡村民宿中二消产品的种类有哪些？

26. 乡村民宿二消产品开发步骤有哪些？

27. 如何进行有效的二消产品营销？

第六章　乡村民宿管理

学习目标：通过本章的学习，使学生掌握乡村民宿客房配置类型，各种类型的具体标准，客房的定价方法；了解客房清洁方法、物资管理方法；掌握乡村民宿服务管理流程和优化；熟悉乡村民宿安全类型、处置方法，乡村民宿的成本构成及计算。

第一节　乡村民宿的客房管理

乡村民宿的客房数量应根据实际情况而定。一般来说，应根据场地大小、投资规模、周边竞争情况、市场需求、运营成本等多重因素综合考虑。在初期规划阶段，可以进行市场调查和竞争分析，探索旅游市场的需求和流行趋势，了解竞争对手的现状和差异化优势，进行科学的客房规划，以满足市场需求并最大限度地提高投资回报率。一般建议 5~12 间客房，一方面符合国家《旅游民宿基本要求与等级划分》（GB/T41648-2022）和《乡村民宿服务质量规范》（GB/T 39000-2020）两个标准，在申请牌照时能按照民宿进行登记；另一方面利于民宿主人打理和照看，过多的房间，会影响主顾客间的互动，降低服务质量，影响顾客体验，不利于乡村民宿的可持续发展。

一、乡村民宿客房类型

在搭配房型时，应结合客房空间布局、装修风格、设施用品等多个方面综合考虑。一般来说，应根据实际需求和客人的使用习惯定制合适的房型，以提高客人的入住体验和满意度。

1. 标准房

俗称标房，有单人标准间和双人标准间两种，单人床标准间的总面积不应小于 14 平方米，双人标准间的总面积不应小于 18 平方米。单人标准间配置 1.5 米×2 米的床一张，双人标准间配置 1.35 米×2.0 米各一张（床体高度 27 厘米，床垫高度 20 厘米，床腿高度 8 厘米，床体群体高度控制在 55 厘米）。通常设计 4~6 间标房（其中单人 2~3 间；双人 2~3 间）。

2. 普通套房

比标准套房大一点，不小于 22 平方米，配置 2 米×2 米的床一张，茶几和办公桌，通常设计 5~8 间，这一类型的房间出租率较高。

3. 豪华套房

建筑面积 30 平方米，面积较大，配套设施有茶几、办公桌和衣柜，房间可以放 2 米×2 米的床一张，也可以放置 1.5 米×2 米两张，满足四孩家庭的入住需求。设计 1~2 套即可，维护成本高，出租率低。

在选择搭配房型的时候，应根据当地旅游市场需求和实际运营情况综合考虑，以满足顾客的需求。

二、乡村民宿客房价格构成

1. 直接成本

直接成本是直接投入这一产品中的费用，如燃油费、水电费、房租、清洁成本等。

2. 间接成本

指外部雇用或购买的商品或服务等成本，如餐饮费用、购置床上用品、购置商品用品等，这些间接成本也要计入民宿客房的费用。

3. 固定成本

指的是民宿家庭固定性的开支，如物业费、人工费等，这些成本也要纳入民宿客房的总成本，并通过不同的房型和人均收益来分摊。

4. 利润和折扣率

民宿家庭需要根据需求、季节等因素确定价格和折扣率。通常情况下，利润率在 10%~30%，这个折扣率取决于提供的服务等。

5. 税费

民宿家庭需要缴纳的税费包括营业税、增值税、房租税等。这些税费也要计入民宿客房的费用构成，以确保利润的准确计算。

通过综合考虑以上因素，民宿家庭可以更加准确地确定客房价格构成，制定合理的价格策略，从而实现更好的经营效益，同时为客户提供更好的住宿体验。

三、乡村民宿的客房定价方法

影响客房定价的因素主要是客房成本、需求与市场竞争。乡村民宿定价基本围绕客房成本、市场需求和市场竞争三个方面进行定价。

1. 以成本为中心的定价方法

是以乡村民宿建造成本加盈利确定经营价格的一种方法。

（1）建筑成本定价法。又称"千分之一定价法"，也称"经验定价法"，是乡村民宿最常用的一种定价方法，其计算方法为：

客房平均价格 =（乡村民宿建造成本÷客房数量）×1/1000

乡村民宿建筑成本包括土地租赁费用、建筑材料费用、各种设施费用、内部装修费用、人工及技术费用、银行贷款或其他渠道凑资利息等。

如某乡村民宿有12间客房，总投资为200万元，那么每间客房的平均房价 = 2000000/（1000×12）= 167（元）。

使用此种定价方法需明确一系列假设条件，有一定的局限性：①该方法是平均房价，每间客房的实际价格应根据实际情况进行调整；②该种定价方法只考虑建筑成本，没有考虑餐饮、活动等其他各种设施设备投资比例的差异以及供求关系、市场竞争等相关因素；③采用此种定价方法下，出租率维持在60%以上，才能达到盈亏平衡点，经营才不会亏损。因此该种方法缺乏科学性和合理性，只能作为客房定价的参考。

（2）盈亏平衡定价法。又称"保本定价法"，指在既定的固定成本、变动成本和预计客房销售的条件下，实现销售收入与成本相等时的房间，也就是收支平衡时的客房价格。其计算公式为：

客房价格 =（固定成本总额÷销售量）+单位变动成本 =（FC/Q）+VC

如民宿有客房14间，每天客房分摊固定成本为160元，单位变动成本为50元（间/天），预计民宿年平均出租率为75%，那么：

盈亏平衡点房价 =（14×160÷14×75%）+50＝264（元/间天）

确定上述定价方法后，民宿若以该价格租售，当出租率高于75%时，民宿就盈利，若提高客房价格，在出租率不变的情况下也可获得利润。另外，民宿有多种房型，客房结构发生变化时，也会影响评价房价和最终的盈利水平。该种方法常用作对乡村民宿各种定价方案进行比较和选择的依据。

（3）成本加成定价法。又称"成本基数法"，其定价方法是按照客房产品的成本加上若干百分比的目标利润率进行定价。其计算公式为：

客房价格 = 每间客房总成本×（1+目标利润率）=（FC/Q+VC）×（1+RP）

如某民宿有客房14间，全部客房年固定成本总额为80万，单位变动成本为50元（间/天），预计民宿年平均出租率为75%，成本利润率为30%，那么：

成本加成房价 =（800000÷14×356×75%）×（1+30%）= 274（元/间天）

这种定价方法的缺陷在于没有考虑需求和市场竞争，固定成本的分摊不仅与固定成本总额有关，而且与预期的销售数量有关。通常销售量少，分摊到单位产品的固定成本就高。若竞争对手以更低的价格吸引顾客，那么以成本加成的定价方法就会失去竞争力。

这种方法的优点是：①获取产品成本信息比较方便，可以简化定价过程；②该种定价方法有一定的公平性；③可以保证经营者通过产品的出售获得预期利润。

（4）目标收益定价法。该种方法是一种以成本为中心的定价方法，出发点是通过定价来达到一定的目标利润，以期在一定时期内容全部收回投资。其基本步骤是：

1）确定目标收益率，计算公式是：

目标收益率＝1/投资回收期×100%

2）确定目标利润额，计算公式是：

目标利润额＝总投资额×目标收益率

3）预计总成本，包括固定成本和变动成本。

4）确定预期销售量。

5）确定单位产品价格，计算公式是：

单位产品价格＝（固定成本＋目标利润）÷预计销售量＋单位变动成本

例如，某民宿有客房12间，年摊总成本总额为10万元，单位变动成本为60元/（间天），预计客房出租率为80%，年利润目标为60万元，试定该民宿客房的价格。

民宿客房单价＝（100000＋600000）÷12×80%×365＋60＝260（元/间天）

2. 以需求为中心的定价方法

以成本为中心的定价方法忽视了市场需求和竞争因素，完全站在民宿经营者角度，具有片面性和理想化。以需求为中心的定价方法是从客人的需求出发的定价方法。

（1）直觉定价法。邀请试睡师或平台服务商，对民宿的客房产品进行直觉价值评价，以决定客房的价格。

如某乡村民宿除了有同类型民宿客房的硬件外，还具有独特的地理位置、优美的湖景、热情的主人服务、特色的农产品供应、蓝染手工活动等。

竞争对手房价	230 元
独特的地理位置	35 元
优美的环境	30 元
热情的服务	35 元
特色的农产品	15 元

手工活动　　　　　　　　40 元

客房总价格　　　　　　　385 元

（2）相对评分法。这种定价方法是先对多家民宿的客房产品进行评分，再按照分数的相对比例和现行平均市场价格，计算出客房产品的理解价格。

如将 100 分按照适当比例分配给不同的民宿，假定有 A、B、C 三家民宿，经过平台顾客的综合测评各家的得分比例分别为 40 分、35 分、25 分，这三家民宿的客人愿意支付的评价房价为 300 元，则每家民宿的房价分别为：

A 民宿的房价 = 300×40÷33 = 364（元）

B 民宿的房价 = 300×35÷33 = 319（元）

C 民宿的房价 = 300×25÷33 = 228（元）

（3）特征定价法。这种方法要求消费者按乡村民宿客房产品的可感知性、可靠性、反应性、保证性和移情性五个特征对自己相对重要性评定各家民宿产品的直觉价值等级。每个特征的相对优劣程度分配总分为 100 分，并按照每个特征对消费者的相对重要性分配，每个特征的得分用重要性权重加权，求出全部特征相对优劣程度的总得分。

从表 6-1 可见，A、B、C 三家民宿产品直接价值总分分别为 40 分、32 分、28 分，如果市场评价房价为 300 元，则计算方法如相对评价法。

表 6-1　民宿客房产品特征直觉价值等级

特征	重要性权重（%）	优势相对数			特征得分		
		A 民宿	B 民宿	C 民宿	A 民宿	B 民宿	C 民宿
客房设施	25	40	35	25	10	8.75	6.25
服务质量	30	40	30	30	12	9	9
服务手段	5	33	33	33	1.65	1.65	1.65
客房安全	20	45	30	25	9	6	5
情感满足	20	35	35	30	7	7	6
	100		39.65		32.4		27.9

3. 以竞争为中心的定价方法

（1）随行就市定价法。也叫"通行价格定价法"，以竞争者产品定价为依据的定价方法。通常有两种形式，一种是以民宿业的平均水平或习惯定价水平为民宿的定价标准。在民宿成本难以估算，竞争者的反映难以确定时，该方法是比较明智的选择，这反应了行业的基本水平，这样既能获得合理收益，也能减少价格竞争带来的风险；另一种是"追随头雁"价格，民宿不明确成本和市场需求的情况下，保持"头部民宿"价格水平，目的是保证收益和减少风险。

（2）边际效益定价法。也叫"边际贡献定价法"，该方法以变动成本为定价基础，只要定价高于变动成本，民宿就可以获得边际收益。根据盈亏平衡原理，当产品销量为 $Q_0 = F/(P-C_V)$ 时，则达到盈亏平衡（Q_0 为保本点量、Q 为销量、F 为固定成本、P 为单价、C_V 为单位变动成本）。式中分母 $P-C_V$ 表示产品单价减去单位产品变动成本的余额，称作边际效益或边际收入，其作用是补偿单位固定成本。当产量达到盈亏平衡点时，$Q_0(P-C_V)=F$，说明全部固定成本已经补偿完毕，因而民宿收支平衡；当 $Q_0(P-C_V)>F$ 时，说明民宿有盈余；由于边际效益 = $(P-C_V)$，即 $P=C_V+$边际效益，只要 $P-C_V>0$，即边际效益大于零时，每多售出一间房，就能对固定成本有所补偿。这样在竞争激烈、客房出租率较低时，民宿可以把 $P-C_V$ 作为定价原则。

如某民宿客房单位固定成本为 400 元，单位变动成本为 100 元，房价为 720元。正值销售淡季，客房出租率为 35%，一客人要求以房价的 50% 折扣预定房间。从表面上看，客房总房价成本为。400＋100＝500（元/间天），按照房价的50%，即 360 元出售，民宿要亏损 140 元。但进一步分析成本结构，发现每间客房变动成本仅为 100 元，如按照 360 元出售，民宿可获得 260 元边际收益。在客房出租率较低时，按 $P-C_V$ 定价原则进行分析，接受客人要求比不接受有利。

由此可见，采取这种定价方法，可减少损失，保住市场，争取出现转机。边际收益定价法也规定了客房价格的最低限，即房价不能低于单位产品的变动成本。

四、乡村民宿客房定价策略

定价策略是民宿在特定的商业环境中，为实现自身定价目标而采取的定价方针和价格竞争策略，具体表现在各种定价方法的选择上。定价策略与定价方法相辅相成，共同为定价目标服务。定价策略决定定价方法的选择，定价方法影响定价策略的落实。缺乏明确的定价策略，定价方法的选择和调整会变得僵化，从而难以把握竞争时机，实现定价目标。制定切实可行的客房定价策略，是实现乡村民宿客房定价目标的重要步骤。

1. 产品生命周期的定价策略

乡村民宿客房也与其他产品一样，遵循产品导入期、成长期、成熟期和衰退期四个生命周期，在不同阶段，民宿客房有不同的市场和产品特征，房价应根据不同阶段的特征，制定相应的策略。

（1）介绍期的定价策略。民宿建成到投入市场的初始阶段为民宿的介绍期。这一阶段产品还存在硬件试运行、服务不流畅、主客互动生硬、市场认可度不高、客房单位成本高等问题，这一阶段的定价策略可以根据实际情况实施。

1）低价占领策略。即以比竞争者低的价格售卖房间，目的是在较短的时间内让顾客知晓，从而获得较高的市场占有率。这种策略一方面利于短时间内打开市场，缩短介绍期，争取迅速成熟完善，阻止竞争者进入；另一方面由于定价低于市场价格，后期再提高价格会受到消费者抵制，影响既定时期内收回成本的目标实现。

2）高价占领策略。也称撇脂策略，指把新产品的定价高于同行价格，以便在短期内获得高收益的定价策略。这种定价策略目的是通过价格体现产品的高端性，锁住高端目标客户，一旦成功，可以在较短时间内收回投资，也为后期降价留下空间。但该种民宿客房一旦不受消费者肯定，就会丧失市场，影响后期运营。该种策略适用于有独特资源和服务活动且定位高端的乡村民宿。

（2）成长期的定价策略。民宿客房在成长期阶段其销量迅速增加，单位产品成本明显下降，民宿主利润逐渐增加，市场上同类民宿产品开始出现并有增多趋势，这一阶段采取的策略有：

1）稳定价格策略。即保持价格相对稳定，把着眼点放在促销上，通过短视频、直播、活动等新媒体增加促销力度，组织相对稳定的客源完成较高的出租率，从而实现利润最大化。

2）渗透价格策略。即在市场需求增多的情况下，以较低的价格迅速渗透扩展市场，从而提高市场占有率。

（3）成熟期的定价策略。这一阶段市场需求从迅速增长转入缓慢增长，达到高峰后缓慢下降，产品趋于成熟，成本降到低点，客人对民宿及其价格有比较充分的了解。这一阶段通常选择有竞争性的定价策略，即绝对低价或相对低价的方法抵制竞争对手。采用绝对低价策略时，需把握好降价的条件、时机和降价幅度；采用相对低价策略时，需要在主客互动、活动创新等方面下功夫。

（4）衰退期的定价策略。当市场需求从缓慢下降向加速下降，产品成本又有上升趋势时，乡村民宿进入衰退期。此时采取的定价策略有：

1）驱逐价格策略。即以尽可能低的价格，将竞争者驱逐出市场，以争取客源的策略。此时的价格低到仅比变动成本略高的程度，由于此时民宿的固定成本已经收回，高于变动成本的余额便是利润。也就是驱逐价格策略的低价以变动成本为最低限度。

2）维持定价策略。即维持原来的价格，开拓民宿二消产品来维持利润的策略。这样既可使民宿在客人心中留有美好影响，又可使民宿有一定的经济收益。

2. 系列产品的差别定价策略

影响民宿客房价格的因素除了定价目标、成本水平、供求关系、竞争对手的价格、酒店的地理位置、旅游业的季节性、酒店服务质量、有关部门的价格政策和消费心理外，还有民宿向消费者提供不同类型产品间的关系。民宿提供的不同类型的客房及其配套的服务设施可以被看作系列产品。系列产品的定价差别通常与产品成本相关不大。

（1）分级定等定价法。又称分档定价心理策略，是指在制定价格时，把同类产品分成几个等级，不同等级的产品，其价格有所不同。使消费者产生一种按质论价、货真价实的感觉，因而容易被消费者接受。但要注意，等级划分要适当，级差不能太大或太小。民宿通常采用这种定价方式来确定房价结构。民宿对标准套房、标准双（三）人房、豪华套房及景观房等，制定出不同的价格，以吸引不同需求的客人。

房价的分布需遵循统计学中的正态分布，由三种房价组成的价格结构：60%客房价格为平均房价，20%高于平均房价，20%应低于平均房价。这样的房价有利于竞争。

要使一家民宿在房价结构上得到消费者的认可，各种等级的客房面积、家具质量、欣赏景观、朝向应有显著区别，让客人相信，这些不同等级的房价是合理的。

确定各种等级房间之间的差价，主要有两种方法：一为固定差价法，二为百分比差价法。表6-2列出了乡村民宿房间价格。

表6-2　乡村民宿房价结构

A民宿房价：			
单人套房	320元	300元	280元
双人套房	360元	340元	320元
B民宿房价：			
单人套房	360元	288元	230元
双人套房	432元	346元	277元

A民宿采取的固定价差，水平差20元，垂直差是40元；B民宿采取的百分比价差，其水平差和垂直差都是20%。固定价差是常用的一种方法，百分比价差法比固定价差法更有想象力，两种相邻的房价相差一定的百分比，较低的几种房价之间的差价就比较小，而较高的几种房价之间的差价就比较大。在激烈的竞争中，使用百分比价差法的民宿制定与竞争对手同样低甚至更低的房价，以保持自身的竞争优势；同时，其较高的几种房价可以比竞争对手更高，以取得更高的收益。由于较低的几种房价之间差价不大，希望房价低的消费者在无法得到最低房

价时，就有可能选择价格较高的客房。高价客房的价差虽大，但那些愿意住高房价的客人，由于独特的景观和主题，对价格不会敏感。

（2）区分需求定价法。指在客房产品成本乡土或差别不大的情况下，根据不同客人对同一客房产品的不同需求来制定的差别房价。通常有：

1）同一客房产品不同类型客人的差别房价。如对散客、团队、家庭客人采用差别房价。

2）同一客房产品不同位置的差别定价。民宿外景观、朝向、采光不同，房价有所差异。

3）同一客房产品在不同销售时间的差别定价。与其他住宿产品一样，民宿有淡旺季、周末和工作日之分，采取与平时有所差异的房价。

实施区分需求定价法应当注意：一是价格的平均水平不应低于运用成本加成法制定的价格水平；二是需求市场必须能够被细分，并且在不同细分市场能够反应不同的需求程度；三是分割市场和控制市场的费用不能超过采用区分需求定价法所能增加的营业收入；四是差别定价不能引起客人的反感，要符合客人的效用价值评估。

（3）声望定价法。利用消费者求名、求新的心理和企业的优势，将产品价格定在高于其他民宿同类产品价格水平之上的定价方法。这种定价方法的依据是客人经常把价格的高低看作产品质量的重要标志，把高产品价格作为显示自己身份的重要手段。

五、乡村民宿客房价格的调整与控制

1. 客房价格调整

在民宿经营过程中，通货膨胀和汇率升值将导致客房经营成本的增加，并引起价格上涨。但涨价过高会引起客人的不满，也会在竞争中失去市场。在此种情况下把握好尺度显得尤为重要。

（1）通货膨胀下的价格调整。通货膨胀是指因流通中的货币供应量超过需求量而产生的物价上涨现象，从而导致单位货币的购买力下跌，民宿经营成本上升，实际利润下降。通常情况下，在整个社会通货膨胀条件下，民宿可以通过相应的价格调整，采取如下措施克服其不利影响：

1）以现状为依据计算出因物价上涨而出现的亏损数额。为了准确预测通过膨胀的影响，可以通过如下办法测算通货膨胀状况：

通过 $KP = \sum P_{ix}Q \div \sum P_j \times Q$ 计算公式，计算综合物价指数。

其中，P_i 为报告期第 i 中产品或服务的价格；P_j 为基期价格；Q 为报告期某一产品或服务的销售数量。

在已知通货膨胀率后，可以按照政府公布的物价资料及银行存款利率变动表计算物价的上涨率，再分别算民宿因物价上涨而产生的各项收支亏损数。

2）以现状为依据，分别算出民宿各项收支占总收支的比率。

3）按照物价上涨指数算出各项收支的上涨比率。如某民宿在计算期水电费上涨80%，而该项费用占整个民宿支出的5%，于是，相应的上涨比率为4%。

4）以加权平均法算出民宿所有开支应涨幅度。

5）房价收入的调整比率，可通过应涨幅度与民宿客房收入比率计算得出。

6）将上涨前客房收入乘以应调比率并比较民宿因通货膨胀出现的亏损。

7）求出房价上涨额，加上原有房价，从而获得新的房价。

（2）汇率变动下的价格调整。汇率是两国货币间的比价，是用一国货币单位表现另一国货币的价格。如1美元≈7.0930元人民币（2023年5月30日），这种标价称为直接标价法。汇率的本质是两国用不同货币单位（购买相同价值量商品）交换的比例。影响汇率变动的主要因素有：外汇的供求状况；通过膨胀；经济增长情况；政府干预；突发事件等。

汇率变动对民宿客房产品销售的影响主要表现在收入与成本两个方面。

汇率变动对客房产品销售收入的影响：

1）当人民币贬值且以人民币报价时，民宿收入减少。

2）当人民币升值且以人民币报价时，民宿客房的实际价格上升。

汇率变动对客房成本的影响：

1）汇率变动幅度大小直接影响客房产品成本的变动。

2）客房产品成本中进口低值易耗品和劳动所占比重较大，在人民币贬值且需用外汇偿付时，其成本会增加，如果人民币结算则成本保持不变。

2. 客房价格折扣

折扣策略是民宿为实现定价目标而常采取的一种经营手段，是民宿在明码公布客房价格的基础上，给予房客一定比例的折扣或优惠。常见的折扣方式有：

（1）数量折扣。即根据购买民宿客房数量的多少实行一定比例的折扣。购买数量越多，折扣也就越大。又分为累进折扣和非累进折扣。

累进折扣是规定时间内同一购买者累进购买达到一定数量时，可给予一定的折扣优惠。通常折扣随购买数量的增多而增大。这种方法利于民宿与客人之间建立长期的固定合作关系，稳定客源，保证销售量的稳定增长。

非累进折扣是规定购买者每次达到一定数量或金额时给予的价格折扣，购买数量越多，折扣越大，利于鼓励和刺激消费者扩大购买量，减少交易成本。

（2）季节折扣。根据季节的波动调整房价。在淡季时给予客人价格折扣，利于民宿设施的维护和服务。

（3）积分折扣。当消费者在本民宿消费累计到一定分数时，可以通过积分抵扣房费。

（4）特殊事件折扣。民宿店庆、民宿主发生重要事件或民宿客特殊节日，如生日、结婚纪念日、情侣相识日等，给特定人士的折扣。

六、乡村民宿特色客房营造

乡村民宿依托固有资源打造独具乡村特色的住宿设施，在乡村振兴背景下，民宿成为乡村振兴中产业振兴的重要抓手，各地都在办乡村民宿，必然使这一市场竞争激烈起来，要想自身民宿有竞争力，需在特色上下功夫。

1. 考虑地域文化和历史背景

以当地文化、景观、历史为主题，在房间内进行创意设计。如山区民宿可以采用木头打造床铺，并设置传统的地毯桌椅等，营造传统民居的风格。

2. 突出房间的设计

在房间的设计上用心，可以结合客人喜好，以传统、古典、现代、自然等形式来设计房间，打造独特的视觉效果和感官体验。

3. 注重环境布置

应该注意房间的设施功能和环境布置，配以富有个性的装饰品，如专业照明设施、香氛、音响等。设计可以遵循自然、生态的风格，营造一种静谧自然的氛围。

4. 提供个性化服务

在需要的时候，要提供客户服务，提供无限的关怀，包括人性化服务，例如宠物寄养服务、特色纪念日场景设计服务等，客人可以按自己的喜好进行选择，让客房服务与宾客体验更贴近。

第二节　乡村民宿清洁管理

清洁保养是乡村民宿客房及公共区域的重要工作之一。卫生也是消费者是否选择一家民宿的首要关注点，是体现一家民宿质量的重要指标。清洁保养工作的好坏直接影响民宿的形象、氛围及收益。良好的卫生不仅能得到消费者较高的评价和认可，也是民宿主工作的力量源泉。

一、乡村民宿清洁原则及制度

1. 反应乡村民宿经营主旨和市场关切

卫生是民宿经营成功与否的关键因素之一。特别是在移动互联网时代，民宿发生的任何事情能迅速在互联网上扩散，因此卫生是民宿主在开办民宿之初就确定的经营方针，是民宿质量和服务水平的重要体现。

2. 清洁过程不打扰客人

民宿卫生清理工作是民宿经营水平、人员素质的综合体现。客房和公区是客人休息和休闲的重要区域和场所，这些区域需要清理的规范和严格程序，同时尽量不轻扰客人，给客人创造安静的休闲环境。

3. "三方便"原则

（1）方便客人。家具的摆放、用品的配备、服务标准等都以客人方便为第一原则，做到因客而异，因景有别，根据客人不同而有所差异。

（2）方便操作。高效，便于清洁，尽量减少体力消耗，是制定标准的前提。清洁流程应尽量科学规范。

（3）方便管理。民宿主人既是清洁者，也是管理者，身处一线的主人在清洁过程中的每一个程序都应该思考怎么优化管理，提高效率。

4. 制定相关清洁制度

（1）乡村民宿清洁操作制度。

1）民宿日常清洁保养制度。

2）民宿定期清洁保养计划。

3）民宿杀菌消毒制度。

4）民宿清洁保养检查制度。

（2）乡村民宿清洁质量检查分析制度。

1）民宿清洁质量检查制度。

2）民宿清洁质量分析制度。

3）民宿清洁质量分析报告。

4）民宿清洁档案管理制度。

二、乡村民宿客房清洁内容

1. 整理

即按照规格和要求，整理和铺放客人使用过的床铺；整理使用后放乱的各种用品、用具；整理客人放乱的个人衣物、用品。

2. 打扫除尘

用扫把清扫地面；用吸尘器吸地板、软座椅上的灰尘；用抹布擦门框、窗台、桌柜、灯罩、电视机等家具设备；倒掉洗手间和房间纸篓里的垃圾。

3. 擦洗卫生间

整理各种卫生用品及客具；擦洗卫生洁具（洗脸台、坐厕、淋浴房）、镜面、水龙头；擦洗四周的瓷砖墙面及地面。

4. 更换及补充用品

在客房和卫生间的清洁整理过程中，按要求更换床单、床垫、枕套、面巾、手巾、浴巾、地巾等棉织品；补充文具用品、卫生纸、洗手液、沐浴液、洗发液、护手霜、茶叶包等供应品。

5. 设备检查

在客房和卫生间的整理过程中，检查灯具、水龙头、坐厕抽水设备以及电视机、音响、空调、电话机、吹风机等设备是否能正常使用。检查各种家具、用品是否有破损。

三、乡村民宿客房清洁程序

1. 清扫前准备工作程序

（1）决定清扫顺序。通常为：挂"立即打扫"牌房间、重要客人房间、住客房、走客房、空房。如果是旺季，清扫顺序是：走客房、挂牌房、重要客人房、住客房。

（2）准备工作车。备足所需的供应品、棉织品、低值易耗品，并摆放整齐。

（3）准备清洁用具。检查吸尘器性能和尘袋是否清理干净、准备房间抹尘及擦尘的抹布（干湿分开、擦拭杯具布与其他布分开），准备好刷洗卫生间所用的清洁剂、恭桶刷等。

2. 走客让和住客房的清扫程序

（1）订房工作车。工作车在挡住房门 2/3 处靠墙停放。

（2）敲门前先观察门上是否挂"请勿打扰"牌子或有双锁标志，避免打扰客人。

（3）如无上述情况，则用右手中指的第二关节在猫眼口下的 3 厘米处轻敲三下，每次间隔 2 秒。同时，口报"房务员"，目视猫眼，便于房间客人观察。

（4）若房内无反应，则第二次敲门，静候房内反应。

（5）若仍无动静，用钥匙将房门打开，但轻轻推门，并再次报身份"房务员"。

（6）如房内有客人，先向客人致歉，在征得客人同意后方可进房打扫。如房内无客人则将房门全部打开并开始清扫。如客人正在醑睡，则应立即轻轻退出房间，将门带上，先去其他房间。

（7）在整个清扫过程中，不论客人是否在房间内都应将房门全部打开直到清扫工作结束。

（8）收拾垃圾。

1）环形收拾，对于可能有保留价值的东西不可随意丢弃。

2）做到不遗漏，房间和洗手间垃圾全部清理。

3）清理时注意可用杯具，如果是民宿房间自配的，客人有用就可同时放到洗漱池边清洗，如果是客人自带，则不动客人的杯具。

4）将垃圾袋系紧放在工作车大垃圾袋内，并将新的床上用品带入房间。

（9）铺床。

1）将床拉出30~50厘米，便于操作。

2）将床上布草一层层揭下。

3）将撤下的布草统一放在适当位置，不可扔在地上。

4）将床垫和床架对齐，整平、绷紧铺在床垫上的垫褥。

5）床单正面朝上，中线对齐铺在床上。

6）四角成90度包边。

7）装枕芯，两个或四个枕头与床单中线对齐，开口朝向床头柜相反方向。

8）套被罩，四角饱满，并系好挂袋，使前后四角离地面两两等距，靠近枕头的被子一边折起25厘米，保持整个被面整齐无皱褶。

9）将床复原，将被子下摆整理掖紧。

（10）抹尘。从门开始，按照自左向右或自右向左、从上到下、从里到外的顺序，凡伸手触到的地方都要擦到，顺手检查电器开关是否正常。

（11）补充卧室用品。按要求摆放用品，数量要充足，位置要统一。

（12）吸尘，按照从里到外顺时针吸尘，并顺手将家具摆放整齐。

（13）填写客房清洁报表。登记易耗品使用情况。

3. 空房的整理程序

空房是即将出租的房间，为了保证房间卫生，空房也要适当整理。

（1）进房后先检查所有电器设备，保证正常运转。

（2）用干干净抹布擦拭家具商浮尘，并检查家具的牢固程度。

（3）检查水龙头，并适当放水，以免时间过长导致水质浑浊。

四、洗手间擦洗程序

洗手间是客房重要的组成部分，也是评价一家民宿卫生水平的重要场所，一家民宿的卫生能在洗手间的水渍、异味、易耗品配备及摆放等方面体现。

1. 清洗房间里撤出来的杯具

2. 将清洁剂环形倒入恭桶内浸泡

3. 清洗淋浴室的地板和防滑垫，擦拭淋浴室的墙壁和玻璃，保证没有水渍

4. 清洗恭桶

用恭桶刷清洗桶盖、垫圈、内壁及下水口；放水冲洗；用专用抹布将水箱、恭桶盖、垫圈、恭桶外及底座彻底擦干，擦亮电镀冲水柄，待补充卫生间时将"已消毒"粉条压在垫圈下。

5. 清洗面台

清洁面镜，用卫生纸把面镜上的水渍擦干，并检查镜前灯是否正常使用；清洁面盆、台面，先用清洁剂刷面盆及金属镀件，放水冲洗，用抹布将台面水渍擦干。

6. 清洁卫生间地面

用擦地面的专用抹布按从里到外的顺序将地面擦干，重点检查地漏是否有堵塞，擦至门口时，将房门和门上的挂衣钩擦干净，擦亮毛巾架，补充卫生间客用品，环视整个卫生间，带好洁具，关灯，将门虚掩退出。

不管是房间，还是卫生间，需做到眼看到的地方无污迹毛发；手摸到的地方无灰尘；设备用品无病毒；空气清新无异味；房间卫生标准包括：①天花板、墙角无蜘蛛网；②地毯（地面）干净无杂物；③楼面整洁无害虫（老鼠、蚊子、苍蝇、蟑螂、臭虫、蚂蚁）；④玻璃、灯具明亮无积尘；⑤布草洁白无破烂；⑥茶具、杯具消毒无痕迹；⑦铜器、银器光亮无锈污；⑧家具设备整洁无残缺；⑨墙纸干净无污迹。

五、公区及餐厅清理程序

大厅是客人活动重要场所，其卫生干净程度是评价乡村民宿服务水平的重要依据，也是民宿清洁工作的重点。

1. 准备

拖把、清洁桶、清洁剂、干湿抹布等。

2. 清除地面、沙发、茶几及台面上的杂物

3. 抹尘

用湿抹布先把茶几、桌子等上面的污渍抹掉，再用干抹布擦拭干净。

4. 修剪公区摆放的绿植，并适当浇水

5. 补充物品

如公区的茶盘、茶叶、咖啡、壁炉木材等。

6. 拖洗地面

将浸泡后清洁剂的拖把拧干，根据地面干净程度从不同角度拖洗地板。

7. 上蜡

等待地面完全干燥后，根据不同材质上蜡打磨地板，保持明亮。

乡村民宿所有设施设备都需要不间断维护保养，一方面保证设施设备的正常运转，另一方面延长其使用年限。通常设备实施的保养周期是3~7天，根据实际情况确定保养周期。

第三节　乡村民宿物资设备管理

民宿的设备和物品是一家民宿层次水平的重要评价指标，所用设备和物品始终处于齐备、完好状态，才能保证民宿的正常运转和服务质量。

一、乡村民宿客房一般设备及物资

1. 设备

（1）家具。分为实用家具和陈设性家具，其中以实用家具为主。主要有卧床、床头柜、写字台、软座椅、小圆桌、沙发、行李架、衣柜等。木制家具要严防受潮暴晒，平时经常抹擦上蜡保养。

（2）电器。主要有照明灯具（廊灯、吸顶灯、地灯、台灯、床头灯、镜前灯、浴室灯）、电视机、空调、小冰箱、电话、电吹风、电熨斗、净水机等。

（3）卫浴设备。主要有洗脸台、淋浴房、坐厕、热水器、水龙头、手纸架、毛巾架、换风机、水箱等。

（4）安全装置。主要有烟雾感应器、窥镜、安全链、安全示意图、通道监视器、自动灭火器、安全指示灯等。

2. 物资

（1）一次消耗品：茶叶、卫生纸、沐浴液、洗发露、洗手液、护肤品、礼品袋、鞋擦、文具、一次性拖鞋、牙具、浴帽、梳子、面巾纸、针线包、圆珠笔、明信片等。

（2）多次消耗品：床上用品、面巾、方巾、浴巾、毛巾、地巾、衣架、宣传手册、防滑垫、茶具等。

二、乡村民宿清洁设备及用品

1. 设备

（1）普通设备：扫帚、簸箕、拖把、尘拖、房务工作车、玻璃清洁器。

（2）专用设备：吸尘器、洗地毯机、吸水机、洗地机、高压喷水机、打蜡机（部分设备可以租借或共享）。

2. 清洁剂

（1）酸性清洁剂（PH<7）。

1）盐酸（PH＝1）。主要用于清除建筑留下的水泥、石灰斑等。

2）硫酸钠（PH＝5）。可与尿碱中和反应，用于清洁便器，少量使用。

3）草酸（PH＝2）。效果相遇硫酸钠，注意安全。

4）马桶清洁剂（PH＝1～5）。

5）消毒剂（5<PH<9）．主要呈酸性，可消毒杯具，需用清水漂净。

6）中性清洁剂（PH≈7）。多功能清洁剂和地毯剂。

（2）碱性清洁剂（PH<7）。

1）玻璃清洁剂（PH＝7～10）。

2）家具蜡（PH＝8～9）。有乳液态、喷雾型和膏状。

3）起蜡水（PH＝8～9）。用于需再次打蜡的大理石或木地板地面

3. 上光剂

（1）省铜剂（擦铜水）。为糊状物，主要功效是氧化铜表面的铜锈而达到光亮铜制品的目的。只能用于纯铜制品，镀铜不能使用。

（2）金属上光剂。含轻微磨蚀剂、脂肪酸、溶剂和水。主要用于铜制品和金属制品，如锁把手、扶手、水龙头、卷纸架、浴帘杆鞯，可起到除锈、去污、上光功效。只限于金属制品。

（3）地面蜡。有封蜡和面蜡两种，封蜡主要用于堵塞地面表层细孔，起光华作用。面蜡主要是打磨上光，增加地面光洁度和反光度。

4. 溶剂类（见表6-3～表6-5）

（1）地毯除渍剂。专门用于清除地毯的特殊斑渍，一种是专门清除果汁色斑，一种专门清除油脂类脏斑。清洁方法是用毛巾蘸除渍剂，在斑上擦拭即可。

（2）酒精。用于直接接触客人皮肤的物品消毒，如电话。

（3）牵尘剂。浸泡尘拖，对免水拖地面像大理石、木板地面进行日常清洁和维护，除尘功效明显。

（4）杀虫剂。对房间定时喷射，杀死蚊虫、苍蝇、蟑螂等飞虫。

（5）空气清洁剂。去除异味，香型选择应符合客人习惯。

表6-3　清洁剂及其正确使用方法

化学药水	颜色	用途	功效与使用方法
万能清洁剂	黄色	墙壁、洗脸台、家具、杯具	去除污垢、油渍、化妆品渍、有防霉功效，需用水稀释
浴室清洁剂	紫色	马桶、洗脸台、淋浴房	除臭、杀菌、倒入马桶时用刷清洗，再用水冲洗

化学药水	颜色	用途	功效与使用方法
玻璃清洁剂	蓝色	镜子、玻璃	喷少许，用干布擦
消毒芳香剂	浅绿色	控制异味	用于客房、浴室、大厅杀菌清新空气
金属抛光剂	白色泡沫	门锁、门把手、水龙头、纸巾盒、毛巾架	直接喷射，用干布反复擦拭
家具蜡		家具、皮制用品	喷洒家具，用干布反复擦拭

表 6-4　污垢种类及清除步骤

污垢	种类	步骤
油性污垢	牛油、油脂、油、护手霜、	移开粘着物；涂上干洗液；使地毯干燥；用刷子轻刷
油质食物动物物质	咖啡、茶、牛奶、肉汁、巧克力、血、蛋、冰激凌、酱油、沙拉酱、呕吐物等	移去粘着物；吸取体液并刮去半固体；涂上清洁剂或其与水的稀释溶液；使物体干燥涂上干洗溶剂；用刷子轻刷
污点	水果斑点、可洗墨水、水垢	除去粘着物；涂上清洁剂；使地毯干燥；用刷子轻刷
重油脂口香糖	口香糖、油漆、口红	移除粘着物；涂上干洗液清洁剂；干燥并轻刷

表 6-5　各类设备材料情急保养方法

材料类别	清洁剂	打蜡及抛光
沥青花砖	中性肥皂溶液、人造清洁剂或冷蜡剂	蜡类或聚合体水乳剂
橡皮	人造清洁剂	蜡类或聚合体水乳剂
塑料	肥皂、清洁剂、除蜡剂	蜡类或聚合体水乳剂、清洁磨光两用蜡溶剂
油	中性肥皂、清洁剂、除蜡剂、勿用强碱溶液	蜡类或聚合体水乳剂、清洁磨光两用蜡溶剂
淤泥	肥皂、清洁剂、除蜡剂	蜡类或聚合体水乳剂、可以干擦而不用蜡
软木	中性肥皂、人造清洁剂或除蜡剂、少用水	蜡类或聚合体水乳剂、清洁磨光两用蜡溶剂，限用密闭良好地面
木质	中性肥皂、人造清洁剂或除蜡剂、少用水	蜡类或聚合体水乳剂、清洁磨光两用蜡溶剂，限用密闭良好地面
磨石	无碱性人造清洁剂	清洁磨光两用蜡溶剂、蜡类或聚合体类水乳剂、限用轻硬化及中和地面
粘土或陶制花砖	中性肥皂、人造清洁剂或除蜡剂	清洁磨光两用蜡溶剂、蜡类或聚合体类水乳剂、限用轻硬化及中和地面

三、乡村民宿客房用品消耗定额

以一定时期内完成客房接待任务所必须消耗的物资用品的数量为基础，将客用品的消耗定额加以确定，并逐月分解，以便加强管理，用好客用物品，达到增收节支的管理目的。

1. 一次性消耗定额

是以单房配备为基础，确定每天的需求量，根据预测的年平均出租率来制定年度消耗定额。计算公式如下：

$A = B \times X \times F \times 365$

式中，A＝单项客房用品的年度消耗定额；X＝客房数；F＝预测的年平均出租率；B＝单房间（标房为参考）每天的配备数量。

确定定额标准后要按定额供应，以满足客人需要。如果客人提出额外需要，也应该尽量满足。由于存在订货周期，应该有适量安全库存，在确保不影响正常营业的同时，要适当控制库存成本。

2. 多次性消耗定额

指在民宿客房正常运转条件下，客用多次性消耗品的年度更新率的确定。客房棉织品是客房使用频率最高、数量较多的多次性消耗品。控制棉织品的消耗定额是控制民宿费用的重要措施。其定额的确定方法首先是要根据乡村民宿的档次，确定单房配备数量，再确定棉织品的损耗率。计算公式如下：

$A = B \times X \times F \times R$

式中，A＝单项客房用品的年度消耗定额；B＝单房间（标房为参考）每天的配备套数；X＝客房数；F＝预测的年平均出租率；R＝单项棉织品年度损耗率。

四、乡村民宿客房布草的管理

1. 布草分类

（1）床上布件：床单、枕套、被套、床旗、床尾巾。

（2）卫生间布件：方巾、面巾、浴巾、地巾、澡巾、浴袍。

（3）餐桌布件：台布、餐巾。

（4）装饰布件：窗帘、椅套、裙边。

2. 布件选择

（1）床上用品选择（见图6-1、图6-2）

1）质量：纤维质量（纱线均匀、条干好、强力高，耐洗、耐磨）；纱的捻度（不易起毛，强度好）；织物密度（密度高而经纬分布均匀，全棉质地，有30支、40支、60支等。如30支78＊65表示1平方厘米里经纬密度是143（78＋

65）。40 支 110×90 表示 1 平方厘米里经纬密度是 200（110+90）。高级被褥如羊毛被、羽绒被等的被套中一般采用的是 40 支 133×72 面料以防止钻毛跑绒）；断裂度；制作工艺（卷边平整、够宽、针脚密度达到每 5 厘米 16~28 针）。

图 6-1　乡村民宿床上用品

图片来源：Maigoo。

图 6-2　十大布草品牌

图片来源：Maigoo。

2）规格尺寸：

1.2 米床：被套 150 厘米×200 厘米，床单 180 厘米×230 厘米，枕芯 51 厘米×66 厘米，枕套 53 厘米×89 厘米。

1.5 米床：被套 180 厘米×200 厘米，床单 200 厘米×230 厘米，枕芯 51 厘米×66 厘米，枕套 53 厘米×89 厘米。

1.8 米床：被套 200 厘米×230 厘米，床单 230 厘米×250 厘米，大号枕芯 51 厘米×76 厘米，枕套 53×99 厘米。

2.0 米床：被套 220 厘米×240 厘米，床单 250 厘米×270 厘米，特大枕芯 51 厘米×92 厘米，枕套 53×112 厘米。

（2）卫生间布件选择。卫生间主要是"五巾"及浴袍，乡村民宿高端与否，一个重要的参考指标就是床上用品和浴室用品（见图6-3）。

图 6-3　浴室棉织品

图片来源：SOHU。

1）质量。毛圈数量和长度（毛圈多且长，其柔软吸水性好，控制在 3 毫米左右，毛长则重）；织物密度（由地经纱、纬纱和毛经纱组成，纬纱越密则毛圈抽丝的可能越小）；原纱强度（较好的质量地经纱用的是股线，毛经纱是双根无捻纱，提高其吸水和耐用性）；毛巾边（应牢固平整，每根经纱都必须能包住边部的经纱，以免磨损和起毛）；缝制工艺（折边、缝线、针脚等是否严密）。

2）规格尺寸及重量。

方巾：32 厘米×32 厘米，70 克。

面巾：40 厘米×76 厘米，150 克。

地巾：50 厘米×80 厘米，400 克。

浴巾：80 厘米×160 厘米，700 克。

澡巾：45 厘米×100 厘米，200 克。

浴袍：80 厘米×140 厘米，800 克。

品牌有：纳爱斯、竹仙、多妙、保定天鹅、亚光、银号、华乐洁、博艺、毛毛雨、大红灯笼、大东、华隆、伊丝路、康康、永亮、京竺沅、宇康、喜鹊报喜等。

3. 布草管理

布草的内在质量和外观清洁度，直接影响民宿的服务质量和规格。民宿布草使用频繁，易损耗，需进行严格管理，提高其使用效率。

（1）核定科学的使用量。

1）在用布件：能够满足客房出租率100%时的周转需求；能够满足民宿每一天24小时运营的使用特点；必须适应自洗或外包清洗的周转时间；满足客用布件换洗的要求；考虑规定布件调整、补充周期及可能发生的周转差额、损耗流失量；洗熨完的存放保养时间。

2）备用布件：预计更新的速度及数量；预计流失布件的补充情况；有更换布件品种、规格的计划；定制或购买新布件所需时间；现有库房储存条件的适应性；资金占有的损益分析。

（2）布件的保养及贮存。

1）保养。合理核定使用备用周期；遵循先进先出原则投入使用（在布件边上做A、B、C标记，利于跟踪，方便定期更新）；新布件洗涤后使用；新洗涤布件放置一段时间使用，以便散热透气，延长使用寿命和给宿客更好体验；消除污染或损坏布件隐患（如随便丢地板、在房间用布草擦拭地板等行为）。

2）贮存。存放相对湿度控制在40%，温度不超过20℃；通风良好；墙面防渗漏，地面材料以PVC石棉砖最佳；定期检查蚊虫和电路安全；布件分类上架；长期不用的布件用专用布罩罩起来。

第四节　乡村民宿餐饮管理

一、乡村民宿餐饮开发原则

1. 乡村民宿餐饮食材在地化

结合乡村民宿所在地的生产内容、家传的烹饪技巧、传统的草根味道、浓郁的乡土人情，将当地餐饮文化在新的场景中进行推广和传承。特别是深度挖掘城市化后难得的"儿时味道"和"古早味"（见图6-4）。

2. 乡村民宿餐饮多元化

在食材本地化的基础上，应随着季节变化，以最新鲜、最地道、最符合节气的物产，搭配农家餐具和独特风味实现餐饮多元化。

3. 乡村民宿餐饮的特色化

在乡村民宿餐饮食材在地化、四季化的基础上，再结合烹饪手法和呈现方式体现乡村民宿的特色化。

图6-4 乡村民宿在地食材餐饮

图片来源：小红书。

餐饮就讲究个味道，不同地域有不同滋味。粤菜有"五滋六味"（五滋是香、松、臭、肥、浓；六味是酸、甜、苦、辣、咸、鲜）。川菜是"七滋八味"（七滋是甜、酸、麻、辣、苦、香、咸；八味：鱼香、酸辣、椒麻、怪味、麻辣、红油、姜汁、家常）。真正有记忆的餐饮一定是视觉、听觉、嗅觉、味觉和触觉综合作用的结果。

二、特色菜肴开发原则与技巧

1. 乡村民宿特色菜肴开发原则

（1）运用新鲜材料，禁用加工食品。

（2）当地、当时材料最能体现特色。

（3）避免过度烹饪，烹饪工序越简单越能保证食材的新鲜。

（4）口味要大众化，多数人群能接受。

2. 乡村民宿特色菜肴开发技巧

（1）一物多用。用不同方式烹饪花草、水果、蔬菜，产出不同的菜品。

（2）常物巧用。运用当地生产的竹、茶、芭蕉叶、荷叶等开发特色菜品。

（3）剩物尽用。尽量把餐厅所用食材搭配其他食材以开发新的食品，以免浪费。

三、乡村民宿餐饮特色化打造方法

1. 菜名上打造特色

名字一定容易记忆，且与食材有联系。表现乡土特色。可从地名、农产特色、乡野故事、民间故事中挖掘（见图6-5、图6-6）。

图 6-5　壶源溪"溪鲜"菜肴

图片来源：富阳日报。

图 6-6　炖笨鸡

图片来源：五莲美宿。

（1）以烹饪方式命名。如油爆鲜贝、爆炒鱿鱼、水煮牛肉、烤乳猪等。

（2）以主要原料命名。如桂花鱼翅、蟹黄白菜、竹笋膳糊、虾仁锅巴等。

（3）突出色彩命名。如五彩鸡片、三色蒸水蛋、翡翠虾球等。

（4）突出菜名味道命名。如麻辣鸡丝、酸汤鱼、豉椒凤爪等。

（5）凸显地名命名。如德州羔羊肉、大理砂锅鱼、镇江肴肉等。

（6）以人名命名。如东坡肉、贵妃鸡、宋嫂鱼羹、文思豆腐等。

（7）以历史文化命名。如叫花鸡、护国菜、过桥米线等。

（8）以期特点命名。如三不沾、八珍豆腐、鹅菜四绝、八宝鱼等。

如五云红烧（清炖）鲶鱼、六顺红烧石斑鱼、七月鲫鱼汤、八仙油炸小鱼、九逸雪菜黑虎鱼、初见黄金蟹、螺潭上汤小青螺、木塔雪菜汪刺鱼、龙鳞砂锅泥鳅煲、同心爆炒鳝片、神塘醉小虾（白灼小虾）、十八渡杂鱼一锅鲜、外婆鞭笋鸡。前面几道菜以民宿名命名，一道菜就是一道"风景"，像木塔坝、龙鳞坝、同心坝，都是壶源溪上的坝；神塘潭位于神塘山脚，十八渡则来源于湖源的"渡口文化"，民间曾流传"湖源十八渡，渡渡要脱裤"。

2. 在烹饪手法上突出私房性

中式烹饪手法有24种之多，每一种都各具特色，乡村民宿结合食材灵活应用各种烹饪方法，形成本民宿独特的"记忆味道"，是留住客人的重要方法（见表6-6）。

表6-6　中餐烹饪类型及方法

名称	烹饪方法	代表
炒	用旺火、热锅热油，所用底油多少随料而定。依照材料、火候、油温高低的不同，可分为生炒、滑炒、熟炒及干炒等方法。其原料一般是片、丝、丁、条、块	滑炒，用蛋清浆料，然后滑油炒制而成。如：滑炒虾仁；煸炒：不拍粉，不上浆，直接煸炒。如陕西名菜光头炒；熟炒：主料经过提前加热至七八成熟，再切配炒制。如：炒蟹粉，回锅肉；干炒：也叫干煸。如：干炒牛肉丝，干煸鳝背，干煸豆角
爆	加热时间极短，烹制出的菜肴脆嫩鲜爽。爆法主要用于烹制脆性、韧性原料，如肚子、鸡肫、鸭肫、鸡鸭肉、瘦猪肉、牛羊肉等。常用的爆法主要为：油爆、芜爆、葱爆、酱爆等	火爆腰花；爆双脆
熘	用旺火急速烹调的一种方法。熘法一般是先将原料经过油炸或开水氽熟后，另起油锅调制卤汁（卤汁也有不经过油制而以汤汁调制而成的），然后将处理好的原料放入调好的卤汁中搅拌或将卤汁浇淋于处理好的原料表面	脆熘：也叫焦熘，糖熘。如：焦熘里脊，糖醋鱼；滑熘：先滑油后熘制，还有糟熘，醋熘，原料不同，技法相近，如：滑熘里脊丝，滑熘鸡片，糟熘鱼片，醋熘土豆丝；软熘：原料经过蒸或煮熟淋芡汁，如：西湖醋鱼，清蒸鲳鱼
炸	炸是一种旺火、多油、无汁的烹调方法。如清炸、干炸、软炸、酥炸、面包渣炸、纸包炸、脆炸、油浸、油淋等	清炸仔鸡；干炸：拍粉或挂糊。如：干炸里脊，干炸带鱼；软炸：使用蛋清，如：软炸口蘑，麻花腰子；软炸也叫高丽糊炸；酥炸：挂全蛋糊，也可不挂。如香酥鸡，香酥鸭；包炸，卷炸：如：三丝鱼卷，威化纸包鸡；特殊炸：也叫浸炸，油淋。如：油淋仔鸡，油浸鲳鱼
烹	烹分为两种：以鸡、鸭、鱼、虾、肉类为料的烹；以蔬菜为主的烹。以肉为主的烹，一般是把挂糊的或不挂糊的片、丝、块、段用旺火油先炸一遍，锅中留少许底油置于旺火上，将炸好的主料放入，然后加入单一的调味品（不用淀粉），或加入多种调味品对成的芡汁（用淀粉），快速翻炒即成。以蔬菜为主料的烹，可把主料直接用来烹炒，也可把主料用开水烫后再烹炒	炸烹大虾

续表

名称	烹饪方法	代表
煎	是先把锅烧热，用少量的油刷一下锅底，然后把加工成型（一般为扁型）的原料放入锅中，用少量的油煎制成熟的一种烹饪方法。一般是先煎一面，再煎另一面，煎时要不停地晃动锅子，使原料受热均匀，色泽一致	南煎丸子；大良煎虾饼
贴	是把几种粘合在一起的原料挂糊之后，下锅只贴一面，使其一面黄脆，而另一面鲜嫩的烹饪方法。它与煎的区别在于，贴只煎主料的一面，而煎是两面	锅贴虾；锅贴鱼脯
烧	烧是先将主料进行一次或两次以上的热处理之后，加入汤（或水）和调料，先用大火烧开，再改用小火慢烧至或酥烂（肉类、海味）或软嫩（鱼类、豆腐）或鲜嫩（蔬菜）的一种烹调方法。由于烧菜的口味、色泽和汤汁多寡的不同，它又分为红烧、白烧、干烧、酱烧、葱烧、辣烧等许多种	红烧鲤鱼；烧三样
焖	焖是将锅置于微火上加锅盖把菜焖熟的一种烹饪方法。操作过程与烧很相似，但小火加热的时间更长，火力也跟小，一般在半小时以上	油焖冬笋；黄焖栗子鸡
炖	炖和烧相似，所不同的是，炖制菜的汤汁比烧菜的多。炖先用葱、姜烩锅，再冲入汤或水，烧开后下主料，先大火烧开，再小火慢炖。炖菜的主料要求软烂，一般是咸鲜味	隔水炖：在灌内装入飞过水的原料对汤调味表灌，用麻纸封口坐入盛满与瓦罐之隔用水炖之，如：清炖仔鸡，花仁炖牛腩；不隔水炖是相对隔水炖而言，如：清炖鸡，炖鳝酥；
蒸	蒸是以水蒸气为导热体，将经过调味的原料，用旺火或中火加热，使成菜熟嫩或酥烂的一种烹调方法。常见的蒸法有干蒸、清蒸、粉蒸等	粉蒸肉；腊味合蒸；梅菜扣肉
汆	既是对有些烹饪原料进行出水处理的方法，也是一种制作菜肴的烹调方法。汆菜的主料多是细小的片、丝、花刀型丸子，而且成品汤多。汆属旺火速成的烹调方法	生汆丸子；玻璃鸡片汤
煮	煮和汆相似，但汆比余的时间长。煮是把主料放于多量的汤汁或清水中，先用大火烧开，再用中火或小火慢慢煮熟的一种烹调方法	鸡火煮干丝；奶汤鲤鱼
烩	是将汤和菜混合起来的一种烹调方法。用葱、姜怆锅或直接以汤烩制，调好味再用水淀粉勾芡。烩菜的汤与主料相等或略多于主料	烩三鲜；烩鸭舌；陕北大烩菜；关中大烩菜
泡	泡是把切配好的生料，经过水烫或油滑，加上盐、味精、花椒油拌和的一种冷菜烹调方法	东北酸菜；四川泡菜

续表

名称	烹饪方法	代表
腌	腌是冷菜的一种烹饪方法。是把原料在调味卤汁中浸渍，或用调味品加以涂抹，使原料中部分水分排出，调料渗入其中，腌的方法很多，常用的有盐腌、糟腌、醉腌	客家水禄菜
拌	拌也是一种烹饪方法，操作时把生料或熟料切丝、条、片、块等，再加上调味料拌和即成	凉拌秋葵；凉拌猪耳朵
烤	是把食物原料放在烤炉中利用辐射热使之成熟的一种烹饪方法。烤制的菜肴由于原料是在干燥的热空气烘烤下成熟的，所以表面水分蒸发，凝结一层脆皮，原料内部水分不能继续蒸发，因此成菜形状整齐、色泽光滑、外脆里嫩，别有风味	挂炉烤鸭，叉烤（暗炉烤）；烤羊肉，烤方（明炉烤）
卤	是把原料洗净后，放入调制好的卤汁中烧煮成熟，让卤汁渗入其中，晾凉后食用的一种冷菜的一种冷菜烹调方法	吮指卤鸭翅；卤味拼盘
冻	是一种利用动物原料的胶原蛋白经过蒸煮之后充分溶解，冷却后能结成冻的一种冷菜烹调方一种冷菜烹调方法	猪皮冻
拔丝	拔丝是将糖（冰糖或白糖）加油或水熬到一定的火候，然后放入炸过的食物翻炒，吃时能拔出糖丝的一种烹调方法	拔丝苹果；拔丝葡萄；拔丝香蕉
蜜汁	是一种把糖和蜂蜜加适量的水熬制而成的浓汁，浇在蒸熟或煮熟的主料上的一种烹调方法	蜜汁葫芦；蜜汁水脆油
熏	是将已经处理熟的的主料，用烟加以熏制的一种烹调方法	熏鲂鱼；熏泥鳅；熏鲢鱼
卷	卷是以菜叶、蛋皮、面皮、花瓣等作为卷皮，卷入各种馅料后，裹成圆筒或椭圆形后，再蒸或炸的一种烹调方法	京味鸡肉卷；水晶牛肉卷

3. 呈现方式上体现特色

（1）定食。可以以分量及材料价格不同来区分，价格体现在简餐上，让客人享受健康饮食；可以体现在主菜上，如生鱼片定食、炸明虾定食；或以国别定食，如日式定食、意式定食等。

（2）合菜。多以8~10人为主定食，体现中餐用餐的氛围。

（3）套餐或单点。固定满足一定人群的就餐需要。

（4）烤肉或火锅。

（5）DIY甜点或自制小吃。

4. 在材料上打造特色

（1）植物主题。花卉、香草、水果、瓜薯等。

（2）动物主题。水产、山野味、家禽、家畜等。

（3）农家生活主题。菜园、花园、果园、茶园、园艺、农场、牧场、山庄、林场、养殖场等。

（4）养生健康主题。药膳、养生餐、美容餐、排毒餐、瘦身餐、减肥餐、去脂餐等。

四、乡村民宿餐饮菜单管理

1. 菜单设计原则

（1）整体形象与民宿设计相匹配。

（2）供应菜品以宿客需求为导向。

（3）反映地方文化与乡土特色。

（4）食材以本地材料为主。

（5）按季节适当更换的灵活性。

2. 菜单结构

（1）真实可信的乡村民宿菜名。

（2）独家私房菜的特色说明，包括主要原料、配料以及独特的浇汁和调料；菜品的烹饪方式与服务方法；菜品的分量大小；菜品的烹制时间。

（3）各种菜肴名称及价格。

（4）特色饮品。

（5）地址。

（6）电话。

（7）供应时间。

3. 菜单的规格及样式

（1）规格：单页菜单25×35厘米。

对折菜单20×35厘米。

三折菜单18×35厘米。

（2）样式。单页菜单的中央部位、对折菜单的右页上中部，以及三折菜单的中心部位，是客人最关注的区域。在设计菜单时，应把高利润的菜式或重点推销的菜式安排在该区域。或采用不同字体或颜色突出这些菜品（见图6-7~图6-9）。

图 6-7　单页菜单

图片来源：小红书。

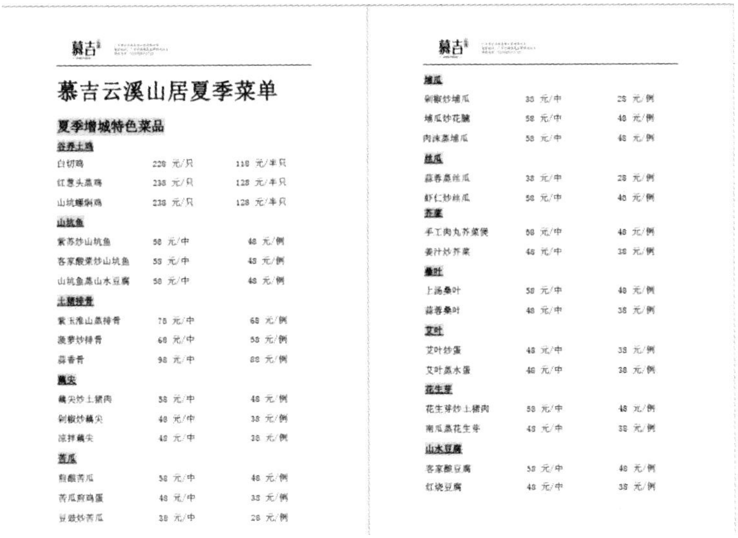

图 6-8　双页菜单

图片来源：暮吉云溪。

图 6-9　三联菜单

图片来源：自遇。

第五节　乡村民宿服务管理

乡村民宿与其他住宿产品的区别，除了独特的住宿环境外，重要的是个性化的服务方式，特别是主人亲自参与服务是民宿的灵魂所在。乡村民宿的服务又分为功能性服务和心理感知服务。前者解决宿客的基本需求，给宿客提供住宿过程中的所有便利，是乡村民宿的核心服务。后者给宿客提供的增值服务，是能否给宿客带来惊喜和愉悦感的服务。

一、服务内容

1. 功能性服务

功能性服务需要标准化服务，这利于在前台接待服务、客房服务、餐饮服务中建立最佳秩序，使乡村民宿的基础服务工作事前有指导，事后有检查依据，便于提高工作质量，利于提供服务能力，使服务过程有章可循，便于管理和提高服务效率，减少不必要的投诉，稳定出租率和提高乡村民宿的信誉度。

功能性服务的标准化包含：其一是各种物品摆放顺序、位置、方向、件数和种类，即摆放位置和数量的标准化，如客房各类用品有序、有数地放在特定位置，便于客人使用；其二是服务方法的规范化，民宿服务人员都需按照民宿经营管理规定提供相应服务，如客房清理顺序，餐厅上菜和撤餐位置、接待基本礼仪、民宿卫生标准、消防安全等，规范化的服务不但可以提供服务质量，而且也便于检查和管理，避免差错和不必要的体力消耗；其三是服务过程程序化，就是服务人员按照规定的合理次序进行服务，才能保证服务质量。

（1）前台接待服务。乡村民宿前台虽不像星级酒店那样，人员配备多，职责分工明确，但其角色与星级酒店前台一样重要，是整个乡村民宿信息的汇集点，也是客人与服务人员最初接触和最后分别的场所，其重要性不言而喻。

1）迎送客服务。迎客、送客服务、接机服务。

2）寄送行李服务。散客行李服务、团队行李服务、行李暂管服务。

3）预定服务。预定用车、预定地方特色菜肴等。

4）出借服务。民宿内的雨伞、充电器、除湿器、电熨斗等。

5）问讯服务。提供当地特色餐饮、旅游景点和其他资讯服务。

6）钥匙服务。提供登记结束后房间钥匙服务。

7）电话服务。反应客房设备情况、餐饮供应等信息。

8）叫醒服务。提供按照宿客要求时间叫醒服务。

9）投诉服务。对客人反应问题及时登记处理，并表示歉意。

（2）客房服务。对乡村民宿客人来说，客房是他们暂时的"家"，在客房逗留时间最长，服务是否周全，服务人员是否热情，直接决定宿客体验满意度。客房服务水平在一定程度上反映了整个乡村民宿的服务水平，是衡量其服务质量的重要指标。

1）客房整理清洁服务。除了入住时提供整洁干净的房间外，还要根据房客实际需要及时提供房间整理服务。

2）洗衣服务。给常客或有特殊需求的客人提供洗衣服务。

3）寄养服务。随着宠物成为个别家庭成员之一，但客房又不便让宠物带进，民宿主人可以提供寄养服务。

4）加床服务。根据客人家庭情况和住宿情况提供床铺，供家庭客人住宿需要。

（3）餐饮服务。

1）早餐服务。

2）特色晚餐服务。

3）咖啡服务。

4）茶艺服务。

（4）其他服务。

1）小型会议。提供会议设施、简单茶水或咖啡、记录纸便签和铅笔、席坐卡等。

2）DIY服务。乡村民宿根据自身拥有资源开发一系列DIY课程，教授宿客操作。

2. 心理感知服务

心理感知受民宿客人的住宿经历、文化、住宿体验动机、在民宿停留期间主人的活动安排、功能性服务质量等因素影响。

（1）个性化服务。民宿主人在保证功能性服务的基础上，针对不同客人的特点和要求，主动为客人提供有针对性的服务。可以分为一般性个性化服务、突发性个性化服务、针对性服务、委托性个性化服务等。民宿间的差异性主要体现在个性化服务上，民宿主人首先要有个性化服务意识，能够察言观色，懂得什么样的客人需要什么样的差异化服务；其次要做好客史档案，了解每一位客人的特性，提供差异化服务。

（2）管家式服务。管家式服务是更高端的服务方式，为主要客人提供力所能及的服务，是一种享受体验性服务。首先民宿主要一人多能，能够熟悉民宿内所有的工作和业务流程；其次与客人建立良好的沟通关系，及时了解客人的需求。

（3）人情味服务。是一种有温度，能够传递情感的服务方式，让入住民宿的人感受到家外之家的温暖，调动起客人的情绪。首先把客人当家人、朋友、亲人看待，提供看似无心实则有心的服务；其次尽量使用表情语言和肢体语言，暗示表达，做大心有灵犀一点通的感觉；最后根据掌握的信息提供超出客人心理预期的服务，让客人感动，如生日或结婚年日等重要日子提供场景布置和赠送蛋糕等增值服务。

二、功能性服务程序及操作规范

1. 前台接待服务

（1）客房预订服务（见图6-10）。

（2）迎客服务（见图6-11）。

（3）入住登记服务（见图6-12）。

（4）接听电话服务（见图6-13）。

了解 需要	• 仔细阅读PMS系统或QTA平台上，客人的预订信息，了解客户需求及客人资料 • 预订人及宾客姓名、联系电话、到离店日期、要求房型及数量、房价及其他需求
查看 房态	• 检查客人所需房间状态
接受 预订	• 确认书里要说明民宿保证类预订和预订未到的收费情况
复述核对 订单	• 进一步核对填写信息
发出 订单	• 核对无误后，发出订单，等待对方确认
留存 资料	• 按照预定到店日期存放资料便于查找

图 6-10 客房预订服务程序及操作规范

联系 宾客	• 使用电话或微信、短信等联系方式与客人第一时间取得联系 • 发送民宿定位及标志性建筑物图片 • 给出详细指引 • 确定准确抵达时间
门口 等候	• 站立在民宿门口或停车场恭候 • 精心打粉，眼睛向客人来时方向张望
寒暄 伴走	• 主动问候客人，自我介绍 • 帮助客人提行李 • 在客户人右前方引路，介绍民宿的基本情况，当地风土人情和天气情况
前台 登记	• 让客人准备好身份证 • 提供特色饮品让客人稍作休息

图 6-11 迎客服务程序及操作规范

问候客人	• 热情问候，表示欢迎 • 主动确认预定信息 • 没有预定客人进行仔细询问入住相关信息
办理入住	• 确认房型及房费 • 尽量短时间办理
准备钥匙	• 准备钥匙及卡片，并报出房号 • 告知行进路线 • 告知早餐时间和地点
信息入库	• 把所有客人信息迅速入库（姓名、地址、付款方式、国籍、护照、离店日期等） • 登记单存档，以便随时查找

图 6-12　入住登记服务程序及操作规范

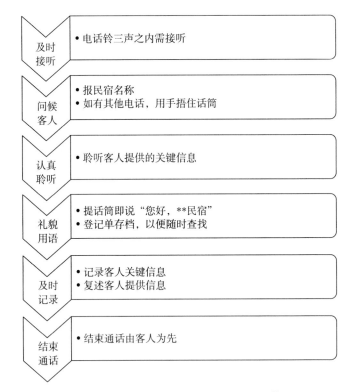

及时接听	• 电话铃三声之内需接听
问候客人	• 报民宿名称 • 如有其他电话，用手捂住话筒
认真聆听	• 聆听客人提供的关键信息
礼貌用语	• 提话筒即说"您好，**民宿" • 登记单存档，以便随时查找
及时记录	• 记录客人关键信息 • 复述客人提供信息
结束通话	• 结束通话由客人为先

图 6-13　接听电话服务程序及操作规范

（5）叫醒服务（见图6-14）。

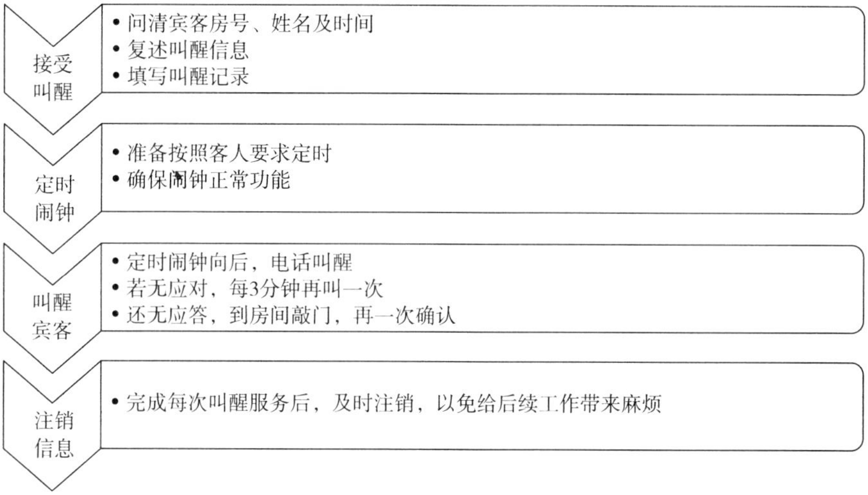

接受叫醒	• 问清宾客房号、姓名及时间 • 复述叫醒信息 • 填写叫醒记录
定时闹钟	• 准备按照客人要求定时 • 确保闹钟正常功能
叫醒宾客	• 定时闹钟响后，电话叫醒 • 若无应对，每3分钟再叫一次 • 还无应答，到房间敲门，再一次确认
注销信息	• 完成每次叫醒服务后，及时注销，以免给后续工作带来麻烦

图6-14　叫醒服务程序及操作规范

（6）送客服务（见图6-15）。

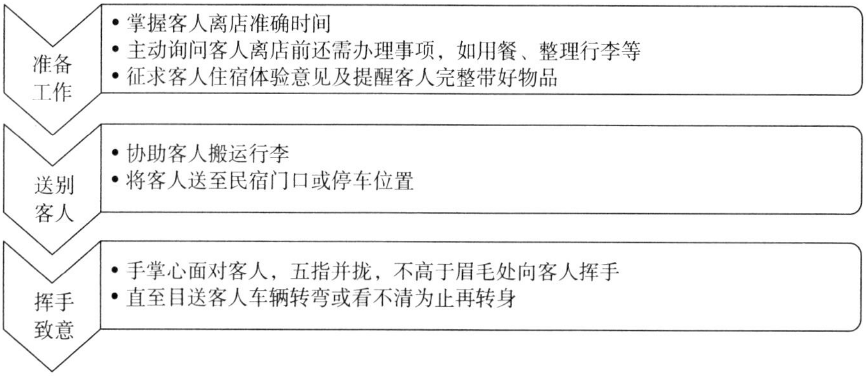

准备工作	• 掌握客人离店准确时间 • 主动询问客人离店前还需办理事项，如用餐、整理行李等 • 征求客人住宿体验意见及提醒客人完整带好物品
送别客人	• 协助客人搬运行李 • 将客人送至民宿门口或停车位置
挥手致意	• 手掌心面对客人，五指并拢，不高于眉毛处向客人挥手 • 直至目送客人车辆转弯或看不清为止再转身

图6-15　送客服务程序及操作规范

2. 客房服务

（1）引领客人进房服务（见图6-16）。

引客进房	• 走在客人右前方1米处位置引领客人，并介绍民宿概况，热情询问客人路途情况 • 到门口告知客人房间，并拿客人房卡开启房门 • 门开后，用房卡去电，让出客人进房通道，让客人先进房
介绍设施	• 简单介绍客房基本设施使用事项 • 告诉客人联系方式 • 说明房价无线网账号和密码
退出房间	• 面对客人，面带微笑，退出房间 • 预祝客人入住愉快 • 轻轻带上房门离开

图6-16　引领客人进房服务程序及操作规范

（2）加床服务（见图6-17）。

做好记录	• 接到加床服务信息后，立即在记录本上地做好相应记录
准备物品	• 准备加床所需床上用品及洗漱易耗品 • 如客人在房内，主动询问客人，按照客人要求摆放加床 • 如客人无特别要求，将床放在规定位置
铺床	• 按照铺床程序快速整理床铺
添补物品	• 补充浴室易耗品及浴巾、拖鞋和其他物品
关门离房	• 面对客人后退慢慢离开房间 • 轻轻带上房门，并祝福客人入住愉快
填写记录表	• 在工作记录表上填写相关信息

图6-17　加床服务程序及操作规范

（3）租借物品服务（见图6-18）。

做好记录	• 问清宾客要求租借的用品名称，并在相应的表格内做好记录
送物品给客人	• 将客人租借物品送至客人房间 • 并向客人演示其使用方法
收回被借物品	• 检查物品功能 • 并征询客人使用情况
清洁消毒	• 对客人用过物品进行消杀，保证物品的情节性 • 物品归放远处

图6-18　租借物品服务程序及操作规范

（4）遗留物品服务（见图6-19）。

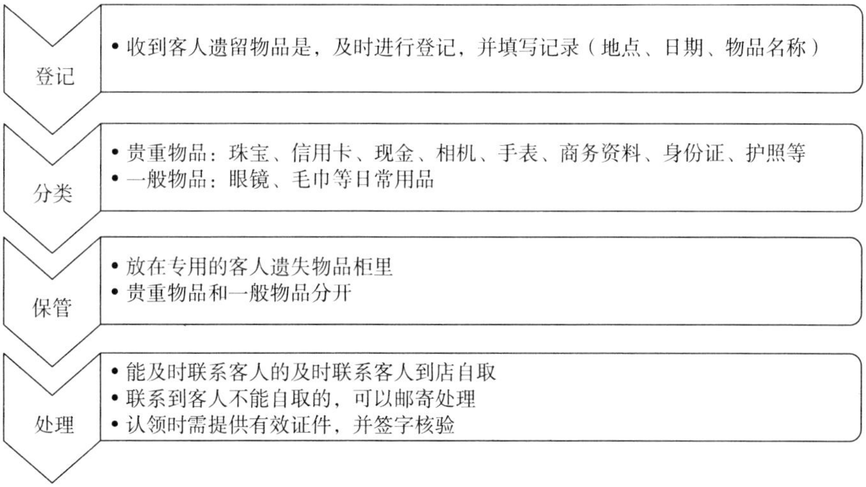

登记	• 收到客人遗留物品是，及时进行登记，并填写记录（地点、日期、物品名称）
分类	• 贵重物品：珠宝、信用卡、现金、相机、手表、商务资料、身份证、护照等 • 一般物品：眼镜、毛巾等日常用品
保管	• 放在专用的客人遗失物品柜里 • 贵重物品和一般物品分开
处理	• 能及时联系客人的及时联系客人到店自取 • 联系到客人不能自取的，可以邮寄处理 • 认领时需提供有效证件，并签字核验

图6-19　遗失物品服务程序及操作规范

3. 餐饮服务及其他服务

（1）早餐服务（见图6-20）。

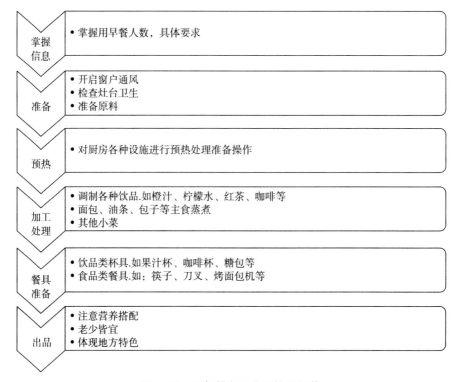

掌握
信息
• 掌握用早餐人数，具体要求

准备
• 开启窗户通风
• 检查灶台卫生
• 准备原料

预热
• 对厨房各种设施进行预热处理准备操作

加工
处理
• 调制各种饮品.如橙汁、柠檬水、红茶、咖啡等
• 面包、油条、包子等主食蒸煮
• 其他小菜

餐具
准备
• 饮品类杯具.如果汁杯、咖啡杯、糖包等
• 食品类餐具.如：筷子、刀叉、烤面包机等

出品
• 注意营养搭配
• 老少皆宜
• 体现地方特色

图6-20 早餐服务程序及操作规范

（2）小型会议服务（见图6-21）。

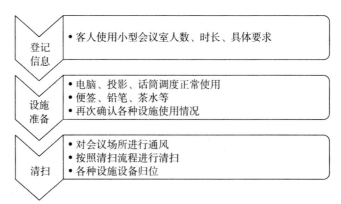

登记
信息
• 客人使用小型会议室人数、时长、具体要求

设施
准备
• 电脑、投影、话筒调度正常使用
• 便签、铅笔、茶水等
• 再次确认各种设施使用情况

清扫
• 对会议场所进行通风
• 按照清扫流程进行清扫
• 各种设施设备归位

图6-21 小型会议服务程序及操作规范

三、服务技巧

服务是指服务提供者对服务接受者所做的努力的绩效，可用来满足客人的需要，进而提升顾客的忠诚度。是一系列或多或少的无形活动流程，但并非永远需要；发生在顾客与主人之间时，在主人所提供的实体资源或商品运作的相互作用中，主人提供的服务是为客人解决问题，接受服务的一方期望从接触到的物品、劳力、专业技术、设备、网络及系统运作中获得价值。它是一种行为、一种过程，更是一种能让人愉悦、舒服、尊重和体谅的态度。

1. 聆听

专注的聆听是良好沟通的整合，需要运用技巧和有效信息，辨别正确的方向，再做回应。需做到：全神贯注凝视对方、心平气和、积极心态、换位思考、点头赞同等。

2. 对待宾客一样的心态欢迎客人

3. 及时说出问候语

4. 主动打破沉默

5. 随时随地赞美客人

6. 称呼客人姓名

7. 用眼睛与客人交流

8. "请"和"谢谢"成为口头语

9. 向客人保证住在你家是最正确的选择

10. 学会微笑

11. 注意时效

12. 保持切当的距离

四、受理乡村民宿客人的抱怨

1. 引起客人抱怨的原因

（1）民宿的设备设施或服务未能达到应有的标准，没有体现"物有所值"。

（2）由于客人需求不同、价值观不同，对问题的看法存在差异，而导致的感受不同或有些方面存在误解。

（3）客人在民宿外面遭到不公正或不愉快而在民宿宣泄或故意挑剔、无事生非。

2. 投诉的内容

（1）设备失灵。民宿内的空调、照明、水电、家具等设备设施出现不应该出现的质量问题。

（2）服务态度。对服务语言、语气、语调和态度不够热情等不满。

（3）服务质量。分到不喜欢的房型、叫醒服务没满足、行李弄脏、总机电话接听慢、入住登记拖拉等。

（4）异常事件。无法叫到出行车辆、天气原因不能按时出行、餐饮不能满足需要、临时性停水停电等。

3. 判断客人抱怨依据

客人对住宿的抱怨不一定直接通过语言表达出来，其行为就可能表现出来。作为民宿主应第一时间了解情况，把客人抱怨处理在萌芽状态，不使问题扩大化，影响客人的进一步体验，甚至造成更广泛的传播。

（1）住宿期间突然不与主人互动，表情冷漠。

（2）把不能正常使用或有瑕疵的物品放在突出显眼的地方。

（3）与其他客人就某问题私语，但又故意让该客人听到。

4. 客人抱怨处理程序（见图6-22）

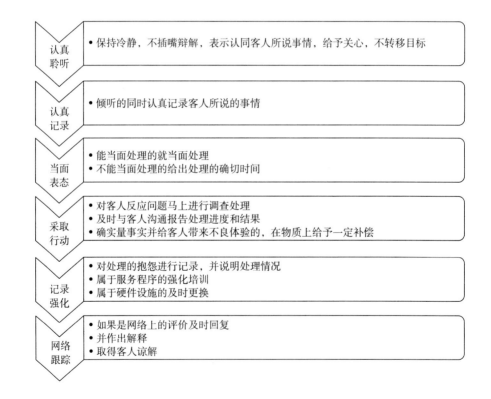

认真聆听	• 保持冷静，不插嘴辩解，表示认同客人所说事情，给予关心，不转移目标
认真记录	• 倾听的同时认真记录客人所说的事情
当面表态	• 能当面处理的就当面处理 • 不能当面处理的给出处理的确切时间
采取行动	• 对客人反应问题马上进行调查处理 • 及时与客人沟通报告处理进度和结果 • 确实量事实并给客人带来不良体验的，在物质上给予一定补偿
记录强化	• 对处理的抱怨进行记录，并说明处理情况 • 属于服务程序的强化培训 • 属于硬件设施的及时更换
网络跟踪	• 如果是网络上的评价及时回复 • 并作出解释 • 取得客人谅解

图6-22 客人抱怨处理程序及操作规范

第六节　乡村民宿安全卫生管理

安全和卫生是乡村民宿的生命线，关系到乡村民宿的永续经营和客人的体验。乡村民宿安全既有客观因素引起的，如旧房屋改造，木制结构自身的消防不过关，改造不到位；靠近山边、溪边、海边等地质灾害地方。也有经营者麻痹大意引起的，如不进行实名登记、安全观念淡漠、处理安全事故程序不熟练等。

一、配备必要的安全设施

1. 视频监控设备

主要设置在乡村民宿的公共区域、客房走廊和进出口，以及民宿的入口。提高民宿的安全监控水平，优化安全服务、预防安全事故、保障民宿安全。

2. 消防控制设备

安装烟感器、温感器等报警设施，在走廊放置干粉灭火器，按照高压消防栓；在厨房放置沙箱、ABC类干粉灭火器、应急灯、疏散指示标志、灭火毯、防烟面具等。

3. 关键入口设置门禁系统

在民宿入口，特别是通往客人住宿的客房入口安装门禁系统，避免闲杂人员进入。

4. 其他安全设施

通道上安装昼夜红色安全指示灯，客房门上安装内窥镜和反锁链、逃生指示图等。

二、建立必要的安全制度

1. 每日巡查制度
（1）安全门、安全梯、电梯和走廊等工作状态。
（2）有无放置易燃易爆危险物。
（3）是否有易滑的物质存在。
（4）限制开闭门状态。
（5）避难指示、安全逃生指示灯是否正常工作。
（6）手电筒、急救箱、手提扬声器等简易工具是否正常使用。
（7）屋顶是否有安全隐患。

（8）厨房煤气、电线是否正常。

2. 每月检查制度

（1）火灾自动报警设备状态。

（2）紧急电源装置。

（3）紧急播音系统。

（4）避雷针等设施。

（5）空调、壁炉等设施。

3. 例行巡查制度

（1）房屋前后地质情况。

（2）房屋前后蛇虫出入情况。

（3）露天泳池使用情况。

（4）停车场停车状况。

（5）监控系统运行情况。

三、可靠的卫生环境

1. 厨房餐饮卫生

（1）厨房设施。墙壁、天花板、地面要防止蟑螂、老鼠等"四害"，每天冲洗1.8米以下墙壁，地面每天冲洗；下水道暗沟排水到每日清理；通风设施正常运转；洗手池配备不同的洗手液；厨房残余垃圾及时清理；配备至少两个菜板和两把刀具，生熟食分开；至少两个水槽，生熟分开清洗；餐具及时消毒（以77℃以上热水浸泡1分钟或以消毒液浸泡，清水冲洗后晾干；消毒柜高温消毒）；刀具、砧板、案板、切菜机器、绞肉机、切片机和各种盘具及时清理消毒；各种烹饪器具，如烤箱、电炸炉、调味罐、灶台、调味罐、手勺、漏勺、笊篱及时清洗；各种冷藏设备争取藏储分离、干湿分离、串味分离。

（2）食品卫生。肉类食品储存在4℃以下冰箱；冷冻在-18℃以下归类放置；食物烹饪严格按照烹饪方法和规制加工（禽肉加热至74℃以上持续15秒；猪肉加热至68℃以上持续15秒；烤牛肉加热至63℃以上持续15秒；汉堡肉加热至74℃以上持续15秒；鱼肉加热至63℃以上持续15秒；二次加热在两个小时内的加热至74℃以上15秒，超过2小时的应丢弃）。

2. 客房卫生

（1）抹布严格分开。白色——面盆清洁、绿色——马桶清洁、蓝色——淋浴房清洁、厚白色——地板清洁、花色——房间抹尘。

（2）通风及日照。保证每天打开窗户通风30分钟，并有阳光射入，紫外线消毒。

（3）化学消毒。用 10% 的碳酸溶液或 2% 的来苏水擦拭房间家具和浴室洁具，关门 2 小时消毒；用 1%～5% 浓度漂白粉澄清液对房间死角消毒；用 1∶200 的 84 消毒液对浴室面盆和马桶进行洗刷进行消毒。

3. 杯具清洁

（1）高温消毒。将洗净的杯具放置在 100℃ 以上的水中消毒 30 分钟。

（2）专用消毒柜。将洗干净的杯具放入 120℃ 的消毒柜中消毒 15～30 分钟。

（3）浸泡消毒。将洗干净的杯具放入消 1∶200 的 84 消毒水中浸泡 30 分钟后，再用清水洗干净，并擦拭干净放在消毒柜中消毒。

4. 布草清洁

各种布草用专用清洗液冲洗完毕，放在 80℃ 以上的蒸汽消毒柜进行 10 分钟以上消毒处理。或用开水浸泡 5 分钟以上再清洗，或把洗干净且晾干的布草折叠整齐，放在微波炉中高火加热 5 分钟。

四、各类安全事件处理

1. 火灾

（1）火灾类型。根据《火灾分类》（GB/T 4968-2008，2008 年 11 月 4 日发布，2009 年 4 月 1 日实施）中可燃物的类型和燃烧特性，分为 A、B、C、D、E、F 六大类。

A 类火灾：指固体物质火灾。这种物质通常具有有机物质性质，一般在燃烧时能产生灼热的余烬。如木材、干草、煤炭、棉、毛、麻、纸张、塑料（燃烧后有灰烬）等火灾。

B 类火灾：指液体或可熔化的固体物质火灾。如煤油、柴油、原油、甲醇、乙醇、沥青、石蜡等火灾。

C 类火灾：指气体火灾。如煤气、天然气、甲烷、乙烷、丙烷、氢气等火灾。

D 类火灾：指金属火灾。如钾、钠、镁、钛、锆、锂、铝镁合金等火灾。

E 类火灾：指带电火灾。物体带电燃烧的火灾。

F 类火灾：指烹饪器具内的烹饪物（如动植物油脂）火灾。

（2）常用灭火方法。

1）冷却灭火法。用水冷却尚未燃烧的可燃物质，防止其达到燃点而着火的预防方法。用水扑救火灾，其主要作用就是冷却灭火，一般物质起火都可以用水来冷却灭火。

2）窒息灭火法。可燃物质在没有空气或空气中的含氧量低于 14% 的条件下是不能燃烧的。所谓窒息法，就是隔断燃烧物的空气供给。采取适当的措施，阻止空气进入燃烧区，或用惰性气体稀释空气中的含氧量，使燃烧物质缺乏或断绝氧气而熄灭，适用于扑救封闭式的空间、生产设备装置及容器内的火灾。火场上运用窒息法扑救火灾时，可采用石棉被、湿麻袋、湿棉被、沙土、泡沫等不燃或难燃材料覆盖燃烧或封闭孔洞；用水蒸气、惰性气体（如二氧化碳、氮气等）充入燃烧区域；利用建筑物上原有的门以及生产储运设备上的部件来封闭燃烧区，阻止空气进入。

3）隔离灭火法。把可燃物同空气和热隔离开来、用泡沫灭火剂灭火产生的泡沫覆盖于燃烧液体或固体的表面，把可燃物与火焰和空气隔开等，都属于隔离灭火法。如：将火源附近的易燃易爆物质转移到安全地点；关闭设备或管道上的阀门，阻止可燃气体、液体流入燃烧区；拆除与火源相毗连的易燃建筑结构，形成阻止火势蔓延的空间地带等。

4）抑制灭火法。将化学灭火剂喷入燃烧区参与燃烧反应，使游离基（燃烧链）的链式反应中止，从而使燃烧反应停止或不能持续下去。这种方法可使用的灭火剂有干粉和卤代烷灭火剂。灭火时，将足够数量的灭火剂准确地喷射到燃烧区内，使灭火剂阻断燃烧反应，同时还应采取冷却降温措施，以防复燃。

（3）灭火器的使用。灭火器分为水基型灭火器、干粉型灭火器（ABC 灭火器）、二氧化碳灭火器和二氧化碳气体灭火器、泡沫灭火器、酸碱灭火器等（见图 6-23）。

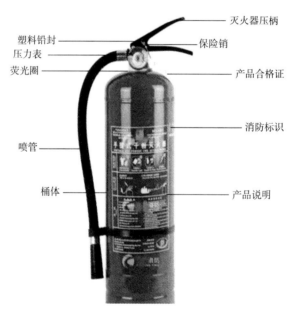

图 6-23　灭火器结构

图片来源：消防科普。

各种灭火器又因为所用材料不同，适用于不同类型火情，具体见表6-7。

表6-7 灭火器类型及使用方法

类型	适用火情	使用方法
水基型灭火器	针对木材、布匹等固体材料火；汽油及挥发性化学液体等可燃液体火；可燃电器火、厨房油脂火这些火灾都适用。水基型灭火器不受室内、室外、大风等环境的影响，灭火剂可以最大限度地作用于燃烧物表面	1. 用灭火器扑救流散液体火灾时，应从火焰侧面，对准火焰根部喷射，并由近而远，左右扫射，快速推进，直至把火焰全部扑灭。 2. 用灭火器扑救容器内可燃液体火灾时，应从火焰侧面对准火焰根部，左右扫射。当火焰被赶出容器时，应迅速向前，将余火全部扑灭。灭火时应注意不要把喷嘴直接对准液面喷射，以防灭火剂的冲击力使油液飞溅，引起火势扩大，造成灭火困难。 3. 用灭火器扑救固体物质火灾时，应使灭火器喷嘴对准燃烧最猛烈处，左右扫射，并应尽量使干粉灭火剂均匀地喷洒在燃烧物的表面，直至把火全部扑灭
干粉型灭火器（ABC灭火器）	适用于扑救各种易燃、可燃液体和易燃、可燃气体火灾，以及电器设备火灾	1. "提"。提起灭火器之后上下颠倒摇晃使干粉松动。 2. "拔"。拔掉保险销。 3. "对"。对准火焰根部 4. "喷"。往下按压阀，对准火焰喷射
二氧化碳灭火器	适用于各种易燃、可燃液体、可燃气体火灾，还可扑救仪器仪表、图书档案、工艺器和低压电器设备等的初起火灾	1. 用右手握着压把。 2. 用右手提着灭火器到现场。 3. 除掉铅封。 4. 拔掉保险销。 5. 站在距火源两米的地方，左手拿着喇叭筒，右手用力压下压把。 6. 对着火源根部喷射，并不断推前，直至把火焰扑灭
泡沫灭火器	适用于扑救各种油类火灾、木材、纤维、橡胶等固体可燃物火灾	1. 右手拖着压把，左手拖着灭火器底部，轻轻取下灭火器。 2. 右手提着灭火器到现场。 3. 右手捂住喷嘴，左手执筒底边缘。 4. 把灭火器颠倒过来呈垂直状态，用劲上下晃动几下，然后放开喷嘴。 5. 右手抓筒耳，左手抓筒底边缘，把喷嘴朝向燃烧区，站在离火源八米的地方喷射，并不断前进，兜围着火焰喷射，直至把火扑灭。 6. 灭火后，把灭火器卧放在地上，喷嘴朝下

续表

类型	适用火情	使用方法
酸碱灭火器	适用于扑救 A 类物质燃烧的初起火灾,如木、织物、纸张等燃烧的火灾。它不能用于扑救 B 类物质燃烧的火灾,也不能用于扑救 C 类可燃性气体或 D 类轻金属火灾。同时也不能用于带电物体火灾的扑救	1. 使用时应手提筒体上部提环,迅速奔到着火地点。决不能将灭火器扛在背上,也不能过分倾斜,以防两种药液混合而提前喷射。 2. 在距离燃烧物 6 米左右,即可将灭火器颠倒过来,并摇晃几下,使两种药液加快混合。 3. 一只手握住提环,另一只手抓住筒体下的底圈将喷出的射流对准燃烧最猛烈处喷射。同时随着喷射距离的缩减,使用人应向燃烧处推近

注意:在使用之前要检查灭火器压力阀。正常情况下,指针应指在绿色区域,红色区域代表压力不足,黄色代表压力过高;手提干粉灭火器必须竖立使用;保险销拔掉后,喷管口禁止对人,以防伤害;灭火时,操作者必须处于上风向操作;注意控制灭火点的有效距离和使用时间。

（4）火灾事故处理流程（见图6-24）

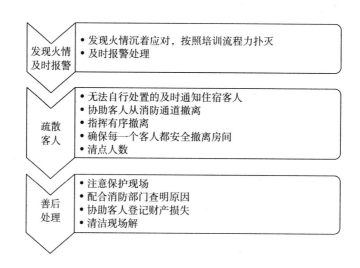

图 6-24　火灾事故处理流程

2. 失窃

随着现代科技的发展,几乎每一家乡村民宿都安装有视频监控,尽管这样,还是较难避免东西丢失。

（1）物品失窃类型。外盗、内盗、内外勾结和客人盗窃等。

（2）防盗措施。

1）加强客人管理。客人出入民宿做好登记;房态报表保密管理;仓储严格登记；客房、餐厅艺术品做防盗措施处理；提醒客人注意贵重物品存放在客房保险柜；对晚上未归客人做好登记；客人退房时做好查房。

2）加强员工管理。对员工进行经常性教育；对员工失信行为零容忍；严格工作流程和报审制度；不对外说明客人情况。

3）加强钥匙管理。根据客人实名登记人数发放钥匙；客人退房时提醒客人归还钥匙；不给不相关人员开客人房门；工作人员执行钥匙登记制度；对把钥匙忘记丢在房间客人要核对证件，确认无误后给客人开启客房。

（3）失窃事故处理流程（见图6-25）。

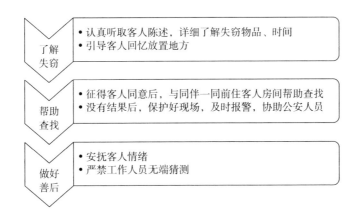

图 6-25 失窃事故处理流程

3. 其他安全事故处理

（1）地震、泥石流、滑坡、崩塌、洪水等地质灾害在乡村偶有发生，乡村民宿应建立应急管理措施，以保护客人的生命安全。

1）了解当地的地质背景，包括地形地貌、地质构造、岩性等信息。

2）了解当地的气象情况，包括降雨、风力等信息。

3）建立应急预案，包括人员疏散、物资储备等方面。

（2）蚊虫防治。

1）清除民宿周边潮湿青苔、土壤、腐植质。

2）疏通沟渠，清除污泥。

3）设置纱窗、纱门。

4）在公共场所和房间放置电蚊香。

5）协助社区搞好社区卫生。

（3）客人意外伤害处理。指客人在乡村民宿内因外来的、突发的、非本意的、非疾病使身体受到伤害的客观事件。得知客人意外受伤后，应安慰客人，并视病情请医生或送医院治疗。要做好记录，调查事故发生的原因，明确相关方的责任，做好赔偿善后处理工作。

（4）客人死亡事故处理。客人死亡指客人在客房内因病死亡、自杀和他杀或其他原因死亡。发现死亡立即报告安全部门和公安机关处理，若亡者系外（籍）国人，应由公安机关告知所属国驻华使（领事）馆。保护好现场，并妥善处理好后事工作。

（5）停电事故的处理。必须自备发电机或双路电源，保证在停电后能自行供电，或采用其他应急照明；制定应对停电事件的相应服务制度和措施；做好停电后的活动策划工作，帮助客人稳定情绪。

（6）违返治安行为的处理。为防止某些人利用隐蔽性在客房内进行违法行为，必须和客人讲明相关政策。

思考题

1. 乡村民宿客房有哪些类型？

2. 乡村民宿客房的成本有哪几种？

3. 简述乡村民宿客房的各种定价方法。

4. 乡村民宿客房的定价策略是什么？

5. 如何对乡村民宿的客房价格进行调整？

6. 乡村民宿客房价格有哪几种折扣方式？

7. 从哪几个方面入手打造乡村民宿的特色客房？

8. 乡村民宿清洁的基本原则是什么？

9. 乡村民宿客房清洁内容有哪些？

10. 试述乡村民宿客房清扫的具体程序。

11. 乡村民宿应该配备哪些设备？

12. 乡村民宿客房用品消耗如何定额？

13. 乡村民宿布草有哪些类型？

14. 乡村民宿客房床上用品有哪些？

15. 如何进行乡村民宿的布草管理？

16. 乡村民宿餐饮开发应遵循什么原则？

17. 特色菜肴开发原则和技巧有哪些？

18. 试述乡村民宿特色菜肴打造方法？

19. 乡村民宿菜单设计应遵循什么原则？

20. 试述乡村民宿的服务分类及内容。

21. 乡村民宿服务有哪些技巧?

22. 引起客人抱怨的原因有哪些?

23. 处理乡村民宿抱怨的程序是什么?

24. 乡村民宿的安全类型有哪几种?

25. 灭火器的种类和适用范围是什么?

26. 乡村民宿的失窃行为如何处理?

第七章 乡村民宿新营销

学习目标：通过本章的学习，使学生了解新营销的概念及其依托的平台；了解如何通过朋友圈、短视频、公众号进行乡村民宿的营销及营销效果的评估，并学习如何打造网红民宿。

第一节 新营销概述

一、新营销的概念

乡村民宿新营销是指在传统民宿的基础上，采取全新的营销策略，通过数字化、全媒体以及市场营销手段，结合增添新的营销方式，打造多元化的营销渠道和内容，以满足更多消费者的需求和提高用户体验。在这种新型营销策略的推动下，乡村民宿可以获得更多的客流量和更大的话语权，帮助实现旅游业务的持续发展，也对当地经济的发展起到积极的推动作用。

常用的乡村民宿新营销方法主要包括：线上线下相结合、探索新客源、加强社交营销、透过品牌活动提升知名度、引入创新元素、依托移动端服务，增加互动性以及提供优质服务体验等。多样化的新营销方法往往需要根据当地的实际情况作出详细的规划和执行计划，其中包括民宿品牌定位和目标客户群体、策划营销内容和活动、策划营销渠道和宣传平台，以及统计和经营数据的监控与分析等。根据乡村民宿发展运营的实际情况采用新营销方法，且将乡村民宿新营销模式与当地的特色文化、环境和社会资源相结合，以实现乡村民宿推广和营销的效果，提高客户满意度和服务质量，增加民宿无形资产的积累。

二、新营销依托的新媒体平台及其特点

新营销方法的实践主要依托新型互联网媒体（以下简称"新媒体"），而

"新型"区别于报刊、户外、广播、电视四大"传统"媒体，所以新媒体亦被形象地称为"第五媒体"。新媒体包括：移动通信端（手机、平板电脑等）、电脑、IPTV（交互式网络电视）等。传统媒体表现为信息传递的单向性、一对多的传播，而新媒体表现为多对多、交互式的信息沟通传播。

根据不同的功能和服务对象，新媒体平台可以分为社交类、自媒体类、音频类、短视频类、直播类、论坛类、问答类、搜索引擎等。

1. 社交平台

社交平台的新营销是采用社交媒体平台，展示和提供产品信息，以达到推广目的的营销方法，常见的社交平台有：QQ空间、微信朋友圈等。基于服务于熟人、强连结关系的社交平台而实施的营销，营销范围较小，但传播有效性更高，特点表现为：提供信息和服务及时，营销和服务的定位精准；随附媒体内容，便于分享；一对多传播，信息高达到率，强互动性，信息推送迅速且实时更新；营销成本低，可持续性强。

2. 自媒体平台

运用自媒体平台发布信息，以此开展的营销。常见的有：搜狐号、头条号、大鱼号、百家号企鹅媒体、一点号、网易号、UC自媒体平台、凤凰媒体平台等。依托自媒体平台开展营销，具有针对客群广泛、操作简易、信息传递迅捷、对客强交互、传播的无限性等特性。

3. 音频平台

透过专业播音平台传递产品信息，以此开展的营销。比如：喜马拉雅FM、荔枝FM和企鹅FM等。音频平台营销的特点是节目内容丰富，用户参与感和互动性强。

4. 短视频平台

借助短视频平台，发布介绍乡村民宿产品、高品质服务、丰富的体验活动等视频内容，以此实现宣传乡村民宿的目的。常见的短视频平台有：抖音、秒拍、美拍、快手、微视、Bilibili等。短视频平台面向全流量开放、用户基数大、用户覆盖面广，可以利用用户画像进行精准推送，此外，还具有用户操作便捷、成本低、设备简易可取、参与性强、传播速度快等特点。短视频平台发布的内容类型有纪录片、情景剧、网红IP（Intellectual Property）、经验分享和知识传播等。

5. 直播平台

直播平台具有展示的直观性、即时互动性、代入感强等特点，且支持发弹幕、送虚拟礼物、直播评论、点赞等功能。常见的有：抖音直播、视频号直播、快手直播、映客、花椒等。

6. 论坛

基于论坛平台，通过文字、图片、视频、声音等发布乡村民宿产品和服务的信息，以此建立民宿知名度，让目标客户充分了解民宿，最终达到宣传民宿品牌、加深民宿市场认知度的目的，常见的论坛有：新浪博客、论坛营销、人人网、微信公众号、微信广告资源、微博广告资源、豆瓣、天涯社区等。采用论坛开展新营销的特点表现为门槛低、实时分享、快速传播。

7. 问答平台

通过问答平台回答消费者就民宿住宿体验的疑惑，以此与消费者形成互动，进而达到营销民宿的目的。常见的问答平台有：知乎、百度问答、搜狗问答等。问答平台的粉丝忠诚度通常高于其他社交渠道，能够有效地影响粉丝购买，用户的长文接受度高、乐于参与互动回答分享和吐槽，比较适合进行内容营销。

8. 搜索引擎

百度、360、搜狗等搜索引擎的用户访问量大，在这些平台上进行民宿营销，能够及时、准确地向目标客户群体传递民宿服务信息，挖掘潜在顾客，帮助乡村民宿实现较高的住客转化率。

回应消费者民宿体验中关注民宿设计、重视主客互动、享受一对一的个性化服务的重要诉求，越来越多民宿透过微信等社交媒体与住客建立联系，并透过聊天对话、微信朋友圈作民宿产品或服务的内容分享；借助短视频平台，制作精美短视频以呈现民宿慢生活体验；打造民宿公众号，为潜在消费者提供较为全面的民宿体验、活动开展、周边景点等内容的展示，并提供民宿的预定渠道。此外，为迎合消费者的审美追求，网红民宿成为乡村民宿的创建方向。所以，透过乡村民宿的朋友圈营销、以抖音为代表的短视频营销、创建公众号及如何打造网红民宿的内容以介绍乡村民宿新营销。

第二节　乡村民宿的朋友圈营销

一、朋友圈营销的概念

乡村民宿的朋友圈营销是指以微信朋友圈为主要营销渠道，结合乡村民宿的特色，通过在民宿经营者（包括民宿主、管家或员工等民宿工作人员）的朋友圈展示民宿的效果图、房型、周边环境、旅游活动等信息来吸引潜在客户的一种营销方法。

具体做法包括：乡村民宿经营者定期更新微信朋友圈，推送有关民宿、周边景区和风景区的照片、文章、互动等，同时对关注自己朋友圈的客户和潜在客户进行良好的维护、互动。此外，民宿经营者可以邀请具知名度的旅行博主、网红（Internet Key Opinion Leaders）、明星嘉宾等群体到民宿体验，将体验的内容、开展活动通过微信朋友圈对外推广，让客户群体关注民宿，刺激其产生入住体验的渴望，以此帮助乡村民宿提升品牌影响力，并实现展示民宿产品、提升民宿获客能力的营销效果。在民宿客源相对有限、消费体验淡旺季明显的发展背景下，乡村民宿的朋友圈帮助经营者建立与客户的沟通桥梁，以此有效缓解民宿的竞争压力，培养客户对民宿品牌的忠诚度，提高民宿的客户满意度。

二、朋友圈营销的操作方法

乡村民宿的朋友圈营销以微信朋友圈为平台，主要通过以下几种方法予以操作和执行：

1. 定期发布民宿相关的内容

保持经营者朋友圈分享、更新、互动的活跃度是朋友圈营销的关键。在微信朋友圈定期发布有关民宿房型、房间设计、环境小品、周边景区、旅游活动等有价值的内容，吸引潜在客户的关注。这类内容可以是有关民宿的特别优惠、菜单、饮料品牌、本地文化体验、周边自然风光、独具设计巧思的摆件等。此外，还可以就行业新闻、品牌故事、有趣的事实、客户案例等定期进行分享，确保朋友圈内容有足够的吸引力，用民宿产品和服务吸引客户。此外，应着力加强品牌宣传，在微信朋友圈展示品牌的核心理念和故事，扩大顾客对乡村民宿品牌的认知度。

2. 上传高质量的图片和视频

在微信朋友圈上传优美的文段、高清晰度的图片和视频，确保上传内容的吸引力和高品质，让潜在客户清楚地了解民宿的房型、布置、装饰、设计，以及周围的景色、美食等。文字内容要有足够的信息量，照片要精心挑选和加工，提高图文内容对客户的吸引力和感召力。

3. 利用微信平台发布调查和问卷

可以在微信朋友圈上发布调查和问卷，获知客户体验民宿服务、环境、设施设备后的反馈信息，从而为提高民宿服务质量提供重要的参考。

4. 邀请网红、旅游博主、明星嘉宾等群体体验民宿

邀请网红、旅游博主、明星嘉宾等具有知名度的群体体验民宿，透过他们微信朋友圈发布民宿的相关内容，提高民宿信息的传播度和品牌知名度。

5. 开展微信朋友圈问答和抽奖活动

借助微信朋友圈平台，合理安排问答环节，在朋友圈发布问答，邀请顾客参与活动，增强与顾客的互动；开展抽奖活动，让客户分享经营者的朋友圈内容参

与抽奖。透过抽奖活动，在为客户提供民宿住宿、餐饮、活动参与等方面优惠、福利的同时，借助客户的朋友圈的力量，扩大潜在客户对民宿产品和服务的认知，提升民宿的关注度，实现高效营销。

6. 适度跟进和分析

基于高品质、内容丰富的朋友圈营销，需要适度跟进和分析活动的投放量，评估具体的营销效果，针对性地提出持续营销的优化策略。通过数据分析，才能更好地了解顾客的需求，掌握流量渠道，赢取观众群体，进一步扩大民宿的营销通路，为民宿的可持续发展打下良好的基础。

通过实践上述操作方法，乡村民宿经营者可以建立自己的微信朋友圈，开展各种可能的营销活动，提高民宿的知名度和声誉，吸引更多潜在的客户，并最终获得更多的收益。

三、朋友圈营销效果分析方法

在进行朋友圈营销时，需要对策略和活动效果进行分析以评估成功程度，同时识别可以改进的方面。朋友圈营销效果分析方法有：

1. 点赞率和分享率

点赞率和分享率可以反映民宿经营者发布的朋友圈内容的受欢迎程度。通过跟踪点赞率和分享率，了解最受顾客欢迎的主题类型，以便在未来的营销策略中加以运用，实现针对性的内容营销。

2. 转化率

观看经营者朋友圈内容并产生购买行为的人数与所有观看经营者朋友圈内容总人数的比率，是为朋友圈营销的转化率。民宿经营者关注转化率以了解多少人对民宿营销内容感兴趣，并采取进一步行动。转化率可以帮助民宿经营者分析信息内容和营销推广之间的联系，为民宿经营者提供测量营销成效的具体方法。

3. 参与度

反映的是在关注经营者朋友圈的潜在顾客中，到底有多少人参与互动，包括评论、点赞、转发等。参与度的高低可以评估朋友圈内容的质量、适应性和吸引力，并有助于确定如何调整策略以吸引更多参与者。

4. 用户反馈

收集有关用户体验、对民宿品牌或产品的反馈，特别是消费者的意见和建议。通过他们的直接反馈，了解并理解消费者的需求，经营者可以进一步完善民宿产品、服务和营销策略。

5. 数据分析

使用"百度统计"等分析工具掌握和监控查阅民宿经营者微信朋友圈内容

的流量，并分析和挖掘潜藏的数据价值、明确营销效果。此类分析工具可以提供访客、实时访客、来源、趋势、忠诚度等分析内容，帮助民宿经营者更好地理解目标群体。

6. 竞争者分析

关注和分析竞争对手，了解他们在朋友圈的内容和活动分享，观察他们的营销策略，明确竞争者朋友圈营销的优点和缺点，借鉴成功经验，以便对营销策略进行合理调整。

7. 关注投资回报率（Return on investment，ROI）

重视民宿的投入和回报，特别是朋友圈推广的 ROI。一个好的营销活动应该看到每个人的"成本"，并计算出相应的 ROI，以便更好地了解市场营销策略的效果和经济成效。

8. 多渠道分析

关注乡村民宿的目标用户采用哪些渠道访问民宿的网站、参与营销活动等行为，民宿经营者可以从多个渠道分析营销活动的各方面成效，以此明确哪些营销工具和计划可以达到最佳效果。

9. 深度调研

深度调研是一种透过深度交谈来系统性收集数据的方式，通过对受访者的自然反应进行分析，可以更好地了解受众的态度和观点。这种方法的优势是能够收集更加深入且多样化的信息，帮助民宿经营者更好地了解目标客群特性和需求。在进行朋友圈营销效果分析之前，需要清楚地了解民宿的目标客群，制定针对性的营销策略，透过不时的深度访谈和调研，顺应市场趋势、满足受众的消费需求，以此赢取市场对民宿的青睐。

10. 品牌知名度

通过跟踪关注度、品牌曝光度和内容互动度等指标，来了解民宿品牌在朋友圈中的知名度以及曝光程度。

11. 营销成本分析

通过分析朋友圈广告投放成本和获取每个展示、访问、转化的成本来计算民宿朋友圈营销的成本和效益。

12. 直接运营效益分析

通过分析在朋友圈投入资金和人力的直接效益，以及推广活动带来的直接销售，来衡量朋友圈营销投入带来的直接效益。

13. 品牌认知度

通过跟踪品牌搜索的数量、关键词搜索的数量和成交数等，来识别出民宿品牌在网上的认知度。

14. 客户洞察力

通过跟踪朋友圈访客的位置、购买习惯以及个人喜好和行为数据，来为乡村民宿提供更加细致的客户洞察，并以此制定合理化的市场营销策略。

15. 营销方法分析

通过分析民宿的营销方法和广告投入数据，来了解民宿营销采用什么方法最为有效，以便在未来的营销策略中采用最佳实践。

对品牌忠诚度、品牌认知度、客户洞察力、营销成本等的分析和统计可以采用上述提及的"百度统计"等工具，以辅助民宿经营者对朋友圈营销效果形成判断。以上分析方法可以使民宿企业管理团队更加全面地了解市场情况、评估营销效果和各种策略的成本效益，进而为日后优化和制定更具成效的营销策略提供有力支持。

第三节　乡村民宿短视频营销

随着旅游业的发展和人们生活水平的提高，乡村旅游和民宿旅游的需求逐渐上升。在这个背景下，乡村民宿短视频营销已成为一种热门的推广方式。

一、短视频营销

乡村民宿短视频营销是指通过制作短视频来推广乡村民宿，增加乡村民宿的知名度和预定率，以达到营销目的的一种营销方式。制作有趣、独特、生动的短视频，可以吸引消费者的注意力，展示乡村民宿的特色、美食和美景，通过视频营销可以让潜在客户更好地了解乡村旅游产品和服务。

短视频营销作为新兴的营销方式，趋附者众，综合成功的短视频营销案例，总结出民宿短视频营销中需明确的要点和原则有：

1. 突出特色

在短视频制作中突出乡村民宿的特色：美景、美食和特色文化等方面，让顾客更好地感受和认识乡村美景和民宿慢游、慢生活的良好生活方式。

2. 突出便利性

展示乡村民宿的便利性，例如交通高可达性、周边生活机能好、靠近知名景点等方面，刺激有出游需求的顾客以民宿为优先选择，进而提高民宿的预订率。

3. 使用短视频制作工具

使用专业的短视频制作工具帮助民宿经营者更好地制作精美的短视频，例如抖音、快手等短视频平台，并可基于此类平台进行视频传播和内容营销。

4. 突出互动性

在短视频中添加互动元素可以让顾客更好地获得参与感，例如投票或转发活动，既能增加互动性，也能提高短视频的曝光率。

二、短视频制作流程和要点

乡村民宿短视频营销不仅可以直观地呈现乡村旅游和民宿的特色，还可以有效地吸引消费者的注意力，提高乡村民宿的知名度。基于此，下文将详细介绍短视频的制作流程和要点，以帮助有志于民宿经营的朋友有效开展短视频营销。

1. 制作策划

在制作短视频之前，需要先进行短视频的策划。策划内容包括短视频的创意、具体内容、拍摄地点、演员、拍摄时间等，并确保所有内容符合目标受众的喜好。

2. 编写脚本

一份好的脚本是一个短视频成功的前提。脚本需包括短视频的主题、情节、对话、角色等，并确保整个故事情节结构完整。制作短视频前，需要编写一个有趣且有意义的视频脚本，确定视频的主题和故事情节，并确保能够引起观众的共鸣。

3. 拍摄位置的选择

寻找一个独特且与主题相符的环境背景会让短视频更加引人入胜。以民宿为情境的拍摄，可以选择有设计巧思的景观小品、独特视野等环境为背景，以更好地凸显乡村民宿的优美环境。

4. 播放时间的考虑

短视频的播放时间常常限制在 60 秒或更短的时间内，所以在拍摄时需要确保视频内容简洁而有力，切忌细节过多。

5. 合适的拍摄设备和技术

在拍摄短视频时，需要选择适用于短视频拍摄的设备，如手机、相机等，而且还需要考虑光线、音频、稳定器等因素。制作短视频需要一定的摄影技术，要注意取景、摄影角度、光线效果、稳定性等。最好用专业的相机或移动设备来拍摄，以确保视频质量。

6. 视频的后期制作

短视频的后期制作包括视频剪辑、音频处理，视觉特效等，并且需要确保视频整体的音视频质量达到高品质的标准。剪辑应该把视频内容精简到最有价值的部分，并确保视频流畅自然。音效处理可以为视频增加适当的音效，以提高观赏效果，同时添加特效以提高视频的创意和视觉效果。此外，配乐对营造氛围和加强情感表达非常重要，需要为视频选择一段节奏适合的音乐。如果视频中有人物对话，则可以为视频配上相关的音效。

7. 上传和分享

制作好的短视频需要通过适用的渠道进行发布和宣传，如社交媒体、视频分发平台等。确保短视频到达目标受众视线，达到营销和宣传的目的。

总之，认真的策划和思考、精心的拍摄和编辑，以及广泛和有力量的推广，才能制作出具有创意和影响力的短视频，吸引更多的关注和粉丝。

三、短视频制作软件与工具

制作短视频的工具有很多，以下是一些常用的短视频制作软件及工具：

1. 抖音

抖音是一款非常受欢迎的短视频社交应用程序，普通用户每次可以免费拍摄、剪辑和分享 60 秒的视频。抖音提供了许多视频剪辑和特效工具，可以帮助用户创建有趣和富有创意的短视频。

2. Adobe Premiere Rush

Adobe Premiere Rush 是一款跨平台的视频编辑软件，可用于拍摄、编辑和分享视频。该软件包括一系列特效和过渡，可以帮助创建有专业水平的短片。

3. Splice

Splice 是一个免费的视频编辑应用程序，适用于 ioS 设备。它有多达 150 多种特效和过渡效果，可以帮助创造高品质的短片。

4. Quik

Quik 可以制作出高清没有水印的视频，且可以同步音乐节奏，加入文字、照片和转场特效。

5. FilmoraGo

FilmoraGo 是一个移动视频编辑应用程序，具有各种视频剪辑和过渡效果。它用于调整音量和音效的音频工具，以及添加文本、贴图和滤镜的视频工具。

6. iMovie

iMovie 是苹果公司开发的一款视频编辑软件，可用于编辑和剪辑短视频，为视频添加音乐和字幕，可导入和导出多种视频文件格式。

7. InShot

InShot 是一款流行的短视频编辑应用程序，可为视频添加各种过渡和特效。这个应用程序还提供了许多功能，如用背景音乐增强视频、裁剪或剪辑视频等。

9. VivaVideo

VivaVideo 是一款具有视频剪辑、音效、特效、滤镜等各种功能的应用程序，可帮助创建个性化的视频内容，并可将其分享在社交媒体上。

10. KineMaster

KineMaster 是一款用于智能手机和平板电脑的视频编辑器，提供了各种视频编辑工具，如图层、音频、文本、特效等，可导入和导出多种视频文件格式。

11. PowerDirector

PowerDirector 是一款视频编辑软件，可用于拍摄和剪辑短视频。它提供丰富的视频特效、转场和字幕。此外，还支持多达 4K 分辨率的输出。

以上短视频制作工具和软件都可以帮助用户创建具有高质量的短视频，推广产品或品牌，吸引大量粉丝的关注。此外，随着科技的发展和用户需求的多样化，新兴的短视频制作和分享平台不断涌现，民宿经营者可根据自己的短视频设计需求和顾客对社交媒体的使用偏好，选择合适的短视频制作软件。

四、短视频分享平台

在完成短视频制作后，通常会根据目标受众的短视频平台使用偏好而选择相应的平台发布和分享短视频内容。国内短视频平台市场占有率较高的有腾讯视频、快手、抖音、微信小程序等。

腾讯视频号是腾讯公司推出的短视频社区，可以在小程序内直接打开，进入视频号，上传个人视频，交流互动。腾讯视频号注重视频内容的原创性和创意性，审核标准较高，严禁发布违反法律法规、低俗、抄袭等类型的视频内容。在内容创作和发布方面，用户可以根据自己的兴趣和专业领域，上传个人原创、搬运或二次创作的视频，格式包括直播、短视频和 UAV 视频等。

快手是短视频个人创作平台，旨在为用户提供高清视频创作和分享的场所。和腾讯视频类似，快手也要求用户上传具有创意和原创性的视频内容，同时提供了丰富的素材库和视频剪辑、特效编辑等功能，方便用户进行视频的后期制作。

除了腾讯视频和快手外，其他短视频平台也提供了相应的视频号功能，例如抖音。

不同平台有各自的特点和优势，用户可以根据自身需求和实际情况，选择合适的视频号平台进行创作、运营和推广。

1. 视频号申请步骤

本小节以微信小程序为例，详细介绍如何在微信小程序上申请相关平台的视频号并发布视频。

第一步，下载并安装最新版的微信客户端。

第二步，进入微信客户端，在底部导航栏点击"发现"按钮，再点击"小程序"。

第三步，在小程序搜索框中输入"腾讯视频"或"快手"，搜索出相应的小程序。

第四步，进入小程序后，根据系统提示完成授权和登录，按照要求完成申请视频号的相关信息填写，如用户名、头像、联系方式等。

第五步，在申请页面中添加自己的作品，如视频、短视频、音频等，增加审核通过概率。

第六步，等待审核，一般需要几个工作日。如果审核通过，就可以在视频号中发布内容和互动。

需要注意的是，视频的审核标准比较严格，需要符合视频号的申请规则和要求，例如不涉及侵权和违法的内容，并具有一定的原创性和创意性，才有可能通过审核。因此，建议在申请前先进行相关调研和规划，制定专业的策略和内容，以提高审核通过率和视频号的质量和影响力。同时，视频号的管理和运营也需要专业的团队和经验，以保证内容的创意和质量，为用户提供更丰富的视听体验。

目前，获得视频号的主要途径是在微信小程序申请，但不同平台和不同地区可能存在差异，具体情况还需根据当地规定和市场实际情况而定。此外，视频号的运营和发展还需要根据具体情况进行规划和优化，如内容策划、制作、运营方式、推广渠道等。需要注意的是，在创作和发布视频内容时也要遵守相关法律法规和道德规范，避免发布违规、低俗或抄袭的内容，以保证乡村民宿合法经营和良好的用户口碑。

2. 国外的视频平台

除了国内的视频平台，国外也有很多著名的视频平台，例如：

（1）TikTok：抖音的海外版，目前全球用户量最大的短视频平台之一，主要面向青少年市场，用户可以通过创建15~60秒的短视频来分享生活，表达自我。

（2）YouTube Shorts：YouTube推出的短视频应用，与TikTok类似，用户可以在其中发布短视频，也可以通过YouTube上的视频发现更多内容。

（3）Instagram Reels：Instagram社交媒体平台上的短视频应用，用户可以发表15~60秒的短视频表达自我。

熟知国外的视频号平台，并借助相关平台发布营销内容，使乡村民宿立足于国内游客市场的同时，又志存于海外市场。透过高品质的民宿慢生活、有机饮食、美丽风光等视频内容分享，可以帮助海外游客更好地了解中国的大美景色，提升中国的旅游形象。

五、短视频营销效果评估

通常可以从以下几个方面评估短视频的营销效果：

1. 浏览量和观看时间

浏览量和观看时间是评价短视频营销效果最基本的指标。视频的浏览量和观看时间可以帮助了解视频的受众数量和观看情况，进而评估视频的效果。浏览量指的是短视频播放的总次数，可以通过平台提供的分析工具获取；观看时间指的是短视频被观看的总时长，可以通过平台提供的分析工具获取。

2. 参与度和互动性

短视频的参与度和互动性是衡量视频受众参与和互动程度的重要因素，例如点赞数、分享数、评论数、转发数等。这些指标可以判断受众对视频内容的喜爱和关注程度。相关指标的计算公式为：

点赞率＝点赞数÷浏览量×100%

分享率＝分享数÷浏览量×100%

评论率＝评论数÷浏览量×100%

转发率＝转发数÷浏览量×100%

3. 转化率和订单量

通过短视频推广的产品或服务，依靠购买、订阅等方式将营销目标转化为实际成果，如民宿的订单量、销售额等。这些指标可以判断视频营销是否转化为实际商业价值。转化率是指短视频营销转化为商业价值的概率，包括订单量、销售额、注册量等，具体计算公式为：

订单转化率＝下单数÷浏览量×100%

成交转化率＝成交数÷浏览量×100%

注册转化率＝注册量÷浏览量×100%

4. 知名度和品牌价值

通过借助短视频营销，增强品牌知名度并提高品牌价值，进而吸引更多的潜在顾客。可通过市场调研等方式来量化品牌知名度和品牌定位，判断品牌是否得到提高：例如在发布短视频之前先进行市场调研，推广视频后，再进行调研，以衡量品牌知名度和品牌价值的提高程度。

5. 用户反馈和口碑

用户反馈和口碑是短视频营销效果的关键指标，通过对用户反馈和口碑的关注，了解用户对视频内容和推广品牌的态度和评价，进而调整视频营销策略，提高视频效果。

此外，完播率（观看到短视频结尾的受众占总浏览量的比例）、回头率（观众重新观看视频的比例）、跳出率（进入视频后很快就离开的受众占总浏览量的比例）、平均观看时长（观众平均观看短视频的时间长度）、点击率（受众对短视频内容的点击率）等相关指标亦可为短视频营销效果的评估提供参考和依据。

完播率＝（完整观看次数÷总播放次数）×100%

回头率＝（重新观看次数÷总播放次数）×100%

跳出率＝（跳出次数÷浏览量）×100%

平均观看时长＝观看时长÷浏览量

点击率＝点击量÷展示量×100%

需要注意的是，不同平台和短视频工具采用的指标和定义可能略有不同，具体计算时要根据实际情况和平台提供的分析工具进行调整。此外，不同行业、产品和目标受众的营销目标和结果也会有所不同，需要根据不同的营销策略和推广目的来制定合适的指标和评价方法。

综上所述，评价短视频营销效果需要考虑多个方面的指标和因素，并结合实际情况和营销目标进行综合和细致评估，以便制定更加符合市场需求和用户口碑的推广策略。

第四节　乡村民宿公众号维护

一、乡村民宿公众号

乡村民宿公众号多围绕民宿环境、乡村旅游、生态旅游、有机饮食等主题展开运营和内容呈现。在携程、去哪儿等大型网上旅游预订平台之外，公众号为乡村民宿从业者和游客的互动交流开辟了独立和个性化的通道。

乡村民宿公众号是一种特殊类型的微信公众号，与一般账号有以下五个方面的区别：

（1）服务对象不同。乡村民宿公众号的服务对象是乡村民宿从业者和游客，而一般账号以企业、机构、自媒体等为服务对象。

（2）主题内容不同。乡村民宿公众号围绕民宿环境、乡村旅游、生态旅游、有机饮食等主题进行内容呈现，而一般账号内容则更加多样化，可以包括新闻、娱乐、科技等方面。

（3）公众号类型不同。乡村民宿公众号属于订阅号和服务号的一种，一般账号可以是订阅号、服务号和企业号等类型。

（4）功能设置不同。乡村民宿公众号的功能设置更加专注服务于乡村旅游与民宿业务，例如提供预订服务、发布攻略、发布特色活动等，而一般账号的功能可以包括投票、调查、网上商城等多样化功能。

（5）目标市场不同。乡村民宿公众号的目标市场是喜欢单纯、自然、安静、乡土的生态环境，是一群浪漫爱好者或摄影发烧友；一般账号根据其运营目的、对市场的定位，以设计不同的内容。

总的来说，乡村民宿公众号面向的是比较狭隘和有针对性的市场，其内容和功能都是围绕着乡村旅游及民宿业务展开的。而一般账号则更加多元化，具有更广泛的市场与更丰富的服务体系。

二、乡村民宿公众号的功能

依托乡村民宿公众号开展乡村旅游、生态旅游、民宿等主题的营销，主要仰赖公众号提供的信息发布、预订服务、活动推广、互动交流等功能。

（1）信息发布。乡村民宿公众号通过发布文章、图片和视频等形式，向游客宣传乡村民宿的特色和优势，提供乡村旅游的攻略和建议，帮助游客更好地了解和参与乡村旅游和民宿体验。

（2）预订服务。乡村民宿公众号向游客提供预订乡村民宿的服务，让游客可以直接通过公众号进行预约和实时查询价格、房间情况等信息。

（3）活动推广。乡村民宿公众号经常推出一些与乡村旅游和民宿相关的特色活动，如旅游节、乡村采摘、文艺演出和小吃美食展等，吸引更多游客的关注和参与。

（4）互动交流。乡村民宿公众号为游客和从业者提供互动交流的平台，如建立留言区和微信群、发布问答和讨论帖等形式，鼓励大家分享旅游经验和想法，收集游客体验后想法和建议，促进民宿行业的交流和发展的同时，推进游客间的交流与互动。

综上所述，乡村民宿公众号通过为游客提供信息、预订、活动和互动交流等服务，与乡村民宿从业者和游客建立联系，以此提高乡村民宿行业的知名度和影响力，促进乡村旅游的发展。

三、乡村民宿公众号的申请和运营管理

1. 乡村民宿公众号的申请

要申请一个乡村民宿公众号，需要遵循以下步骤：

第一步，去微信公众号平台官网注册一个微信公众平台账号。

第二步，选择创建新的公众号，填写公众号名称和服务类型，选择订阅号或者服务号。在服务类型选择中，可以选择餐饮美食、酒店及住宿、生活服务等类型。

第三步，填写开发者信息，完成公众号注册后登录后台。

第四步，进入后台，进行公众号认证。公众号认证有两种方式，一种是个人认证，需要提供个人身份证信息；另一种是企业认证，需要提供公司名称、营业执照等信息。完成认证后，公众号就可以获得高级接口权限和更多的功能权限。

第五步，在后台完成公众号的功能设置和界面设计等，如菜单设定、自定义回复等功能调整。

第六步，发送审核申请，等待微信审核通过后就可以正式发布以及对外服务。

需要注意的是，在注册乡村民宿公众号时，需要选择和设定与乡村旅游相关的服务类型和功能设置，例如预订民宿房间、发布乡村旅游攻略、推广与乡村旅游相关的活动等，这样才能建立起该类公众号的特色和优势，吸引更多用户关注和使用。此外，建议在创建公众号前进行市场调研，了解乡村民宿市场的需求和痛点，以便更好地进行功能设计和内容制定。

2. 乡村民宿公众号的管理

一个乡村民宿公众号的管理，需要考虑以下几个方面：

（1）定期更新内容。乡村民宿公众号的内容是非常重要的，需要时常更新呈现新鲜的内容，保证受众的兴趣和关注度。定期发布与民宿旅游相关的资讯、攻略、美食、景点等内容，以此吸引更多粉丝的关注，增强用户黏性。

（2）加强互动。乡村民宿公众号需要与受众建立良好的联系和互动，通过留言区、问答、微信群等形式与用户沟通交流，解答用户的疑问和需求，提高用户体验和满意度。

（3）积极营销。乡村民宿公众号可以结合各种营销手段和推广活动，如发放优惠券、推介特惠门票、发布乡村旅游活动等，提高粉丝对公众号的认知和信任度，激励用户的网上积极参与，刺激用户的出游需求。

（4）分析数据。乡村民宿公众号需要定期分析推广数据，如粉丝数量、浏览量、留存率、回复率、转化率等，以了解受众喜好、行为和需求，制定更有效的推广策略和互动内容，提高推广效果和受众覆盖率。

（5）完善功能。乡村民宿公众号需要配备各种丰富的功能和服务，如预订、支付、在线客服、投诉建议等，以满足用户的多样化需求，同时提高公众号的专业性和用户黏性。

对于一个乡村民宿公众号的管理，需要结合受众需求和特点，不断完善内容和功能，加强与用户的互动，以此提高民宿宣传效果，提升用户对公众号的信任和满意度，从而推动乡村民宿事业的发展与壮大。

3. 乡村民宿公众号的数据分析和效果评估

对公众号上的数据进行分析，有助于了解用户的行为和偏好，明确公众号的营销效果，帮助公众号优化运营，以便吸引更多的目标用户。以下是公众号数据分析中需要关注的要点和指标。

（1）粉丝数量分析。关注与取消关注的用户数量，累计关注用户数量等。通过这些数据的变化来了解目标用户的兴趣变化、推广策略的效果、粉丝活跃度等。

（2）当前阅读数量。可用于了解此时此刻公众号最火的内容。

（3）性别与年龄占比。通过这些数据可以了解公众号的相关受众人群的属性，进而调整公众号内容和推广策略，提升公众号的用户黏性和精准度。

（4）消息发送情况。包括接口调用成功率、发送成功率、发送消息量等。通过这些数据可以了解公众号运营过程中的状况，发现问题并及时解决。

（5）粉丝互动分析。反映出公众号用户对公众号的参与行为，包括点赞数量、评论数、分享数及曝光率等；通过这些数据可以了解用户的行为习惯，为公众号的内容创作提供方向和思路。

（6）地区统计。通过地区统计，可以知道公众号的受众辐射范围，为制定精准的推广策略提供数据支持。

（7）浏览量和留存率。了解文章在某一段时间内的浏览量和用户留存率，可以发现文章的受欢迎程度及受众的偏好，进而针对性地制定公众号的推广策略。

对于这些数据，可以通过微信公众号平台后台的数据分析功能进行查看，也可以通过第三方工具来进行更详细的分析和展示。

以下列举几个常见的指标和相应的计算公式：

粉丝增长率＝新增粉丝数/昨日粉丝数

互动率＝（点赞数+评论数+转发数）/文章阅读量

浏览量＝点击链接的次数

点击率＝点击链接的人数/推送人数

人均阅读量＝文章总阅读量/用户总量

转化率＝转化成功的人数/点击链接的人数

需要注意的是，以上公式仅供参考，实际的计算方法可能会因情况而异。在进行数据分析时，应该根据具体的指标和目标，选择合适的数据分析工具和方法，更加准确地反映公众号的运营情况，并据此优化运营和推广策略。

第五节　乡村网红民宿打造

网红民宿已成为现代旅游业的一个热门话题，其独特的设计、服务、氛围等吸引了很多旅游爱好者，是旅游市场上一种新兴的、受欢迎的住宿方式。乡村网红民宿主要指位于乡村地区，以独特的风景、建筑风格、文化底蕴或特色美食等素吸引大量游客并成为当地热门旅游景点的民宿。这些民宿因为宣传得当，房间设计独特景致优美，网络便捷，及卓越的规划和设计，受到了消费者的青睐。在这样的民宿中，游客可以感受到纯朴自然的乡村风情，了解当地的历史、文化和民俗，尝试手工制作、采摘水果蔬菜、赏花赏叶、品尝当地美食等互动体验，增加旅游的趣味性和深度性，同时带动了周边的农业、手工业等产业的发展。

一、乡村网红民宿

乡村网红民宿通常是由当地居民或旅游从业者经营管理，不仅提供住宿，更提供完整的旅游服务，它汇聚了设计、文化、艺术、烹饪、音乐等领域的特色，通过颜值与品味来吸引客户。这些民宿通常设计精美，结合当地历史文化气息和自然风光，为游客提供提供一系列文化、手工艺、农业等特色体验活动，为游客带来不同于城市旅游的乡村休闲和文化体验。网红民宿除了提供专业的基础设施和设备（无线网络、电源插头、洗漱用品等），为了营造出更为极致的服务和目的，通常还提供美食餐饮、各式康体娱乐、旅游线路推荐等服务。

1. 乡村网红民宿自身特征

网红民宿通常具有以下五个方面的特征：

（1）独特的建筑风格。网红民宿的建筑通常具有独特的风格，如传统的木结构建筑、青砖黛瓦的仿古建筑、现代化的玻璃房等。这些独特的建筑风格可以吸引更多游客前来住宿和观光。

（2）美丽的自然环境。网红民宿通常位于乡村、山区、海边等自然环境优美的地方，拥有得天独厚的自然风景资源。这些景点可以成为游客拍照、观光的热门景点，也可以为游客提供沉浸式的休闲体验。

（3）精心设计的室内装修。网红民宿的室内装修设计通常很用心，充满艺术感和美感，给人以美的享受和舒适的感觉。各种特色设计元素，如手工雕刻、地中海风情、波西米亚花卉等，增强旅游体验的异地性和舒适感。

（4）丰富的文化体验。网红民宿除了住宿和美食服务外，还会提供丰富的文化体验项目。如农业观光、制作当地手工艺品、参加当地节日庆典等，通过体验性的文化项目，让游客更深入地了解当地的文化和风土人情。

（5）口碑好的美食。网红民宿通常会提供当地特色美食，如农家菜、特色小吃等，吸引更多游客前来品尝。这些美食品质上乘、口感独特，往往成为游客对民宿的好评点之一。

网红民宿通常是以风景、建筑、文化和美食为主要旅游吸引力，并以此作为民宿持续发展和品牌创建的重要支撑点。通过精心打造和推广，网红民宿可以有效地吸引更多游客前来住宿、体验、消费，提高当地旅游经济收入，促进地方旅游业的发展和居民就业。

2. 乡村网红民宿运营特征

网红民宿通常具有以下四个运营特征：

（1）独特的主题。网红民宿通常有一个独特的主题，比如扮演古装少女的宫殿、巴厘岛度假村等。凭借独特的主题，网红民宿得以在市场中脱颖而出，建立起自己的品牌形象，进而获得更多游客的关注和预订。

（2）强大的互动性。网红民宿会通常会提供各种互动性的活动和设施，如和动物亲密接触、限量义卖商品、摄影指南等，这些活动和设施可以让游客更好地参与体验，增强其对民宿的归属感和忠诚度，也可以促进游客的朋友圈传播。

（3）互联网营销。网红民宿通常比较注重互联网营销，除了传统媒体，还利用诸如社交媒体、博客、搜索引擎等互联网平台，展示民宿的独特魅力和吸引力。通过精准营销、口碑营销、网络推广等，提高民宿的知名度和美誉度。

（4）多元化的收益来源。网红民宿除了住宿和美食服务的收益来源外，还会开发附近知名景区票务、伴手礼产品售卖等创收渠道。通过发展多元化的业务，可以使民宿更好地利用资源获得更多的收益，提高其经济效益和社会效益。

网红民宿不仅是一种旅游住宿业态，更是一种文化产业和社会经济复兴的战略性支柱。在未来，随着乡村旅游的发展和创新，网红民宿将会越来越多地出现在乡村地区，为游客提供更为丰富和深度的旅游体验，也可以促进当地的乡村振兴。

二、乡村网红民宿的打造

1. 打造乡村网红民宿的原则

（1）独特性原则。网红民宿要有独特性才能在市场中脱颖而出。民宿的建筑风格、设计、设施等都需要有独特的卖点。比如采用当地传统建筑风格，结合现代设计元素，打造出具有文化内涵的民宿，或在室内增加某些时尚的科技元素，吸引年轻游客。

（2）地域性原则。网红民宿要紧密结合其所在的地域文化，打造与当地文化融合的民宿。可以在民宿内设置关于当地文化的展览、手工体验、文艺演出等，让游客深度了解当地风俗、人文和历史。同时，可以通过增加当地特色的美食、小吃等，增加游客对于当地美食文化的体验和了解。

（3）体验性原则。网红民宿要提供更具深度和个性化的体验服务，让游客获得更独特和有趣的体验。可以开发与周边环境、自然景观、当地传统文化、手工艺等相关的体验项目，如乡村田园体验、文化探访、自然探险等。

（4）互联网化原则。网红民宿要利用互联网，建立自己的品牌形象，加强品牌宣传。可以透过互联网，建立宣传平台、社交平台、服务平台等，以丰富多彩、个性化的方式吸引用户，同时提高顾客评价和实现正向口碑效应。

（5）客户服务原则。网红民宿要提供有关地区、导游服务和咨询等全方位和周到的客户服务，满足顾客需求和体验，为顾客创造难忘的旅游体验。

（6）经营理念原则。网红民宿要树立长期经营理念，并重视服务质量和客户体验。与游客保持良好沟通，收集游客反馈意见，并根据反馈迭代改进。全面规范管理，实施行业标准化建设，为顾客提供健康、安全、素质优异的服务。

打造网红民宿需要紧紧把握现代旅游业态的发展趋势和人们对于文化、体验、互动的需求，创新发展，追求优质和个性化体验的提供，从设计、服务、运营等多个方面打造特色、独特的民宿，以满足日益增长的人们对美好生活的向往和追求。

2. 打造乡村网红民宿的技巧和方法

（1）寻找合适的位置。选择一个合适的地理位置是非常重要的，这主要由周边的自然环境、风景名胜、附近的文化遗址和当地的文化传统等多个因素组成。通常来说，一些乡村或自然风光优美的地区是非常适合打造网红民宿的。此外还需综合考虑交通便利性和基础设施等情况，以便为客人提供更加优质的住宿体验。充分发掘当地文化、历史和特色风景等内容和元素，以便为民宿的品牌形象和特色设计提供依据和奠定基础。

（2）设计具有特色的建筑结构。根据当地环境和文化特色，设计出别致的建筑结构。只有独具特色的建筑结构才能提高民宿的知名度和吸引力，给客人留下美好的旅游回忆。可以借鉴和综合当地传统建筑风格和摩登风格，逐渐形成具有特色的、极具吸引力的品牌设计。

（3）打造丰富的文化体验。除了舒适的住宿环境外，游客还希望能够体验当地的文化传统和活动。可以设计一些自然环境，如小溪、庭院、草马圈等，并设置一些游玩项目，如古镇文化游览、采摘体验等，并结合当地的非物质文化遗产、节庆民俗、宗教风俗等体验，让客人充分感受到地域特色和地方文化的魅力。

（4）提供全面的设施和周到的服务。民宿的设施和服务直接影响旅客的住宿体验。在网红民宿打造中，充分考虑房间的布局和大小，浴室是否干净和设施是否齐全，工作人员是否热情周到、礼貌等；要充分发掘当地文化特色和风景名胜，通过一切可能的技术措施，例如人工智能和语音识别，优化住宿设备和服务，让客人在任何时候都能享受到具有艺术感的细致、友善又方便的服务。

（5）创新和特色。民宿的创新和特色是吸引客人的重要因素之一。除了基础设施和服务之外，还包括如设计风格、框架设置、游戏设施、娱乐节目等其他吸引人的特色。

（6）运用社交媒体进行宣传。现在社交媒体已成为推广旅游产品的重要手段。要打造网红民宿，可以通过各种社交媒体平台来实现宣传推广。可以创建民宿微博、微信公众号、抖音、快手以及其他平台来推广民宿的文化特色和最新活动，吸引游客报名参与旅游度假。

要打造一个优秀的网红民宿，需要把握好创新、定位和服务质量等方面。创新设计和营销思路，以满足游客对于文化和体验的需求，通过优质的服务质量和可信赖的口碑，吸引更多游客前来入住，并不断创新、提高自我，拉低成本的同时提高服务水平，形成可持续的经营模式。

三、乡村网红民宿的管理

网红民宿的运营和管理需要从管理制度的制定、人员培训、设施维修、环境卫生、安全防控等方面着手。

1. 制定管理制度

民宿管理制度应包括管理员的岗位设置、职责分工、工作流程、服务标准、安全防控等方面，使管理的执行更加规范和有序。

2. 人员培训

与客户沟通和服务，是网红民宿管理工作的重中之重。管理人员和工作人员应接受必要的培训，包括礼仪、语言能力、物品管理设置等方面，培养其沟通和服务能力。

3. 设施维修

民宿要定期进行设施检修、维护与更新，确保良好的设施环境，并在设施维修时考虑对即将入住的客人的安排，尽量减少对客人的影响。

4. 环境卫生

环境整洁卫生也是网红民宿管理的重要环节。定期清洁、消毒，尤其要保证床上用品、卫生间、餐饮设施、公共区域等卫生。

5. 安全防控

民宿应定期开展安全演练、保安巡视等预防性安全工作，配备消防设施、安全设备等，建立消防、医疗紧急反应措施，提高人员防范意识，以保证入住人员的安全。

对网红民宿进行科学规范的管理，对于保证民宿功能有效运作，为客人提供优质服务、创造良好体验具有重要意义。科学的管理，不仅可以保证经营质量，提高业务水平，也可以提高直接经济效益和社会声誉，从而实现民宿的可持续发展和更长久的经营。

四、乡村网红民宿的评价

网红民宿的评价主要来源于顾客用户、媒体、民宿业内、专项评选活动等，透过多方面的评价和建议，帮助民宿更好地明晰运营状况、优化运营策略，并实现可持续运营。

1. 用户评价

使用者通过公开和私人途径，将自己的住宿体验分享在网上，在游客评论平台和民宿官方网站等地查看关于网红民宿的评价。评价内容虽因人而异，但多数游客会主要评价以下几点：民宿位置、服务、房间卫生、安全性、基础设施、饮食、价值和整体印象等因素。根据用户的客观评价，随时掌握民宿的优点与不足之处。

2. 媒体评价

许多媒体网站，如悦游网（http：//www.cntraveler.com.cn/）等，会在其网站上推荐评定网红民宿，帮助游客筛选。

3. 评选活动评价

许多综合性的网站和旅游组织会举办评选活动，评选出最受欢迎的网红民宿。这些评选活动的结果多是通过公司和用户进行共同投票产生的。

4. 业内评价

咨询民宿业内知名的经营管理人员，综合考虑市场环境、营销策略、文化特色、口碑等因素进行集成评估，从而确定民宿的综合评价。

综合考虑上述各种评价方法和来自不同利益群体的评价内容，民宿从业者可以对网红民宿进行全面、客观、准确的评价。

五、乡村网红民宿案例分析

不同地区和不同时间段可能会兴起不同的审美风潮和设计偏好，以独特设计、重视细节、引领审美需求的网红民宿的存续亦有其时间性。

福建宁德"拾间海"*

"拾间海"位于霞光之城——福建霞浦三沙镇东壁海边，面山靠海，270 度

---

* 内容来源："文旅霞浦"公众号。

海景，交通也十分方便，2017年8月新开业，是一家现代轻奢生态海景民宿。周围有沙滩、古庙及观看中国坐标日出的花竹景点，鲜美海鲜也让人十分难忘。2023年，"拾间海"被评为甲级旅游民宿，是福建省第一家也是其时唯一一家甲级旅游民宿。"拾间海"民宿共5层，每层都有绝佳观看日落的临海阳台。共13间房，海景房10间，故称"拾间海"。"拾间海"是东壁精品民宿先行者，民宿主人是一对北漂十六年的设计师和建筑师夫妻旅行爱好者，独特的纯白建筑设计，搭配简约而不俗的元素，将"拾间海"打造成一家独具特色的精品民宿，成为地地道道的网红打卡点，并辐射带动了周边群众自发改建民宅，成为东壁一道靓丽的风景线。

　　"拾间海"拥有得天独厚的海景，超大落地窗可以180°看海，吧台可以点茶水饮料，亦有泡茶的角落，可以坐在这里观景、读书、品下午茶，让人感到放松、静心，有归家的感觉。一楼有吧台酒水，可以坐在这里小憩，二楼亦可休息观景。拾间海水院，拥有超大泳池，泳池设计精致特别，自上而下观看，令人赏心悦目（见图7-1）。

图7-1　"拾间海"民宿

图片来源："霞浦圈"公众号。

福建泉州"问海"*

"问海"民宿位于福建泉州惠安渔港小镇崇武。问海文创园以"闽南传统红砖文化和现代建筑元素相结合"为设计理念，融入惠安石雕元素，辅以东南亚风情，打造集文化艺术展览、旅游休闲、民宿餐饮一体的文化旅游服务度假村。2018年，"问海文创园"在抖音、微信、微博等网络平台迅速爆红，也让同名的问海民宿成为风情惠安网红景点打卡必到的一家特色民宿。面朝大海，春暖花开，枕着海上夕阳而息，和着浪涛的旋律沉睡，磅礴日出唤醒游客。问海民宿地理位置考究、房间采光效果、甚至每套客房的空间布置、家具、灯饰、物件配饰，每个细节都在用匠人对待传统艺术品的态度去完成、精心设计改造。"问海"拥有7间180°全方位海景房和1间双面环海景房，一楼设有观海的公共区域，所有房间都设有眺望海景的延伸阳台（见图7-2）。

图 7-2 "问海"民宿

图片来源："问海文旅"公众号。

---

* 内容来源："问海文旅"公众号。

中国台湾地区花莲石梯湾 118 民宿[*]

"石梯湾 118 民宿"位于花东海岸公路上，是紧临太平洋的一栋狭长型民宿，伫立在港口部落的沧海桑田，遗世静定，外观就像未完成的水泥石屋，毫无违和地融入山海地貌之间。设计概念始于"简单生活"，传达少即是多、空即是满的哲学。桀傲不驯的横向线条，粗犷原始的模板墙面，豪迈景色的大块露出。风雨岁月洗练出那深沉的灰，默默以生命实践，它所相信的意义。后廊直通太平洋岸边世界级户外地质教室——石梯坪；顶楼有 360 度山海环景是观星辰、赏日出、咏月升的绝佳天台；2019 年起开展驻村计划，邀请创作者们从六感（视觉、听觉、嗅觉、味觉、感受、潜意识）体验东海岸的动人风景（见图 7-3）。

图 7-3　石梯湾 118 民宿

图片来源："缓慢"官网，https：//www. theadagio. com. tw/article. php？lang＝tw&tb＝10&id＝292。

---

* 内容来源："缓慢"官网，https：//www. theadagio. com. tw/article. php？lang＝tw&tb＝10&id＝292。

思考题

1. 什么是乡村民宿的新营销?
2. 如何操作朋友圈营销、短视频营销及公众号营销?
3. 如何评估朋友圈营销、短视频营销及公众号营销的效果?
4. 如何打造网红民宿?

第八章　乡村民宿公共关系

学习目标：通过本章的学习，帮助学生了解乡村民宿公共关系的具体内涵，掌握处理乡村民宿与同业、村民、周边资源所有者、基层政府之间关系的原则和方法。

公共关系（Public Relation）的本意是指社会组织、集体或个人必须与其周围的各种内部、外部公众建立良好的关系，后延伸为某一组织为改善与社会公众的关系，促进公众对组织的认识、理解及支持，达到树立良好组织形象、促进商品销售目的等一系列公共活动。此外，公共关系还是一种状态，任何一个企业或个人都处于某种公共关系状态之中。为了实现永续发展，乡村民宿同样需要经营自己的公共关系，包括政府、周边社区、游客、媒体等各方面的关系。

（1）政府单位。乡村民宿需要依法依规进行开办和运营，除符合国家层面的法律政策外，还需要遵循地方的政策、法令和规范，因此乡村民宿需要与政府单位保持良好的沟通，建立良好关系，争取当地政府对乡村民宿的政策、税收等方面的支持力度。同时，乡村民宿要积极响应国家和地方的相关政策并接受政府单位的监督管理，履行各项规定和标准。

（2）周边社区。乡村民宿通常位于乡村，其发展往往不仅关乎自身利益，也涉及周边居民、农民和村集体等相关利益群体。因此，与当地社区建立良好的沟通和交流，尊重当地的文化、传统、习俗和民族习惯，关心周边居民的生活、工作和健康，对于乡村民宿的发展至关重要。

（3）游客。乡村民宿为游客提供住宿体验，游客的入住和对民宿的评价直接关系到乡村民宿的口碑和发展。透过提供优质的服务和舒适的住宿环境，建立起与游客良好的关系和赢取游客的信任，可以极大地增强游客的满意度和对乡村民宿品牌的忠诚度。

（4）媒体。媒体在宣传和报道乡村民宿方面发挥着重要作用。良好的公共关系可以帮助乡村民宿树立品牌形象，扩大知名度，提高影响力。因此，与媒体建立良好的关系，为媒体提供有价值的信息和资源，有利于其对民宿运营进行有针对性的宣传和推广，助力乡村民宿的营销管理。

综上所述，乡村民宿公共关系涉及各个方面，需要与政府、社区、游客和媒体等建立良好的关系和沟通，以便为乡村民宿的运营和发展提供有力的支持和保障。因而，下文将重点介绍乡村民宿与村民、同业、周边资源所有者、政府之间的关系，其中，乡村民宿与媒体的关系在第七章中有所论述，是以，此章不作重述。

第一节　乡村民宿与村民的关系

乡村民宿与村民是相互依存、互利共赢的关系。一方面，乡村民宿的发展需要依靠当地的资源和服务，例如农产品、当地特色食材，同时需要村民为民宿提供劳动力、卫生服务和保洁等方面的支持。另一方面，在依托当地村民提供服务和支持的过程中，乡村民宿可以为当地村民提供工作服务技能培训、为当地村民创造更多的就业机会和经济来源、激发当地村民的创业激情和活力，同时也可以为当地村民提供更好的生活体验。此外，乡村民宿的发展也需要与当地村民进行深入的交流和合作，切实了解当地村民的生活习惯、文化特色和旅游需求，以便更好地为游客提供服务和满足需求。在这个过程中，乡村民宿与村民之间可以建立起比较稳固的关系和信任，使当地的村民和游客在优美的自然环境和美丽的乡村风光中相互交流和了解，共同推动当地乡村旅游的发展。因此，处理好与当地村民的关系，于乡村民宿发展至关重要。

一、村民的角色

在乡村民宿的运营发展、人才管理和公共关系的处理中，村民常充当的角色和发挥的作用有以下四种：

（1）民宿业主。乡村民宿的业主通常是当地的村民，他们利用自己家中的房间、土地和家庭资产等资源，开办自己的民宿业务。民宿业主有着深厚的土地和乡土文化底蕴，能够为游客提供更加个性化、亲切的接待服务等。

（2）餐饮服务人员。乡村民宿中的餐饮服务通常由当地村民提供。一方面，餐饮食材有赖于当地村民提供；另一方面，由当地村民烹制的地道美食，可以为游客提供营养健康、美味可口的餐饮，宣传当地的饮食文化，同时，乡村民宿的餐饮服务接待人员也多由当地村民组成。

（3）队伍建设和维护。乡村民宿通常需要村民提供卫生清洁、保安维护等方面的服务，以维持民宿的整洁和安全。村民的工作质量和服务态度直接关系到游客的入住体验和满意度。

（4）当地文化传承人。乡村民宿通常融入了当地的乡土文化元素，例如采用当地特色建筑风格、展示民俗文化特色等。因而，乡村民宿在建造、室内设计、后期运营、活动设计等环节，皆需要当地文化传承人的参与。当地的文化遗产需要当地村民的传承、维护和发扬光大，乡村民宿的品牌特色由地方文化所彰显，由此，乡村民宿的发展诉求与当地村民继承和宣传当地文化的社会责任不谋而合。

二、处理好与村民的关系

乡村民宿与当地村民之间的合作关系和互助精神，不仅是乡村民宿可持续发展的重要基础，也是乡村地区全面发展的有力推动力量。处理好乡村民宿与村民的关系，对于乡村民宿的可持续发展和村庄全面发展至关重要。以下是处理好乡村民宿与村民关系的八点建议：

（1）争取村民的支持。新产业进入一个相对封闭和传统的环境，势必对原有环境造成影响。民宿的项目在进入乡村环境时，应该与村民充分沟通，争取村民的支持和接纳，降低村民对民宿的抵触。没有村民的支持，就没有办法正常开展民宿项目。

（2）尊重地方文化。乡村民宿要注重当地文化的传承和保护，更好地尊重和理解当地的风俗习惯和文化特色，倡导文化多样性和包容性，避免对当地文化的冲击和伤害。

（3）重视契约精神、坚持公开和公正原则。在乡村，法律合同效力是打折扣的。要用村民听得懂的语言和方式进行沟通，比如宗族、脸面、关系的认同和维护。对当地村民表示足够的尊重，才能获得足够的发展空间。乡村民宿在与村民沟通和交流时，应遵循公开、公正的原则，不掩盖信息，确保村民得到最优惠的待遇和不错的报酬。

（4）学会和当地共荣共生。对于村民来讲，民宿是"外人"。学会与当地人共荣共生是关键，不要介入村民的恩怨，要懂得村民之间的微妙关系，不站队不参与。乡村民宿在发展自身业务的同时，要关注村民的生计和就业问题，尽量为当地村民提供更多就业机会、商业机会和创业机会。乡村民宿要注重村庄的全面发展，利用现有资源，提高村庄的经济和社会水平，为村民提供更多商机，实现民宿与村民的共同发展。

（5）加强交流互动。为了更好地处理乡村民宿与村民的关系，乡村民宿应加强与当地村民的交流互动，了解当地村民的生活、工作和需求，鼓励村民参与民宿建设和运营的各个环节，采用亲切、民主化的管理模式让村民参与乡村民宿的发展，树立当地村民在乡村民宿项目中的主体意识，以此助力乡村民宿的发展。

（6）积极承担社会责任。乡村民宿要积极承担社会责任，尽到对当地环境和社区的责任，参与社会公益事业，回报社会。乡村民宿应该社会责任作为自己的经营理念和行为准则，尽可能地回馈社会、回馈当地村民，实现自身与社会共赢。

（7）舍小利顾大局，找到制衡的力量。村民的好感度和满意度期望较低，通常比较容易得到满足。因此，小利一定要让，不要计较，对于村民的报酬一定要尽快支付，言出必行。大事情要慢，需要权衡。不要让村民对乡村民宿的项目产生不良的印象。

（8）需要仰赖具有一定威望的中间人。村民间对接，需要中间人。民宿主与村民之间的沟通也需要仰赖有威望的中间人。中间人最好是村民中具有相当威望和资历的人，具有话语权。乡村民宿与中间人直接沟通、传达项目发展意向等信息，借由中间人与地方村民沟通，形成乡村民宿信息向村民的有效传达。同时，借助中间人的威望和权威，可以有效降低乡村民宿项目实行的阻力。

处理好乡村民宿与村民的关系需要乡村民宿在得到当地村民支持的前提下，充分尊重当地文化、秉持契约精神和公开公正的原则、积极承担社会责任、加强与村民的交流下，注意舍小利顾大局、寻找具有威望的中间人，实现与村民、村集体、地方文化、地方社区的共荣共生，通过相关的积极措施和努力共同推进乡村民宿和村庄的全面发展和进步。

第二节 乡村民宿与同业关系

乡村民宿与行业内其他民宿一直是竞争与合作并存的关系。①竞争关系：在乡村民宿行业，邻近的民宿之间存在一定的竞争关系，它们占有相似的资源条件、服务相似的客群，然而在公平、理性开展商业竞争的同时，也需要注重彼此间合作共赢，避免不必要的竞争和矛盾。民宿之间可以通过互相借鉴和合作，在服务质量、产品创新、管理水平等方面进行互补，提升行业整体水平，增强行业竞争力。②行业协作：乡村民宿行业可以通过各种方式实现协作，例如建立行业协会、组织行业交流会议、共同进行市场营销和宣传等。透过不断开展的行业协作，分享行业的先进经验，有助于推动行业的发展和成长，提高行业的整体实力。

乡村民宿与同业之间需要注重和维护相互学习、合作共赢的关系，以此不仅可增强行业自身实力，提高自身的服务品质和竞争力，还可以更好地回应市场需求，满足客人的需求，同时更好地推动整个行业的健康发展。

一、处理乡村民宿与同业关系的原则

（1）相对独立原则。乡村民宿与同业之间在相互学习、合作共赢的同时，也要彼此尊重、保持相对的独立性，不干扰对方的日常经营管理，各自保护自身的企业利益。

（2）合作共赢原则。乡村民宿与同业之间应当倡导合作共赢的原则，在物料采购上，可整合议价，提升民宿的议价能力，降低成本；协同合作，共同营销宣传、共同探索新的市场机遇、开拓新的客源，提高乡村民宿行业整体的发展水平。

（3）互补性原则。乡村民宿与同业之间可以在产品创新、管理升级、营销策略等方面展开合作，实现优势互补互利，共同推动行业发展。

（4）公平竞争原则。乡村民宿与同业之间应当遵守公平竞争的原则，不做出恶意竞争、侵犯他人权益等行为，维护行业的良好秩序。

乡村民宿与同业之间建立合作关系需要遵循相对独立、合作共赢、互补性和公平竞争等原则，共同推动行业发展。

二、处理乡村民宿与同业关系的方法

处理乡村民宿与同业关系的具体方法包括参加行业组织、开展市场共享、举行学习交流活动、推进技术转化和建立友好合作关系等。这些措施不仅可以加强同业间的联系，提升整个行业的实力和竞争力，而且可以为乡村民宿带来更多的业务机会和客源。

（1）参与行业组织。乡村民宿可以积极参与行业组织，共同探讨行业发展方向、制定行业标准、推进行业合作等。通过加入或建立行业协会、交流会等方式加强同业之间的联系和沟通。

（2）开展市场共享。乡村民宿可以和同业者合作，通过合作共享客源和市场信息，开展联合营销和宣传，实施地域联合包装，提高品牌知名度和曝光度。

（3）举行学习交流活动。乡村民宿可以组织或参加行业内的学习交流活动，分享行业经验、研究行业现状和趋势，加强同业之间的沟通。

（4）推进技术转化。乡村民宿可以与同业者分享技术和经验，共同推进行业技术升级和创新，提高服务质量和产品竞争力。

（5）建立友好合作关系。乡村民宿可以与同业者建立友好、稳定的合作关系，共同推进行业稳步发展，还可通过合作扩大和增强自身的业务，实现合作共赢。

第三节　乡村民宿与周边资源所有者关系

乡村民宿与周边资源所有者（如当地的农民、村民、土地所有者、文化遗产管理部门等）之间的关系是推动民宿发展并实现可持续发展的重要因素，因而乡村民宿需要审慎处理与周边资源所有者的关系。

一、处理乡村民宿与周边资源所有者关系的原则

（1）尊重、信任和友好协商原则。乡村民宿应该尊重周边资源的所有者，建立起可信任的友好关系，并加强与其沟通，协商达成共识。

（2）共同发展和双赢原则。乡村民宿应该把资源利用和村民福祉贯彻到"共同发展和双赢"目标中，努力实现持续的、平等的、互利的合作关系。尊重、考虑和保护本地居民的权益与利益，与他们形成良好合作伙伴关系，通过互惠互利的合作推动当地社会、经济和环境的可持续发展。

（3）遵守法律和规定原则。乡村民宿应该严格遵守当地相关法律、法规和规定，确保他人的私有财产不受到损害，并参与到保护自然及文化遗产资源的工作中。

（4）责任与义务原则。乡村民宿应该承担起社会责任，尽到保护和维护资源、生态环境和文化传承的义务。同时，也应当督促和引导民宿客人爱护当地生态、文化环境。

处理乡村民宿与周边资源所有者之间的关系，需要建立在尊重、信任，与他们合作共同发展和遵守法律和规定的基础上，秉承合作共赢的原则，开展友好协商，努力实现可持续发展。同时，在乡村民宿获取自身经济收益的同时，努力保护和发展当地的文化和资源，以此实现乡村民宿与周边资源所有者的双赢。

二、处理乡村民宿与周边资源所有者关系的方法

（1）建立合作协议。乡村民宿可以与周边资源所有者建立合作协议，明确双方合作方式、经济收益和责任义务等事项，以加强双方之间的信任和合作。

（2）加强沟通交流。乡村民宿应该加强与周边资源所有者之间的沟通交流，

倾听他们的意见和需求，了解他们的资源类型、经济状况和文化传承等情况，共同协调解决合作中遇到的问题。

（3）共同开发资源。乡村民宿可以与周边资源所有者协商共同开发资源，充分发挥资源的综合效益，提高利用效率和经济效益。

（4）投资文化建设。乡村民宿可以投资文化建设，保护和挖掘本地传统文化和历史遗产，推动乡村文化旅游和乡村振兴。

（5）严格遵守法律法规。乡村民宿在合作过程中必须严格遵守当地相关法律法规，尊重、保护和维护周边资源所有者的合法权益，坚决抵制恶性竞争和不法行为。

处理乡村民宿与周边资源所有者之间的关系需要建立在合作协议、加强沟通、共同开发资源、投资文化建设和严格遵守相关法律法规的基础上。乡村民宿应该注重与资源所有者的友好合作，坚持共同发展、共谋大业的原则，共同推动乡村民宿的可持续发展。

第四节　乡村民宿与基层政府关系

乡村民宿与基层政府之间有着密切的关系：基层政府在乡村民宿的发展中扮演着积极的角色，能够为乡村民宿提供政策支持和资金扶持，同时监督和协调民宿的发展。具体来说，乡村民宿和基层政府之间的关系表现在以下八个方面：

（1）政策支持。基层政府可以出台有利于乡村民宿发展的政策，支持和鼓励民间投资，为乡村民宿的投资和发展提供政策支持。

（2）资金支持。基层政府可以通过财政补贴、贷款或其他方式为乡村民宿投资和发展提供资金支持，在乡村民宿发展初期，适当的政府资金扶持是相当重要的。

（3）管理和监督。基层政府可以加强乡村民宿的管理和监督，加强对违规行为的打击，保障游客的安全和利益。

（4）旅游推广。基层政府可以通过旅游推广等方式，整合旅游目的地、乡村民宿、高端酒店等旅游接待服务业向外作整合营销，吸引更多游客前往。

（5）环保建设。乡村民宿需要在建设过程中尽可能减少对环境的破坏，基层政府可以制定相关的环保政策和措施，加强对乡村民宿的环保检查和监督。

（6）文化传承。乡村民宿的发展和文化传承密切相关，基层政府可以为乡村民宿提供文化方面的支持和指导，加强对乡村民宿地方文化遗产保护和传承的保护和引导。

（7）基础设施建设。乡村民宿的发展需要基础设施的配套支持，如道路交通、通讯、水利、卫生等，基层政府可以为乡村民宿提供基础设施的建设和配套支持，提高乡村民宿的服务质量和安全水平。

（8）安全保障。乡村民宿发展中也需要做好安全保障工作，基层政府可以加强对乡村民宿的安全检查和监管，确保乡村民宿的安全和游客的安全。

乡村民宿和基层政府之间是一种相互依存、相互促进的关系。在乡村民宿的发展中，基层政府能够发挥积极的作用，帮助乡村民宿解决发展过程中的各种问题。同时，乡村民宿也需要配合基层政府的管理和监督，共同为乡村民宿的可持续发展而努力。乡村民宿和基层政府应该加强合作，共同推进乡村旅游的发展。

一、处理乡村民宿与基层政府关系的原则

（1）公平原则。乡村民宿和基层政府在合作过程中应本着公平原则，相互尊重、理解和信任，坚持平等、互利、互惠和诚信原则。

（2）相互依存原则。乡村民宿和基层政府之间是相互依存、合作共赢的关系，需要双方共同发挥各自的优势和价值，互相促进和支持。

（3）可持续发展原则。乡村民宿和基层政府在合作过程中需要贯彻可持续发展原则，注重乡村旅游的经济、社会、环境效益，保护生态环境、文化遗产，提高当地人民的生活水平，推动本地经济的可持续发展。

（4）效率原则。乡村民宿和基层政府在合作过程中要高效，注重资源的优化配置和利用，提高合作效率和质量，降低合作成本和风险。

（5）法制原则。乡村民宿和基层政府合作需要遵守当地相关法律法规和合同协议，保护各自的合法权益，减少合作纠纷和失信风险。

处理乡村民宿和基层政府之间的关系需要遵循以上原则，营造友好、和谐、稳定的合作氛围，共同推动乡村旅游的可持续发展。

二、处理乡村民宿与基层政府关系的做法

（1）研究当地的政策规划。清楚未来5~10年的发展规划，并掌握当地政府的政绩要求，可以避免造成对乡村民宿项目的误判。如果当地有对于乡村建设的需求和指标，在此做民宿就有很大的机会。如果一开始因为政策方面的失误而造成了误判，对民宿未来的影响是非常巨大的。

（2）加强沟通与协调。乡村民宿和基层政府之间需要及时沟通和交流，了解彼此的需求和意愿，寻求合作共赢的机会和途径。同时，需要加强协调，协商处理合作中的各种问题。建立良好的关系。乡村民宿和基层政府需要建立起良好

的关系，建立合作共赢的信任和理解，互相促进和支持。争取获得当地党政领导的支持，保证正常的礼节交往，不使用行贿等违法手段。要从当地的发展规划入手，嵌入民宿项目。在符合政绩要求的前提下，获得足够的支持。有序的沟通和交流，需要彼此提供相互的帮助和扶持。

（3）接受当地的管理与引导。乡村民宿要接受相关部门的管理，不能对管理政策的要求视而不见。安全、治安、食药、消防、环保等各项要求务必达标，不能存在安全隐患，避免崩盘式的伤害。想要做好民宿，就必须接受管理，并且积极响应相关部门的管理和监督。

（4）理顺证照等手续流程。接受相关部门的管理和监督，并积极办理相关证照，积极参与培训考试，留存年检记录等。唯有获得合法身份，乡村民宿才有更大的发展机会。

（5）反馈并承担当地发展。应当对当地产业从促进当地税收、发展和人才就业等方面起到一定的积极作用等。当地政府关心的是当地的发展和就业，如果乡村民宿项目能提供此类帮助，通常会得到政府相应的扶持和支撑。因而，乡村民宿在谋求自身的经济效益的同时，也要懂得承担当地产业发展的责任。

思考题

1. 什么是乡村民宿的公共关系？
2. 村民在乡村民宿发展中发挥的作用和充当的角色有哪些？
3. 如何处理乡村民宿与同业、周边资源所有者、基层政府的关系？

案例 1

黄河宿集：民宿到宿集的一小步，乡村振兴的一大步*

"黄河宿集"业主方和运营方皆为华正文旅集团（以下简称"集团"）。

项目位置：宁夏中卫市沙坡头区常乐镇大湾村。

项目投资：1.17亿元（含土地成本，包含沙漠用地30亩和沙漠部分软装）。

预计回报期：7年。

体块属性：国有建设用地（商业用地）。

"黄河宿集"（见图例1-1）定位为全国性的高端旅行目的地。项目附近是AAAAA级景区——沙坡头，每年接待100多万旅游人次。基于景区产品，集团对当地游客的用户画像进行了细致的调研和分析，发现当地游客不符合"黄河宿集"这类高端度假产品的客群定位，高端客群在当地旅游市场依然处于空白，这样给了项目巨大的发展潜力。

"黄河宿集"项目的建设用地58亩，配套用地450亩（见图例1-2、图例1-3），项目立项后，集团开始跟政府对接土地招拍挂的工作。在拿地的过程中，陆续开始和民宿品牌沟通合作方案，为了把控整个项目的品质，并让项目积极快速推进，在合作模式方面，集团负责投资建设整个项目基础以及配套部分。民宿部分在集团投资建设到硬装后，以很低的租金价格引入了"大乐之野""西坡""墟里"三个民宿品牌，租赁期为20年，并由三个民宿品牌各自负责软装部分的投资。另一家民宿品牌"飞蔦集"，采用的是装配式建筑，不占用用地指标，由品牌方自行投资建设运营。所有的品牌合作，都必须遵从一个条件：每家民宿的设计风格必须按照"黄河宿集"的整体要求来执行。

"黄河宿集"所有的设计遵循"尊重在地文化、尊重自然融合"的理念，邀请当地从事古建筑保护30年的手绘老师参与规划设计，还原乡村的本来面貌；邀请当地文史专业方面的学者和专家，让设计和建筑更体现地方文化。

"黄河宿集"在整个营销前期基本没有什么投入，可以说是"0预算"。这是基于项目所引入的几家民宿品牌，不论在行业圈里还是在消费市场上，都积累了一定的品牌影响力，也为整个项目的前期传播引流提供了坚实的基础。每个民宿品牌利用各自的流量资源，很快为项目带来了初始的种子用户，尤其是前期的产品众筹，成为了项目初期的引爆点。众筹的真正价值并非资金，而是为项目带来的第一批众筹共建人，他们是精品民宿、度假旅游的资深爱好者，也是各行各业

---

* 内容来源："青绿智库"公众号。

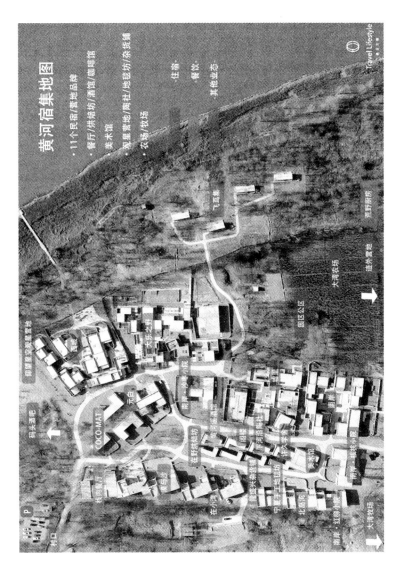

图例 1-1 "黄河宿集"业态总览

图例1-2 "黄河宿集"的户外体验

图例1-3 "黄河宿集"外景之一

的精英人士,这些共建人和品牌的忠实粉丝们,帮助整个项目打开了当地不曾有过的消费市场。在抖音、小红书等新媒体平台上,也可以看到粉丝们最真实的产品分享,随着越来越多的用户传播,"黄河宿集"以火箭般的速度出圈,帮助中卫乃至整个宁夏地区,一跃成为了年度全国热门旅游目的地。2020年"双11"期间,"黄河宿集"在飞猪、抖音平台获得总计1260万元套餐销售额的成绩单。此外,由于"黄河宿集"产品的独特性,一些综艺节目组也开始关注到这片西北的热土。2019年9月,《亲爱的客栈》第三季正式在"黄河宿集"开机拍摄,节目的开播也进一步助力了项目的传播。

"黄河宿集"的公共业态,初期都是由集团负责运营,正如全国的同类项目一样,受游客人数不稳定的影响,项目启动时,公共业态也运营得非常吃力,工作强度大,但收益却一直不高。对于宿集类型的目的地而言,再完整的业态、再美好的设想,都必须建立在稳定的客流之上。这一点在"黄河宿集"上也得到了充分的印证。随着项目客流的逐步稳定，这些公共业态也逐渐开始有了盈利，进而才走上了正轨。如今，"黄河宿集"的业态越来越丰富，除了引入国内外顶级的民宿、营地、餐饮、美术馆、书店、文创、生活方式类品牌，还和当地的非遗传承人合作设立了宁夏手工毯店铺、西夏陶吧，建设了自己的农场、牧场，在宿集内形成了吃住行玩购相对成熟的形态，这些多元化的业态和服务，让每一个旅行至此的客人，又多了一个停留的理由。

"黄河宿集"项目90%以上的员工都是从本地招聘的。过去，村民们都到周边城市打工，似乎快遗忘了这个破败不堪的小村子；而如今，村民们纷纷回到村里，看着这个仍保持原有风貌的村落，正传播着西北黄河边独一份的文化，每个人都重新点亮了内心的那份自豪感和归属感。同时，"黄河宿集"引入的民宿品牌，有着十分完备的服务培训体系，本地村民从最基础的服务一点点开始学习，很快便能胜任日常的工作。久而久之，村民们收获的是稳定且不错的收入，游客们体验的也是最为本地化的服务，而经营者们，也能将更多的精力投入产品的打磨上，这样的三角平衡关系，自始至终都是每一个乡村度假产品必须遵循的道理。

如今的"黄河宿集"，不仅引入了"在小湾""元白""迹外营地"等住宿品牌，还有着"漠与沙SPA""读库书店""食野山桌餐厅"等业态，不断丰富着各类业态和新的产品玩法。作为西北旅游目的地最具风格的一张名片，"黄河宿集"为宁夏片区的旅游创造了新的可能，也改变了西北地区缺少高端文旅产品以及冬季直接歇业的旅游现状。在"黄河宿集"获得消费市场的认可后，"星星酒店"等中卫沙漠旅行类的度假产品也不断涌现；经过"黄河宿集"重新包装的"黄河滩枣"，第一年便帮助当地销售出十几万斤，滩枣的价格也从最早的每斤3元涨到了15元。本地航班、出租车、餐饮及农家乐、农产品、蓬勃发展，越来越多的本地人，可以通过旅游产业赚到以往赚不到的钱，过上比以往更好的生活。与其什么都做，不如引领市场，这就是宿集所带来的变化。

如今乡村振兴正当时，各地政府最缺的是什么呢？运营。这个时候的民宿，相比度假酒店，投入小、周期快，合作灵活，再加上诗和远方的产品属性，民宿的生态位就完全改变了。而宿集（乡村综合体）作为民宿新一代的升级产品，从过去的单体运营过渡到现在的整村运营，更符合乡村振兴的落地需求，但同时也需要落地团队具备更强的产品能力和运营能力。

案例2

四川理县千户苗寨

西江千户苗寨（见图例2-1），地处贵州省黔东南州雷山县西江镇，是中国历史文化名镇、中国景观村落、国家 AAAA 级旅游景区。景区占地面积 5.5 平方千米，距雷山县城 25 千米，距离黔东南州州府凯里市 35 千米，距离省会贵阳市约 260 千米，紧邻沪昆高速公路、凯雷高速公路，开通了贵阳、荔波、凯里高铁南站、都匀东高铁站、镇远古城等地直达西江千户苗寨景区直通车，交通十分便捷。

图例 2-1　西江千户苗寨民宿

图片来源：西江千户苗寨官网。

西江千户苗寨，是一座露天博物馆，展览着一部苗族发展的史诗，成为观赏和研究苗族传统文化的大看台。全寨共有 1400 余户、6000 余人，苗族人口占 99.5%，是目前中国乃至全世界最大的苗族聚居村寨。西江牯藏节、苗年，闻名四海，苗族农耕、节日、银饰、服饰、饮食、歌舞等民风民俗世代相传。西江千户苗寨在半山建造独具特色的木结构吊脚楼，千余户吊脚楼随着地形的起伏变化，层峦叠嶂，成为全世界典型的苗族吊脚楼村寨，西江千户苗寨吊脚楼被列入首批国家级非物质文化遗产名录。西江是一个保存苗族"原始生态"文化完整的地方，是领略和认识中国苗族漫长历史与发展的首选之地，被中外人类学家和民俗学者认为保存苗族"原始生态"文化比较完整的地方。著名的作家、学者余秋雨先生点赞这座苗寨风情——"以美丽回答一切"。

西江千户苗寨先后获得国家文化产业示范基地、全国农业旅游示范点、中国文化生态景区、国家级夜间文化和旅游消费集聚区、中国文化旅游新地标、中国最美的 100 风情小镇、十佳旅游镇（村）最美"原生态"露天博物馆、中国优秀国际乡村旅游目的地和中国文明生态景区、世界十大乡村度假胜地、贵州十大魅力旅游景区、贵州十佳提升样板景区、贵州十佳夜游地标、2019 年"一带一路"国际旅游新商机最受海外游客欢迎的内地旅游目的地等殊荣。

近年来，雷山县坚持保护和开发并重、传承和创新齐抓，用好一系列金字招牌，把民族文化旅游产业为战略性主导产业来抓，以西江千户苗寨为龙头全力推进全域旅游化"雷山模式"，先后被评为"全国休闲农业与乡村旅游示范县""国家全域旅游示范区"。西江千户苗寨被列入全国"景区带村"旅游扶贫示范项目，"乡村旅游+"产业扶贫模式连续两年在贵州省旅发大会上作了经验介绍，"西江模式"被列为贵州改革开放 40 年 40 事典型案例，雷山县发展乡村旅游助推脱贫攻坚入选世界旅游联盟旅游扶贫优秀案例。

西江千户苗寨以民族文化推动文旅融合发展，拥有苗族芦笙舞、苗年、苗绣等 15 项国家级非物质文化遗产，被誉为"中国苗族文化展示中心"。成立了西江苗族博物馆等机构加强对少数民族文化进行保护、挖掘、抢救和传承发展工作进行研究，保护传承力度加大；建成西江苗族博物馆和鼓藏头、银饰刺绣、蜡染等家庭博物馆，组建了西江艺术团、古歌演唱队、拦门酒队伍等，坚持每天定时举办十二道拦门酒（茶）、民族文化大巡游、民族歌舞表演、游方等文化展示活动，民族文化展示形式更加丰富；先后打造了《苗族铜鼓舞》《苗族芦笙舞》《苗族锦鸡舞》等民族文艺精品，《情定西江·讨花带》《美丽西江》苗族歌舞剧得到游客好评；打造了鼓藏路、招龙路等主题游线；挖掘苗族桥文化故事，并在风雨桥上举行苗族情歌对唱、阁楼对歌表演，新增《苗语角》《西江讲堂》等文化展示体验点；在苗族吃新节、苗年节等节日举办"村 BA"篮球赛，在十三年一度的苗族鼓藏节开展"讨花带"活动，苗寨特色文化持续火出圈。

西江千户苗寨以基础服务助力旅游产业发展，建成凯雷高速公路并在西江开通匝道，距离凯里南站 48 千米，凯里火车站 40 千米，贵阳高铁北站 210 千米，贵阳龙洞堡飞机场 190 千米，黄平飞机场 100 千米。建成郎利至西江公路、雷山至西江公路、排乐至西江公路，四通八达的交通网络已经形成。共有自配西门生态停车场 1 个、北门备用停车场 3 个，停车位 5800 余个，总面积近 116800 平方米；景区现有接待总床位 11000 余个，现有就餐接待能力 16000 余人；景区现有旅游厕所 23 座；建成西门游客服务中心、北门旅游信息咨询中心；标识系统、休息设施、医疗服务、智慧景区、供水排水、消防安全、旅游步道、灯光系统等设施更加完善。打造了千家灯火夜景、大型原生态苗族情景歌舞展演《美丽西江》、"情定西江·讨花带"等游客体验活动，新建了悦榕庄酒店、西门至北门索道等，丰富了景区业态，景区不断提质升级。

西江千户苗寨以文化旅游赋能乡村振兴之路，带动景区及周边村寨开办农家餐馆200余家、民宿客栈300余家、旅游特色商品销售160余家，特色小吃店170余家，直接和间接带动当地群众就业2.3万人，其中直接从事景区服务工作的有3000余人。建立寨内群众优先就业机制，景区聘用人员优先考虑寨内人员就业，西江旅游公司有805名员工，其中410人来自西江村，占到了公司员工总数的50%。设立民族文化保护基金，从西江景区门票收入中提取18%设立民族文化保护和奖励基金用于发放给村民，2011年以来户均累计分红超过了10万元，1400余户6000多群众直接受益。在西江苗寨，98%以上的村民都吃上了"旅游饭"，西江苗寨农村居民可支配收入从2007年的1700元增长到2021年的20300余元。西江千户苗寨被列入全国"景区带村"旅游扶贫示范项目，"乡村旅游+"产业扶贫模式连续两年在贵州省旅发大会上作了经验介绍，"西江模式"被列为贵州改革开放40年40事典型案例，雷山县发展乡村旅游助推脱贫攻坚入选世界旅游联盟旅游扶贫优秀案例。

案例3

广西龙脊梯田

龙脊梯田，是指在龙脊山上开发出的梯田，从广义说叫做龙胜梯田，从狭义上称为龙脊梯田。位于广西龙胜县龙脊镇平安村龙脊山，距县城22千米。距桂林市80千米，处东经109°32′~110°14′，北纬25°35′~26°17′。

龙脊梯田特点：梯田如链似带，把一座座山峰环绕成一只只巨大的螺蛳，有的像巨扇一样半摺半开，斜叠成一个个狭长的扇；有的则像天镜被分割，然后有层次地镶嵌成多种图形的碎块。在这个广袤的方围内，小路悠悠地蜿蜒在跌宕有致的梯田里，飘忽成一根根细绳。

梯田处处有，可像龙脊梯田这样大规模的集中实属罕见。从流水湍急的河谷，到白云缭绕的山巅，从万木葱茏的林边到石壁陡崖前，凡有泥土的地方，都开辟了梯田。垂直高度达五六里，横向伸延五六里，那起伏的和高耸入云的山，蜿蜒的如同一级级登上蓝天的天梯，像天与地之间一幅幅巨大的抽象画。

自然景观和自然环境保护得好。梯田的地理位置是坐落在越城岭大山脉之中，四面高山阻隔，至今仍未通公路，经济性质仍然是自产自给为主。龙胜最高峰福平包（海拔1916米）坐落在小寨屋后，在福平包海拔1500米以上仍然保持茂密的原始森林。这里溪流众多，水源充足，山上植被四季常青。山寨的房屋是清一色的吊角楼，错落有序的山寨与大山融为一体，古朴清雅，画意十足，来到金坑大有返璞归真、回归自然之感。

景色秀丽、如诗如画。龙脊梯田整齐有序，线条丰富多彩，线条形状以曲线为主，曲线赋于人们一种动态美，尤其是那些长长的曲线和波浪线，使人联想到这些梯田好像是天上飘落的彩带。金坑梯田还有象形美，有些小山沿着山体的形状修满了一圈圈的梯田，像宝塔一样，增强了田园造形美；有的梯田连片看像山鹰展翅；有的梯田如七星伴月，有的梯田就是典型的梯形图形，还有花边田等。金坑梯田比较有层次感，由于金坑地势陡峭，梯田以带状形的较多，它的高低层次较多，远近层次也很丰富。再就是金坑梯田有音乐般的美感，它体现在梯田的节奏与韵律感之中。

民风淳朴，民族和睦。如今走进瑶寨，还可以经常看到一些农民主动筑路架桥，不计报酬。人们都敬爱老人，寨上如有红白喜事，凡是同寨鳏寡老人无论亲疏均请赴宴而不收礼物。路遇老人，更是长者先行。在日常生产活动中还保持着背工、帮工方式，即换工，如：哪家起房子劳力不够，寨子上的人们都会主动来帮工，当你有困难需要别人来帮工时，大家也会主动来，这种换工方式，不用付报酬，只负责吃饭就行了。还有互借互助、物不乱取等良好民风均保持得十分完好。

图例3-1　广西龙脊梯田民宿

图片来源：百度图库。

案例4

洛奇·溪堂民宿

项目坐落在天津蓟县郭家沟，其场地位于郭家沟村落的中心，南北各有一片自然水面，西邻大山，东临村落。在项目场地和东边村落间隔着一大块空地和一条主干道，村落内部的道路呈扇形分布并最终汇集到这块空地。现状楼群是青瓦坡屋顶、灰砖墙体承重的单层建筑，最大限度地尊重了现有条件，对建筑主体结构及材质进行了保留甚至凸显，在此基础上，置入了钢结构白色方盒子、玻璃幕墙、木格栅等现代材质及形体,以求得新与旧之间的平衡和融合(见图例4-1~图例4-10)。

俯瞰建筑　　　　　　　　　　民宿外观

民宿入口

图例4-1　民宿入口

图例4-2　中庭

图例4-3　接待大堂

图例4-4 中庭连接室外廊道

图例4-5 室外廊道将各楼串联在一起

图例4-6 茶室

　　鸟瞰视角下的秩序感和拼贴感，寻求新旧关系的对话。在公共空间区域中，广场及入口做了三个处理：①引入静水面，形成不同亲水方式，激活广场的公共活动性。②主立面采用新旧材质形成层次丰富的拼贴效果。③将主入口处理成一个空间以及框景器，供人茶歇休息及提供引入性。中庭是一个双重属性的空间。当茶室和主入口的门关闭的时候，它是一个可举办集会活动的内院；当门打开时，它是入口广场的内向延伸。后山以景观处理为主，这里有一个供人休息观景的露台，还有枯山水景观作为露台和自然山色间的过渡，对自然景观以还原保留为主。

图例 4-7　客房

图例 4-8　平面图

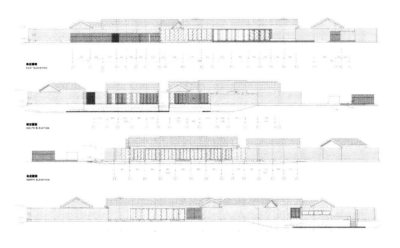

图例4-9 立面图

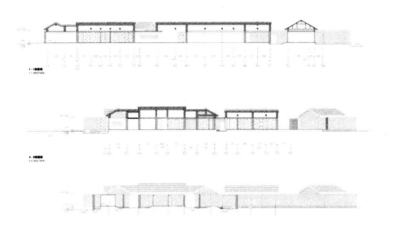

图例4-10 剖面图

通过室外廊道这种半室外空间，将各楼串联在一起，将原本分散的多个独栋，改造成了一个内部联系紧密的单体建筑；并通过新增墙体或者体量，将原本公共的建筑之间及沿湖的室外空间转换成了内部庭院、天井、房间等私密空间，每一个房间的进入过程都是从公共到半公共再到私密的一系列园林空间的经历。而原本私密的中央庭院则被改造成了由茶室、大堂、主入口、餐厅等公共空间围绕的中央公共区域，这个新的庭院空间联系了属于村民的广场和后山，并成为了住客和村民可以共享的一个公共中心。

公区室内主要有大堂、茶室和餐厅。其主要特点有：①通透性，室内外融为一体。②开敞的大空间，容纳公共活动。③差异性，三个空间形成各自的调性。半公共空间区域是连接公共空间区域和私密空间区域的中间地带，主要呈现为一些室外廊道及公共庭院，这也是园林式空间特点表现最强烈的部分，主要体现在五个处理上：①高差处理。②顶棚的开口处理。③对景处理。④框景处理。⑤铺装处理。最终使这个区域形成走走停停、曲径通幽、一步一景的体验。私密空间区域主要有客房和庭院构成。现有建筑的内部空间存在如下问题：①面积不够大或过大。②房型过于狭长。③房型单调。分别用区域细分、差异化房型等手段回应这些问题。

民宿区别于传统酒店的核心在于其拥有庭院，这使室内外空间关系更丰富多样，在这个项目中，设计了五种院落类型：①单向型。②前后型。③一字型。④岛型。⑤三院型。最终，尽管这些客房彼此紧靠，但通过庭院关系的处理，每户都有着独立置身自然的感受。对庭院本身，主要做了三个处理，首先是亲水性处理：庭院内整体铺设防腐木作为休息平台，移除湖面中央亭子还原水面开阔感，利用高差营造退台消解陡峭感，庭院内引入静水面形成无边水池。其次是空间的细分处理：每个庭院内各有一颗景观树，小庭院采用软景及家具的方式丰富空间层次，大庭院置入格栅、雨棚等轻体量来细分空间。最后在立面处理上，在通透感极强的玻璃幕墙基础上，引入了白色格栅或隔板，消解了因砖墙给建筑带来的厚重感，且在体量虚实层面丰富了立面的层次。

案例5

大乐之野·谷舍精品民宿

柿林古村，属浙东峡谷地貌，光照和雨水充沛，地表植被多样且覆盖率高。柿子、樱花、竹笋、茶叶是古村重要的经济农作物。四面环山，独特的地理位置让这个有着八百年历史的古村更具神秘感。古村一直以厚重而交织的底蕴与纹理探寻蹊径，希望通过一个个精品民宿的建成带动其旅游产业的发展。

大乐之野·谷舍精品民宿（见图例5-1～图例5-12）选址于柿林古村，室内设计由DAS Lab设计完成。该项目地形是典型的高山台地，四周高山峡谷，中间岗连坡平。俯瞰周边景观，独特的地理位置使场地内的自然景观丰富多样。建筑群的布局是类似"卫城"的设计手法，保证了内部活动空间的安全感。22间客房的开窗均朝向外围，留给室内的是直面外部的自然景观。

餐厅是本项目最具复杂性的空间。该空间包含了聚会、用餐、入住办理、洽谈等功能。由三个高低不一的建筑组合而成，中段留有10米的挑高空间，两边是8米落地窗。面对繁茂的植被和图画感极强的自然景观，希望通过材料的物理性营造人工与自然的高强度碰撞以及一种直觉的、潜意识的、肌体上的平衡感。并在内部创造出与外部一样的开放性，提供一瞬间便令人印象深刻的休憩之所。

图例 5-1　建筑外观

图例 5-2　建筑群的布局是类似"卫城"的设计手法

图例 5-3　庭院

这个空间呈现出一种躁动、静谧的双重取向：一方面，是作为餐厅的娱乐开放空间和复杂功能的组织；另一方面，又融合了山林的多样性、意外性和随机性。作为活动的场所激发起具有可见度、热闹、兴奋和噪音的图像，山林则散发出隐蔽、隔离、孤独和寂静的情景。空间中营造了一种对立下的平衡感。

图例 5-4　吧台

图例 5-5　独立洽谈空间

图例 5-6 楼梯

图例 5-7 餐厅二层

图例 5-8 客房

图例5-9　室内泳池

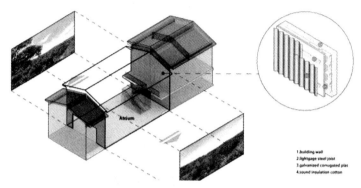

图例5-10　轴测图

图例5-11　首层平面图

图例5-12　二层平面图

相信民宿作为将视觉、情感以及思绪从日常生活中抽离的媒介，透过空间、光景，能让体会时间的质感。在客房部分尽可能的让设计保持克制，希望实现，自然存在的部分与人工新建的部分之间进行整合。这是对环境、场所和业主所做出的解读，即给客人提供一处朴素、温馨的休憩之所。

案例6

奢野-莫干山

环境之于建筑，建筑之于环境，成为本案的两条主线。漫山遍野的绿，是本案例给人最深刻的震撼。不忍强行揉捏多余的色彩进入这个画面，梦想中的白墙青瓦，墙角倔强的爬藤，没有矫情做作的设计手法，期望一切融进大自然给予的美。

避世——看到这间包裹在密集丛林里的民宿，脑海中就跳出这两个字来。漫山遍野的绿，像一个巨大的屏障，冲你笼罩而来，包裹住这份遗世独立的宁静。古人说："小隐隐于野，中隐隐于世，大隐隐于朝"，那不妨先在这"小隐"中，完成一次对心灵，最原始的震撼。

本案色彩简单干净，大片大片的留白，却不让人感觉空旷，只觉得视野无限开阔。这得益于开放式的空间结构，使空间的整体感更强，也让光与景能够更容易地进来。

无论是天窗、落地窗、阳台，还是床头圆形的镂空，设计师用层层叠叠的方式，把户外的景引入室内，与自然交流，勾勒出一副宁静的写意画。

摒弃无用的墙体，抛弃过多的装饰，只保留生活所必须的事物，在这个作品中，让人理解到"断舍离"的感念，不仅仅是物品，也可以是墙，是灯，是屏障……在此间坐着，与直接坐在大自然里，似乎也没有什么不同，唯有柔软的床、干燥的木地板与手中温热的茶……

而这种完全开放式的透明卫生间，也只有在这"深山老林"中才敢拥有。抛开束缚，用最打开的心态面对自然。其实世界本就是如此，一颗坦诚的心，与亘古不变的自然。

在对原始建筑进行综合考量之后，决定保留部分老旧的墙体和旧房梁，这些经历过光阴流转的物件，身上有沉淀过的底蕴，有记忆。但同时也添加了纤细的金属，慵懒的豆豆袋和细腻的水泥，使老屋既不充斥着老旧的沉闷，也不让太多现代化事物的进入而违背设计的初心。

刷黑的房梁与素白的墙面形成强烈反差，老屋中避不开的纵横交错的房梁，那便干脆不避，使之成为浓墨重彩的一笔。笔直的线条打造出层次分明的几何感，也是现代审美与老式结构的碰撞。

生活在当下，总想逃离。或许是被密集的水泥森林压的喘不过气来，或许是封闭了许久的内心需要一次彻彻底底的释放，或许装的太久了，快要忘记自己原本的样子……

而此番设计，便是在这城市林立中，寻一片净土，怀着对自然的敬畏，建一个梦境中的伊甸园。

参考文献

［1］SH 美化家庭编辑部．打造天天客满的好民宿［M］．郑州：中原农民出版社．2017.

［2］爱彼迎中国专家委员会．现代乡村民宿经营与管理实务［M］．北京：中国旅游出版社．2019.

［3］白瑞芸．乡村振兴背景下山西省乡村民宿可持续发展路径研究［J］．中国商论，2022（07）．

［4］北京唐人旅游规划设计院．玩转民宿［M］．北京：旅游教育出版社．2015.

［5］陈波，裴馨怡．乡村民宿室内设计研究［J］．城市住宅，2021，28（03）．

［6］陈犀吉，杨永盛．休闲农业民宿．威仕曼文化公司．2008.

［7］陈志刚．永泰县发展全域旅游的空间布局及路径探讨［J］．福州党校学报，2018（01）．

［8］范晶，都伟．中式乡村民宿室内环境设计中的形与意［J］．设计，2021，34（01）．

［9］冯巧玲，谭剑．新发展格局中乡村民宿配套政策研究［J］．小城镇建设，2022，40（09）．

［10］过聚荣．旅游民宿经营实务［M］．北京：社会科学文献出版社．2018.

［11］洪涛等．民宿运营与管理［M］．北京：旅游教育出版社．2020

［12］黄文波．餐饮管理［M］．北京：对外经贸大学出版社．2007.

［13］江增光．民宿主题设计与乡村文化表达——基于对苏锡常乡村民宿的调查［J］．青岛职业技术学院学报，2022，35（04）．

［14］李亮．国内乡村民宿发展存在的问题与对策［J］．科技视界．2016（22）．

［15］李贞．数字技术让乡村民宿更火了［N］．人民日报海外版，2022-08-19（008）．

［16］梁婷婷，谭波．生态旅游视角下乡村民宿的设计与规划［J］．建筑经

济，2021，42（08）.

［17］刘露露，吴世丹. 历史记忆下的东北乡村民宿特色设计研究［J］. 绿色科技，2021，23（11）.

［18］刘晴，陈佳妍，肖优. 地方文化在乡村民宿家具设计中的应用研究［J］. 美术教育研究，2023（08）.

［19］罗文彬，蒋卫平，吴阳. 乡村振兴背景下的民宿设计［J］. 建筑结构，2022，52（06）.

［20］冒周莹，杭佳琪. 乡村民宿新型融资模式——REITs［J］. 中国林业经济，2023（01）.

［21］欧阳煜宽，李文驹. 旅游开发背景下的新建乡村民宿复合化设计初探——以建德下梓村为例［J］. 建筑与文化，2022（10）.

［22］秦淞群，戴继明. 基于BIM技术的乡村民宿景观设计策略与思考［J］. 城市建筑，2022，19（17）.

［23］上海市人民政府办公厅印发《关于进一步促进上海乡村民宿健康发展的指导意见》的通知［J］. 上海市人民政府公报，2022（08）.

［24］石嘉伟，朱小军. 乡村旅游背景下民宿设计研究——以上海横沙岛民宿设计为例［J］. 设计艺术研究，2022，12（06）.

［25］孙华贞，张庆，林开淼，郭伟锋. 世界遗产地武夷山乡村民宿空间分布特征及影响因素［J］. 西安建筑科技大学学报（社会科学版），2022，41（06）.

［26］孙威，杨宏生. 各地政策加码　助力乡村民宿高质量发展［N］. 中国商报，2023-05-18（P01）.

［27］覃伟，陈佳昊，王红兵，钟颂磊，刘安. 基于在地性设计理念的乡村民宿设计模式研究——以常德市太阳山片区民宿为例［J］. 重庆建筑，2022，21（11）.

［28］童茜. 基于乡土文化符号的乡村民宿景观设计研究［J］. 山东农业工程学院学报，2023，40（02）.

［29］王琼义，黄小华. 色彩设计赋能象山影视乡村民宿的方法探究［J］. 丝网印刷，2022（08）.

［30］王硕，解旭东，杨倩倩. 基于乡村振兴背景下的滨海山地乡村民宿现状研究——以青岛市崂山区为例［J］. 城市建筑，2022，19（06）.

［31］王添祺，丁博涵，陈玥，白江鹏，高云来. 乡土元素在乡村民宿设计中的再生与应用［J］. 现代园艺，2022，45（04）.

［32］王卓. 地域文化视角下的乡村民宿室内设计研究［J］. 居舍，2023（02）.

［33］文亮清. 上海市乡村民宿旅游发展模式研究［D］. 上海师范大

学，2022.

［34］徐诗涵，李凌舒，范丽金，邱慧婷，黄阵仙．AR 技术在乡村民宿开发中的应用与实践——以福建省永泰县为例［J］．黑龙江粮食，2022（01）．

［35］叶萃萃．文旅背景下闽北地域乡村民宿的设计范式研究［J］．雕塑，2021（02）．

［36］余炳炎，朱承强．饭店前厅与客房管理［M］．天津：南开大学出版社．2008.

［37］远方．AR 技术发展对旅游产业的影响［J］．电子技术与软件工程，2019（03）．

［38］张卫丽，韦婷娜，李珊．乡村民宿发展策略研究［J］．江苏建材，2023（01）．

［39］郑锐填．乡村振兴战略环境下乡村民宿建筑设计探讨［J］．工程建设与设计，2022（22）．

［40］朱睿．乡村振兴战略背景下贵州乡村民宿发展探究［J］．农村经济与科技，2022，33（10）．

［41］庄宜君，熊晓叶．海南地域性乡村民宿的多元化设计研究［J］．住宅产业，2021（01）．

附件一 《旅游民宿基本要求与等级划分》（GB/T 41648-2022）实施工作导则

为充分发挥旅游民宿国家标准的示范引领作用，规范和引导旅游民宿发展，确保旅游民宿国家标准顺利实施，依据《中华人民共和国旅游法》《中华人民共和国标准化法》，制定本导则。

一、全国旅游标准化技术委员会负责：

（一）指导各地宣传贯彻、实施《旅游民宿基本要求与等级划分》（GB/T 41648-2022）；

（二）组建、培训和管理全国旅游民宿等级评定专家队伍；

（三）审核、备案、发布全国旅游民宿等级评定和复核结果，受理全国旅游民宿等级评定和复核申诉；

（四）评定、复核甲级和乙级旅游民宿；

（五）制作、发放和管理全国旅游民宿等级证书、标牌。

二、省级旅游民宿等级评定机构负责：

（一）在本地区宣传贯彻、实施《旅游民宿基本要求与等级划分》（GB/T 41648-2022）；

（二）开展全国旅游标准化技术委员会部署的旅游民宿等级评定和复核工作；

（三）组建、培训和管理本地区旅游民宿等级评定专家队伍；

（四）指导、推荐和初审本地区申报甲级、乙级的旅游民宿；

（五）评定、复核本地区丙级旅游民宿，向全国旅游标准化技术委员会报备评定和复核结果。

三、甲级、乙级旅游民宿按照以下程序评定：

（一）申请。申请评定甲级、乙级的旅游民宿应对照《旅游民宿基本要求与等级划分》（GB/T 41648-2022），按属地原则向省级旅游民宿等级评定机构递交申请材料，具体包括：旅游民宿等级评定申请，消防、卫生、营业执照、房屋安全鉴定等相关证明文件复印件，无违法违规行为的承诺书等。

（二）初审和推荐。省级旅游民宿等级评定机构受理申请材料后，应严格按照《旅游民宿基本要求与等级划分》（GB/T 41648-2022）的要求，在30个工作日内对申报旅游民宿进行初审和指导。对符合要求的旅游民宿，省级旅游民宿等级评定机构向全国旅游标准化技术委员会递交推荐报告。

（三）评定。全国旅游标准化技术委员会收到省级旅游民宿等级评定机构推荐报告和旅游民宿等级申请材料后，在30个工作日内对推荐的旅游民宿进行材料审核。未通过审核的旅游民宿，全国旅游标准化技术委员会书面通知省级旅游民宿等级评定机构。通过审核的旅游民宿，由全国旅游标准化技术委员会委派2～3名评定专家进行现场检查，在24～36小时内完成检查并形成检查报告，提交全国旅游标准化技术委员会。

（四）审核和公示。全国旅游标准化技术委员会对现场检查结果进行审核，审核认定达到甲级、乙级标准的旅游民宿，由全国旅游标准化技术委员会向社会公示5个工作日，公示内容包括旅游民宿名称、通过资格审核时间、评定检查时间等。

（五）发布。公示合格的旅游民宿，向社会公布，授予相应等级证书和标牌。

（六）申诉。申请甲级、乙级评定的旅游民宿对评定过程及结果有异议的，在公示期内可向全国旅游标准化技术委员会申诉。全国旅游标准化技术委员会核查后予以答复。

四、丙级旅游民宿评定程序由省级旅游民宿等级评定机构参照甲级、乙级旅游民宿评定程序制定执行，评定结果报全国旅游标准化技术委员会审核、备案后发布。全国旅游标准化技术委员会可对丙级旅游民宿的评定进行核查。

五、旅游民宿等级评定依据《旅游民宿基本要求与等级划分》（GB/T 41648-2022）进行，具体要求如下：

（一）"A基本要求检查表"（见附件1）。该表分别规定了甲级、乙级、丙级旅游民宿的"必备要求"和"选择内容"，申请评定的旅游民宿应符合对应等级的"必备要求"，丙级旅游民宿应满足"选择内容"任意13项条款，乙级旅游民宿应满足"选择内容"任意24项条款，甲级旅游民宿应满足"选择内容"任意30项条款。

（二）"B基本要求评分表"（见附件2）。该表共200分，由环境和建筑（30分）、设施和设备（60分）、卫生和服务（60分）、特色和其他（50分）四大项组成。丙级旅游民宿四大项总分最低得分率40%，甲级、乙级旅游民宿各大项最低得分率：乙级60%、甲级80%。

六、旅游民宿取得等级后，每年度应对照标准进行自我评估。相应旅游民宿等级评定机构可组织随机抽查。因环境和建筑、设施和设备、卫生和服务、特色和其他发生变化，达不到原等级标准的，应按程序重新申请评定。

七、旅游民宿取得等级满 3 年后，由相应旅游民宿等级评定机构进行复核。如因正在进行大规模装修改造或者其他原因而暂停营业的旅游民宿，可以在复核当年前提出延期申请。经查证属实的，相应旅游民宿等级评定机构可予以适当延期，延期不超过 6 个月。

对复核结果达不到相应等级标准的旅游民宿，相应旅游民宿等级评定机构根据实际情况给予限期整改、取消等级的处理，并对外公布。整改期限不超过 6 个月。复核被取消等级的旅游民宿，自取消等级之日起 3 年后，可重新申请评定。

全国等级旅游民宿复核处理意见及依据：

（一）出现下列情形之一的，相应旅游民宿等级评定机构应作出"限期整改"的处理意见：

丙级："表 A.2 丙级旅游民宿基本要求检查表"达标，"表 B 基本要求评分表"中四大项总分最低得分率低于 40%、高于 30%。

乙级："表 A.2 乙级旅游民宿基本要求检查表"达标，"表 B 基本要求评分表"中任一大项最低得分率低于 60%、高于 50%。

甲级："表 A.3 甲级旅游民宿基本要求检查表"达标，"表 B 基本要求评分表"中任一大项最低得分率低于 80%、高于 70%。

（二）出现下列情形之一的，相应旅游民宿等级评定机构应作出"取消等级"的处理意见：

丙级："表 A.1 丙级旅游民宿基本要求检查表"不达标；或"表 B 基本要求评分表"中四大项总分最低得分率低于 30%。

乙级："表 A.2 乙级旅游民宿基本要求检查表"不达标；或"表 B 基本要求评分表"中四大项任一大项最低得分率低于 50%。

甲级："表 A.3 甲级旅游民宿基本要求检查表"不达标；或"表 B 基本要求评分表"中四大项任一大项最低得分率低于 70%。

八、全国旅游民宿等级评定专家由各省级文化和旅游行政部门向全国旅游标准化技术委员会推荐，经资格审核合格后予以聘任，任期 3 年。

全国旅游民宿等级评定专家、各省级旅游民宿等级评定机构在旅游民宿等级评定和复核过程中应严格遵照工作程序，遵守工作纪律，清正廉洁，恪守职业道德。对违反工作程序和纪律的全国旅游民宿等级评定专家，全国旅游标准化技术委员会及时予以撤换。对违反工作程序和纪律的省级旅游民宿等级评定机构，由各省、自治区、直辖市文化和旅游行政部门及时予以处理，处理结果报全国旅游标准化技术委员会备案。

九、旅游民宿等级证书和标牌由全国旅游标准化技术委员会统一制作，由相应旅游民宿等级评定机构颁发。每块等级标牌的编号，与相应的等级证书号一致。

每家旅游民宿只可申领一块等级标牌。标牌破损或丢失的，应及时报告，经相应旅游民宿等级评定机构查明属实后，向全国旅游标准化技术委员会申请换发或补发。因更名需更换证书的，旅游民宿可凭有关证明文件进行更换，同时须交还原证书。

旅游民宿等级标牌应置于旅游民宿公共区域显著位置，接受公众监督。旅游民宿在经营过程中，出现《旅游民宿基本要求与等级划分》（GB/T 41648-2022）中 11.4 所列情况或复核不达标的，由相应旅游民宿等级评定机构取消等级，收回其等级证书和标牌。

十、各省级文化和旅游行政部门可以根据本地区旅游民宿发展的实际情况，制订本地区丙级旅游民宿评定和复核办法，报全国旅游标准化技术委员会备案后实施。

附件二 《旅游民宿基本要求与等级划分》（GB/T 41648-2022）

前　言

本文件按照 GB/T1.1-2020《标准化工作导则 第1部分：标准化文件的结构和起草规则》的规则起草。

请注意本文件的某些内容可能涉及专利。本文件的发布机构不承担识别专利的责任。

本文件由中华人民共和国文化和旅游部提出。

本文件由全国旅游标准化技术委员会（SAC/TC 210）归口。

本文件起草单位：中华人民共和国文化和旅游部、浙江省文化和旅游厅、浙江旅游职业学院。

本文件主要起草人：章艺、刘克智、杨建武、余昌国、吴健芬、杨彦锋、李明星、林卫兴、刘瀛、张一、沙绍举、曾安明、仝洁洁。

旅游民宿基本要求与等级划分

1　范围

本文件规定了旅游民宿的等级和标志、总体要求、公共环境和配套、建筑和设施、卫生和服务、经营和管理、等级划分条件、等级划分方法。

本文件适用于正式营业的旅游民宿，包括但不限于民宿、宅院、客栈、驿站、庄园、山庄等。

2　规范性引用文件

下列文件中的内容通过文中的规范性引用而构成本文件必不可少的条款。其中，注日期的引用文件，仅该日期对应的版本适用于本文件；不注日期的引用文件，其最新版本（包括所有的修改单）适用于本文件。

GB 2894　安全标志及其使用导则

GB 5749　生活饮用水卫生标准

GB 8978　污水综合排放标准

GB 15603　常用化学危险品贮存通则

GB 31654　食品安全国家标准 餐饮服务通用卫生规范

GB 37487　公共场所卫生管理规范

GB 37488　公共场所卫生指标及限值要求

GB 50016　建筑设计防火规范

3　术语和定义

下列术语和定义适应于本文件。

3.1

旅游民宿 homestay inn

利用当地民居等相关闲置资源，主人参与接待，为游客提供体验当地自然、文化与生产生活方式的小型住宿设施。

3.2

民宿主人 owner；investor

民宿业主或经营管理者。

4　等级和标志

4.1　旅游民宿等级分为三个级别，由低到高分别为丙级、乙级和甲级。

4.2　等级旅游民宿标志由民居图案与相应文字构成。

5　总体要求

5.1　应正常开业一年以上，未发生相关违法违规事件，同一地点、同一投资经营主体只能以一个整体申请等级。

5.2　经营用客房建筑物应不超过4层，且建筑面积不超过800m^2。

5.3　易发生危险的区域和设施应设置安全警示标志，安全警示标志应符合GB2894的要求，清晰、醒目。

5.4　易燃、易爆物品的贮存和管理应采取必要的防护措施，应符合GB 15603的要求。

5.5　应建立各类相关安全管理制度和突发事件应急预案，落实安全责任，定期演练。

5.6　食品采购、加工、清洗、消毒等应符合GB31654的要求。

5.7　卫生条件应符合GB 37487、GB 37488的要求。

5.8　生活用水（包括自备水源和二次供水）应符合GB5749的要求。

5.9　室内外装修与用材应符合环保规定，达到GB50016的要求。

5.10　从业人员应按照岗位要求持证上岗。

5.11 应配备口罩、测温枪、消毒液等预防疾病所需的基本物资。

5.12 建设、运营应因地制宜，采取节能减排措施。

5.13 提供餐饮服务时应制定并严格执行制止餐饮浪费行为的相应措施。

5.14 垃圾应根据各地相关要求分类放置，污水统一截污纳管或自行处理，达到 GB8978 的要求。

5.15 服务项目应通过文字、图形方式公开，并标明营业时间，收费项目应明码标价。

6 公共环境和配套

6.1 必备要求

6.1.1 进入性良好，应至少有一种交通方式方便到达。

6.1.2 所在乡村（社区）应有良好的生态环境。

6.2 选择内容

6.2.1 所在乡村（社区）设有民宿导向系统，标志牌位置合理、易于识别。

6.2.2 所在乡村（社区）有交通工具停放场地，方便出入。

6.2.3 所在乡村（社区）有医院或医疗点。

6.2.4 所在乡村（社区）有多处可供宾客选择的特色餐饮点和购物点，方便到达。

6.2.5 所在乡村（社区）有多处可供宾客游览的景区（点）、风俗、非物质文化遗产、生产生活方式体验点等，方便到达。

6.2.6 所在乡村（社区）有畅通的移动网络。

7 建筑和设施

7.1 必备要求

7.1.1 建筑外观应与周边环境相协调。

7.1.2 客房应标有名称或编号。

7.1.3 客房应配备必要的家具，方便使用。

7.1.4 客房应有清洁卫生的床垫、床上棉织品（床单、枕芯、枕套、被芯、被套、床衬垫）、毛巾等。

7.1.5 客房应有清洁卫生的水壶、茶具和饮用水。

7.1.6 客房应有充足的照明，有窗帘等遮光设施。

7.1.7 客房应有方便使用的卫生间，提供冷、热水、照明和排风效果良好，排水通畅，有防滑防溅措施。

7.1.8 客房应有适应所在地区气候的采暖、制冷设备，效果良好，各区域通风较好。

7.1.9 客房应有方便使用的开关和电源插座。

7.1.10 厨房应有消毒设施，有效使用。

7.1.11 厨房应有冷冻、冷藏设施，生、熟食品及半成品食品分柜放置。

7.2 选择内容

7.2.1 建筑装修体现地域特色人居文化。

7.2.2 花园、庭院布局合理，舒适美观。

7.2.3 民宿主人生活区域相对独立，方便舒适。

7.2.4 设置不同风格、不同房型的客房。

7.2.5 采取有效隔音措施，客房噪声低于45dB。

7.2.6 设置与接待规模相匹配的公共空间，布局合理。

7.2.7 合理设置餐饮区域，就餐环境良好。

7.2.8 合理设置布草间，整洁干燥、方便使用。

7.2.9 合理设置清洗、消毒工作区域，设施完善、方便使用。

7.2.10 合理设置公共卫生间，有恭桶、卫生纸、垃圾桶、洗手盆和洗手液，方便使用。

7.2.11 提供必要的休闲娱乐设施，安全、舒适，方便使用。

7.2.12 提供方便宾客使用的智能设施、消毒设施及其他自助服务设施。

7.2.13 设置覆盖室内外区域的无线网络，方便有效。

7.2.14 在围墙、出入口设置监控，画面清晰。

7.2.15 定期检查设施设备，并有维护保养记录。

8 卫生和服务

8.1 必备要求

8.1.1 客房、餐厅、厨房、室内外公共区域及设施应整洁、卫生。

8.1.2 客房床单、被套、枕套、毛巾等应做到每客必换，并能应宾客要求提供客房服务，公用物品应一客一消毒。

8.1.3 卫生间应有防潮通风措施，每天清理不少于一次，无异味、无积水、无污渍。

8.1.4 应采取有效的防虫、防蛇、防鼠等措施。

8.1.5 应及时清理垃圾，符合当地垃圾分类相关要求。

8.1.6 民宿主人应参与接待，邻里关系融洽。

8.1.7 接待人员应热情好客，穿着整齐清洁，礼仪礼节得当。

8.1.8 接待人员应掌握并熟练应用接待服务、客房服务、餐饮服务等业务知识和技能。

8.1.9 接待人员应熟悉当地旅游资源，能用普通话提供服务，可用外语提供服务。

8.1.10 应提供餐饮服务或周边餐饮信息。

8.1.11 应保护宾客隐私，尊重宾客的宗教信仰与风俗习惯，保护宾客的合法权益。

8.1.12 应有晚间值班人员或值班电话。

8.2 选择内容

8.2.1 根据季节气候变化提供不同类型、松软舒适的被芯，提供不同类型的枕头。

8.2.2 为宾客提供免费饮品和食品。

8.2.3 提供线上预订、支付服务。

8.2.4 提供现场刷卡、开具发票服务。

8.2.5 为不同人群提供个性化服务。

8.2.6 为宾客提供定制化服务。

8.2.7 提供周边旅游资源介绍及相关资料。

8.2.8 提供安全提醒服务。

8.2.9 提供医疗服务信息（附近医院、诊所和药店位置信息等）。

8.2.10 为宾客购买公众责任险以及相关险种。

9 经营和管理

9.1 建立经营档案，方便对客服务。

9.2 加入当地相关民宿行业协会。

9.3 公布投诉电话，能有效处理各类投诉。

9.4 建立设施设备维护保养、烟道清洗、水箱清洗等管理制度，定期维保、有效运行。

9.5 建立管理制度和服务规范，定期对接待人员进行培训。

9.6 通过媒体平台开展宣传和营销。

9.7 保持融洽的社区关系。

10 等级划分条件

10.1 丙级

应符合第5章、6.1、7.1、8.1的要求，同时应满足6.2、7.2、8.2、第9章中任意13个条款。

10.2 乙级

10.2.1 应符合第5章、6.1、7.1、8.1的要求，且符合以下全部条款。

a）设施和设备：

1）应有品质较好的床垫，床头柜、衣架、行李架等家具摆放合理、方便使用；

2）布草（床单、枕套、被套、浴巾、毛巾等）应品质优良、柔软舒适；

3）应有品质优良的水壶、茶具、饮用水和面巾纸；

4）客房卫生间，应干湿分离，盥洗、洗浴、厕位布局合理，24h供应冷水，定时供应热水；

5）应有适应所在地区气候的湿度调节设备，效果良好；

6）应有清洗、消毒工作区域，位置合理、设施完善、整洁卫生、方便使用。

b）经营和管理：

1）应建立管理制度和服务规范，定期对接待人员进行培训，有考核、激励机制；

2）应取得较好经营业绩，宾客满意度较高；

3）应为所在乡村（社区）人员提供就业或发展机会，参与地方或社区公益事业活动。

10.2.2　应满足6.2、7.2、8.2、第9章中任意24个条款。

10.3　甲级

10.3.1　应符合10.2.1的要求，且符合以下全部条款。

a）设施和设备：

1）应有两种类型的公共空间，氛围浓郁、布局合理；

2）应有品质优良的床垫、床头柜、写字台、衣橱和衣架、座椅、茶几、行李架等家具；

3）客房应有方便舒适的独立卫生间，24小时供应冷热水，客用品品质优良，方便使用；

4）应设置相对独立的布草存放间，整洁卫生，方便使用。

b）经营和管理：

1）应建立系统的管理制度和服务规范，定期对接待人员进行培训，效果良好；

2）应取得良好经营业绩，宾客满意度高；

3）应创新经营管理模式，发挥示范引领作用。

c）特色和其他：

1）建筑装修整体风格应协调一致，体现主人文化；

2）民宿主人应热情好客．特质鲜明，宾客评价高；

3）应提供特色餐饮服务；

4）应多渠道宣传推广地方特色和文化，与宾客形成良好互动；

5）应开发具有本地特色的文创商品，带动地方特产销售。

10.3.2　应满足6.2、7.2、8.2、第9章中任意30个条款。

11 等级划分办法

11.1 根据第5章~第10章的要求，由旅游民宿等级评定机构制定旅游民宿等级划分的具体办法和评分细则。

11.2 按照评分细则，对旅游民宿进行综合评价打分确定等级。

11.3 符合相应等级要求的旅游民宿可使用等级标志，有效期为三年，三年期满后应进行复核。

11.4 旅游民宿经营过程中出现以下情况的应取消等级：

a）发生相关违法违规事件；

b）出现卫生、消防、安全等责任事故；

c）发生重大有效投诉；

d）发生造成恶劣社会影响的其他事件；

e）日常运营管理达不到或不符合相应等级要求。

取消等级后满三年，可重新申请等级评定。

附件三 乡村民宿服务质量标准
GB/T 39000-2020

一 范围

本标准规定了乡村民宿的术语和定义、基本要求、设施设备、安全管理、环境卫生、服务要求、持续改进。

本标准适用于乡村民宿的服务与管理。

二 规范性引用文件

下列文件对于本文件的应用是必不可少的。凡是注日期的引用文件，仅注日期的版本适用于本文件。凡是不注日期的引用文件，其最新版本（包括所有的修改单）适用于本文件。

GB 5749 生活饮用水卫生标准

GB/T 10001.1 公共信息图形符号 第1部分：通用符号

GB/T 10001.2 标志用公共信息图形符号 第2部分：旅游休闲符号

GB 14934 食品安全国家标准 消毒餐（饮）具

GB 15630 消防安全标志设置要求

GB 50325 民用建筑工程室内环境污染控制规范

三 术语和定义

下列术语和定义适用于本文件。

3.1 乡村民宿（rural homestay inn）

位于乡村内，利用村（居）民自有住宅、村集体房舍或其他设施，民宿主人参与接待，方便客群体验当地优美环境、特色文化与生产生活方式的小型住宿场所。

3.2 民宿主人（host af homestay inn）

民宿经营管理者。

3.3 文化主题（cullural theine）

在建筑设计、空间布局、装修装饰、景观营造、服务内容和方式等方面，体现某种地域、历史、民族或乡土特色的文化内涵。

四　基本要求

4.1　经营场地应符合当地的国土空间总体规划、生态环境保护规划和民宿发展相关规划，无自然灾害（如塌方、洪水，泥石流等）和其他影响公共安全的隐患。

4.2　应依法取得相关经营证照，持证经营。

4.3　应诚信经营，提供的商品或服务明码标价，无虚假宣传、短斤缺两等商业欺诈行为。

五　设施设备

5.1　建筑

5.1.1　主体建筑风貌应与当地的人文民俗、村庄环境景观相协调。附属设施应与主体建筑风格相协调。

5.1.2　室内外设计宜体现出主题特色，空间造型美观，装修格调、材质、工艺、色彩等方面与主题相符。

5.1.3　文物建筑改造为民宿时，应符合文物部门的有关规定。

5.2　客房

5.2.1　主、客区相对独立，功能完善，布局合理，采光、通风、照明、隔音、遮光条件良好。宜有不同类型的特色客房。

5.2.2　客房用品、用具应配置齐全，材质合格，使用方便。不主动提供一次性日用品。

5.2.3　宜根据所在地气候配备取暖、降温设备，制冷，制热效果良好。

5.2.4　客房内宜设有多种规格的电源插座，应有 2 个及以上供客人使用的插位，开关与插座位置合理。

5.2.5　客房宜单设卫生间，通风、照明条件良好，并配置必要的输助设施及盥洗用品，干湿分离，应有除臭和防滑措施。给排水设备完好，宜 24h 供应冷、热水，水流充足。

5.3　餐厅

5.3.1　功能完善，布局合理，面积大小应与最大接待能力相匹配，采光、通风条件良好。

5.3.2　餐具、消具等各种器具配套，无破损，应有卫生的存放空间。

5.4　厨房

5.4.1　功配完善，布局、流程合理，地面经硬化防滑处理，配备通风排烟设施和消防设施。

5.4.2　配有与接持能力相匹配的冷藏、冷冻、消毒等设施设备，生、熟食品及半成品应分柜置放。

5.4.3　应有专门放置临时垃圾的设施并保持其封闭，排污设施（如地槽、抽油烟机和排风口等）保持清洁、通畅。宜设有餐饮污水隔油设施。

5.5　公共卫生间

宜设有公共卫生间。通风、照明条件良好，冲洗设备完好，有防滑措施，各种耗材（如卫生纸、洗手液等）补充及时。

5.6　停泊场所

宜自备或附近有与接待容量相适应的交通工具停泊场所，车辆等停放安全、有序。

5.7　标识标牌

公告类（如规章制度牌）、名称类（如民宿名称标识牌）、警示类（如禁烟标识牌）、指引类（如行路指引牌）标识标牌设置齐全、显目，并应符合 GB/T 10001.1、GB/T 10001.2、GB 15630 等规定，制作和维护良好，位置合理，与环境协调。宜根据需要提供多种语言标识。

六　建筑安全

6.1　安全责任人

应明确安全责任人，建立治安、消防等各类安全管理制度，全面落实安全管理责任。

6.2　建筑安全

6.2.1　建筑物系合法建筑，应符合有关房屋质量安全要求，无乱搭乱建设施。

6.2.2　新建、改建的建筑物应符合有关工程建设强制性标准，依法设计，施工。

6.2.3　改建的建筑物，不破坏建筑主体和承重结构，必要时应采取加固措施并进行安全鉴定，保证建筑使用安全。

6.3　设施设备安全

6.3.1　水，电、气、暖等设施设备及防盗、救护、消防、卫生，娱乐休闲等设施设备应定期检查和保养，保持状态良好，安全可靠。

6.3.2　广告牌、空调机等室外设施设备及线路应安装规范、牢固，不影响通行及人身安全，视觉效果好。

6.3.3　易发生危险的区域和设施应设置显目的安全警示标志，并提前告知安全注意事项。

6.4　食品安全

6.4.1　食品贮存、加工操作应符合国家餐饮服务食品安全操作规范的要求。

6.4.2　食（饮）具卫生应符合 GB14934 的规定。

6.4.3　生活用水（包括自备水源和二次供水）应符合 GB5749 的要求。

6.4.4　应建立食品及食材进出台账制度，来源可追溯。

6.5　人身财产安全

6.5.1　宜备有客人常用、应急且在保质期内的外用非处方药品和医疗用品（如创可贴等），并与周边医疗点建立联系机制。

6.5.2　应建立客人人身财产安全保障制度，并与就近派出所或警务站（室）建立联系机制。

6.5.3　应建立客人隐私权保护体系，有效保障客人隐私权益。

6.6　治安消防安金

6.6.1　治安安全

应符合国家及当地民宿治安安全的有关规定，治安安全管理措施包括但不限于：

a）安装并能熟练使用旅馆业治安管理信息系统或手机应用程序（APP）住宿登记系统；

b）按照公安机关管理要求严格落实住宿实名制登记工作；

c）在主要出入口设置监控设施，保存监控记录 30 天以上；

d）实行值班制度，发现可疑情况和违法犯罪活动，立即向公安机关报告。

6.6.2　消防安全

应符合国家及当地民宿消防安全的有关规定，消防安全管理描施包括但不限于：

a）每间客房应设有开向户外的窗户，确有困难时，可开向开敞的内天井；窗户不宜设置金属栅栏、防盗网、广告牌等遮挡物，确需设置时，应能以内部易于开启，并可供客人逃生；

b）每间客房应在明显部位张贴疏散示意图，并按照住宿人数每人配备手电筒、逃生用口罩或消防自救呼吸器等器材；

c）疏散通道和安全出口应保持畅通，3 层及 3 层以上楼层应每层配置逃生绳等逃生设施；

d）每 25m² 应至少配备一具 2kg 以上水基型灭火器或 ABC 干粉灭火器，并放置在各层的公共部位；

e）厨房与建筑内的其他部位之间应采用防火分隔措施。

6.7　安全应急预案

应有火灾、食品安全、疫情预防、治安事件等各类突发事件的处置应急预案，定期演练。

七　环境卫生

7.1　卫生及消毒

7.1.1　各区域应保持环境整洁卫生，物品摆放有序，无乱堆、乱放现象，建筑物及各设施设备无剥落、无污垢、无积尘。

7.1.2　公共用品应一客一换一消毒；若提供非一次性拖鞋，应配备相应的消毒设施。

7.1.3　各区域应采取有效措施，消除老鼠、蟑螂、苍蝇、蚊子等其他有害昆虫及其孳生条件。

7.1.4　饲养的宠物、家禽、家畜应有相应的卫生防疫和安全隔离措施。

7.1.5　垃圾箱或桶布局合理，垃圾宜实行分类收集，清扫及时，日产日清。

7.2　环境保护

7.2.1　装修装饰材料应使用绿色环保材料，室内环境污染物浓度限量应符合 GB 50325 的要求。

7.2.2　污水应经无害化处理，排放应符合国家及当地环保部门的规定。

7.2.3　服务设施建设、经营服务活动等不对周围环境产生声、光、气等污染。

7.2.4　在不降低客人舒适度的前提下，宜选用绿色环保产品。

八　服务要求

8.1　一般要求

8.1.1　立足属地资源禀赋，挖掘和传承地域文化内蕴，宜打造特色文化主题民宿。

8.1.2　有充分利用当地游客接待中心、公共停车场、数字化导览系统、民俗文化等农业农村公共服务资源，满足客人服务需求。

8.1.3　宜针对亲子等不同客群需求，提供特色化服务。

8.1.4　应尊重客人的民族风俗习惯和宗教信仰，主动了解生活和饮食禁忌，提供个性化服务。

8.1.5　对残障人士、老年人、儿童、孕妇等需要帮助的特殊客人，宜提供必要的设施设备，优先服务。

8.1.6　宜根据客人需求提供全程行程规划，活动安排等管家式服务。

8.1.7　设有接待处，宜 24h 提供咨询、接待、入住登记、结账、留言等服务，服务响应及时。

8.1.8　宜实现网上宣传、问询、预订、投诉等功能。宜免费提供覆盖各区域的安全、高速的无线上网服务。

8.2　从业人员

8.2.1　从业人员宜以当地村民为主，应持有效健康合格证明，积极参加各类相关培训，掌握服务接待基本知识和技能，举止文明，态度友好。

8.2.2　主要从业人员应掌握基本急救知识及操作技能，并具备突发事件处置能力。

8.2.3　根据客人需要，从业人员能用多种语言或借助实时翻译设备进行接待服务。

8.3　服务内容

8.3.1　问询服务

8.3.1.1　宜提供现场、电话、网络等多种咨询方式，能准确和耐心解答民宿地址、位置、客房价格、主题特色以及当地民俗文化等常见问询问题。

8.3.1.2　宜提供可供网上查询的民宿相关动态信息，信息应客观，真实。

8.3.2　预订服务

8.3.2.1　宜提供现场、电话、网络等多种预订方式，预订手续便捷，预订信息有效。

8.3.2.2　遇客房预订已满情形，可向客人推荐周边民宿。

8.3.2.3　遇订单变更或取消情形，应及时、有效处理。

8.3.3　接待服务

8.3.3.1　民宿主人宜主动迎送客人，与客人分享民宿故事、生活方式和生活理念。

8.3.3.2　有条件的民宿，可提供电子化、自助式的入住服务。

8.3.3.3　接待处宜提供公用电话、物品寄存、雨具和充电设备出借等服务。

8.3.4　客房服务

8.3.4.1　根据气候和不同地区的实际需要，宜在客人到达前保持客房温度适宜、空气清新。

8.3.4.2　位于山区、海边的民宿，宜根据当地的气候条件采取必要的防潮或除湿措施。

8.3.4.3　宜主动引领客人至客房，介绍入住服务内容，帮助客人熟悉客房设施设备使用，告知注意事项。

8.3.4.4　根据需要，宜提供多种规格的寝具，寝具铺设应方便就寝。

8.3.4.5　宜配有当地民俗文化、农副土特产品、休闲农业和乡村旅游精品线路介绍、卫生防病宣传等资料。

8.3.5　餐饮服务

8.3.5.1　应提供早餐，如不能供餐应提供替代方案。宜提供中餐、晚餐。

8.3.5.2　宜采用当地食材，提供当地风味小吃、农家菜或特色药膳。菜肴烹调制作宜体现农家风味，地方特色。

8.3.5.3 宜提供当地自酿酒、饮料等特色饮品或特色面类食品。

8.3.5.4 餐具、酒具、厨具材质、样式的选择和摆放宜体现当地乡村特色、文化特色。

8.3.5.5 宜主动介绍菜式特点，引导客人合理点餐，提倡健康饮食。餐饮解说宜体现文化内涵。

8.3.5.6 宜提供可供客人亲身体验农家菜、农家小吃制作的共享农家厨房。

8.3.6 休闲体验服务

8.3.6.1 宜提供庭院、绿地、观景台、茶吧或书吧等公共空间。

8.3.6.2 本地民俗事象宜适当纳入客人体验服务项目，事象应展现本真性。

8.3.6.3 宜提供农事、非遗、文创、科普、研学、体育、艺术、康养等体验性或参与性活动项目。

8.3.6.4 宜与周边农户、家庭农场、合作社、园区建立联系，向客人推介当地手工艺品、中药材、农副土特产等特色商品。

8.3.7 离店服务

8.3.7.1 宜提供现金、储蓄卡、信用卡、常用的网络支付等多种结账支付服务，能提供正规发票。

8.3.7.2 宜提供当地农副土特产品、手工艺品等特色伴手礼。

8.3.7.3 遇客人在店遗失物品情形，应迅速联系，妥善处理。

九 持续改进

9.1 服务改进

9.1.1 应建立并实施服务投诉处理机制，包括但不限于：

a）设立如电话投诉、网络投诉、意见簿等有效投诉渠道，并向客人明示，收集意见和投诉问题；

b）在合理或承诺的期限内完成投诉处理，处理结果应及时向投诉者反馈。无法有效处理的，应向投诉者耐心解释；

c）所有投诉应有记录，并可提供投诉处理的进度查询。

9.1.2 应建立并实施服务补救措施的管理程序，包括但不限于：

a）服务补救方针；

b）服务失误分析和分类；

c）服务补救预案及措施；

d）服务补救结果评价。

9.1.3 应制定和实施服务改进措施，包括但不限于：

a）对不合格服务和投诉进行控制，识别和分析原因，及时采取纠正和预防措施；

b）定期对服务质量进行自我评价，结合客人反馈意见与自我评价结果采取改进措施，持续改进服务质量。

9.2 邻里关系维护

9.2.1 应建立并实施邻里关系维护措施，包括但不限于：

a）自觉遵守村规民约，尊重当地社会风俗和生活方式，并提前告知客人注意事项；

b）积极参与当地公益事业或公益活动；

c）主动融入当地社群活动，与邻里建立互帮互助关系；

d）与邻里保持良好沟通，及时纠正占用邻里土地等损害邻里利益的行为。

9.2.2 应定期对邻里关系状况开展自我评估，结合评估结果采取有效措施，持续改善邻里关系。

附件四　民宿管家国家职业标准

国家人力资源社会保障部职业分类和标准开发处 "民宿管家"国家职业标准 （征求意见稿）

1 职业概况

1.1 职业名称

民宿管家

1.2 职业编码

4-14-06-02

1.3 职业定义

提供客户住宿、餐饮以及当地自然环境、文化与生活方式体验等定制化服务的人员。

1.4 职业技能等级

本职业共设五个等级，分别为：五级/初级工、四级/中级工、三级/高级工、二级/技师、一级/高级技师。

1.5 职业环境条件

室内、外。

1.6 职业能力特征

具备一定的语言表达能力、计算能力、空间感。

1.7　普通受教育程度

初中毕业。

1.8　职业培训要求

1.8.1　培训参考时长

五级/初级工不少于 40 标准学时；四级/中级工不少于 56 标准学时；三级/高级工不少于 80 标准学时；二级/技师、一级/高级技师不少于 40 标准学时。

1.8.2　培训教师

培训五级/初级工、四级/中级工的教师应具有本职业三级/高级工及以上职业资格（技能等级）证书或相关专业中级及以上专业技术职务任职资格；培训三级/高级工的教师应具有本职业二级/技师及以上职业资格（技能等级）证书或相关专业中级及以上专业技术职务任

职资格；培训二级/技师的教师应具有本职业一级/高级技师职业资格（技能等级）证书或相关专业高级专业技术职务任职资格；培训一级/高级技师的教师应具有本职业一级/高级技师职业资格（技能等级）证书 2 年以上或相关专业高级专业技术职务任职资格 2 年以上。

1.8.3　培训场所设备

理论知识培训在标准教室或计算机房内进行；技能培训在模拟场地内进行，模拟场地需要具备民宿日常经营管理所需设备、工具和模拟软件。

1.9　职业技能评价要求

1.9.1　申报条件

具备以下条件之一者，可申报五级/初级工：

（1）年满 16 周岁，拟从事本职业或相关职业工作。

（2）年满 16 周岁，从事本职业或相关职业工作。

具备以下条件之一者，可申报四级/中级工：

（1）累计从事本职业或相关职业工作满 5 年。

（2）取得本职业或相关职业五级/初级工职业资格（职业技能等级）证书后，累计从事本职业或相关职业工作满 3 年。

（3）取得本专业或相关专业的技工院校或中等（含）以上职业院校、专科及以上普通高等学校毕业证书（含在读应届毕业生）。

具备以下条件之一者，可申报三级/高级工：

（1）累计从事本职业或相关职业工作满 10 年。

（2）取得本职业或相关职业四级/中级工职业资格（职业技能等级）证书后，累计从事本职业或相关职业工作满 4 年。

①相关职业：前厅服务员、客房服务员、旅店服务员、中式烹调师、中式面点师、西式烹调师、西式面点师、餐厅服务员、营养配餐员、茶艺师、咖啡师、调饮师、客户服务管理员、导游、旅游咨询员、公共游览场所服务员、休闲农业服务员、景区运营管理师、保洁员、洗衣师、讲解员、研学旅行指导师、森林园林康养师等。

②技工学校本专业或相关专业：烹饪、饭店（酒店）服务、导游、商务礼仪服务、物业管理、家政服务、会展服务与管理、茶艺、酒店管理、旅游服务与管理、休闲服务与管理等。职业学校本专业或相关专业：休闲农业经营与管理、森林生态旅游与康养、物业管理、旅游管理、导游、定制旅行管理与服务、研学旅行管理与服务、葡萄酒文化与营销、茶艺与茶文化、会展策划与管理、休闲服务与管理、休闲体育服务与管理、烹饪工艺与营养、中西面点工艺、西式烹饪工艺、营养配餐、休闲体育、家政服务与管理、康养休闲旅游服务、观光农业、茶艺、茶文化、森林生态旅游、物业管理、现代物业管理、旅游管理、涉外旅游、旅游英语、导游、酒店管理、历史文化旅游、旅游服务与管理、旅游规划与设计。

（3）取得符合专业对应关系的初级职称（专业技术人员职业资格）后，累计从事本职业或相关职业工作满1年。

（4）取得本专业或相关专业的高级技工学校、技师学院毕业证书（含在读应届毕业生）。

（5）取得本职业或相关职业四级/中级工职业资格（职业技能等级）证书，并取得高等职业学校、专科及以上普通高等学校本专业或相关专业毕业证书（含在读应届毕业生）。

（6）取得经评估论证的高等职业学校、专科及以上普通高等学校本专业或相关专业毕业证书（含在读应届毕业生）。

具备以下条件之一者，可申报二级/技师：

（1）取得本职业或相关职业三级/高级工职业资格（职业技能等级）证书后，累计从事本职业或相关职业工作满5年。

（2）取得符合专业对应关系的初级职称（专业技术人员职业资格）后，累计从事本职业或相关职业工作满5年，并在取得本职业或相关职业三级/高级工职业资格（职业技能等级）证书后，从事本职业或相关职业工作满1年。

（3）取得符合专业对应关系的中级职称（专业技术人员职业资格）后，累计从事本职业或相关职业工作满1年。

（4）取得本职业或相关职业三级/高级工职业资格（职业技能等级）证书的高级技工学校、技师学院毕业生，累计从事本职业或相关职业工作满2年。

（5）取得本职业或相关职业三级/高级工职业资格（职业技能等级）证书满2年的技师学院预备技师班、技师班学生。

具备以下条件之一者，可申报一级/高级技师：

（1）取得本职业或相关职业二级/技师职业资格（职业技能等级）证书后，累计从事本职业或相关职业工作满5年。

（2）取得符合专业对应关系的中级职称后，累计从事本职业或相关职业工作满5年，并在取得本职业或相关职业二级/技师职业资格（职业技能等级）证书后，从事本职业或相关职业工作满1年。

（3）取得符合专业对应关系的高级职称（专业技术人员职业资格）后，累计从事本职业或相关职业工作满1年。

1.9.2　评价方式

分为理论知识考试、技能考核和综合评审。

理论知识考试采用闭卷笔试或闭卷机考的方式，主要考察从业人员基本要求及相关知识要求；技能考核采用实际或模拟操作方式完成，主要考察从业人员技能水平；综合评审采用文本审阅和面试答辩方式进行，主要审核技师、高级技师的工作业绩以及综合能力。

理论知识考试、技能考核和综合评审均实行百分制，成绩皆达60分（含）以上者为合格。

1.9.3　监考人员、考评人员与考生配比

理论知识考试中的监考人员与考生配比不低于1∶15，且每个标准教室不少于2名（含）监考人员；技能考核中的考评人员与考生配比不低于1∶5，且考评人员为3人（含）以上单数；综合评审委员为3人（含）以上单数。

1.9.4　评价时长

各等级理论知识考试时间不少于90分钟；技能考核时间为五级/初级工、四级/中级工、三级/高级工不少于90分钟，二级/技师、一级/高级技师不少于60分钟；综合评审不少于30分钟。

1.9.5　评价场所设备

理论知识考试在标准教室或计算机房内进行；技能考核在模拟场地内进行，模拟场地需要具备民宿日常经营管理所需设备、工具和模拟软件；综合评审在配备必要多媒体设备的室内进行。

2　基本要求

2.1　职业道德

2.1.1　职业道德基本知识

2.1.2　职业守则

（1）遵纪守法，诚实守信

（2）爱岗敬业，规范运营

（3）文明礼貌，热忱服务

（4）团结协作，勇于创新

（5）安全高效，绿色环保

2.2 基础知识

2.2.1 咨询接待服务知识

（1）客户沟通与咨询知识

（2）预定服务知识

2.2.2 住宿与餐饮服务知识

（1）客房服务相关知识

（2）客房设备设施知识

（3）餐食服务知识

（4）酒水服务知识

（5）食品营养基本知识

（6）物品物料相关知识

2.2.3 休闲与体验服务知识

（1）周边景区（点）知识

（2）周边区域出行知识

（3）民宿主题文化、本地文化、民俗风情相关知识

（4）本地特色产业相关知识

2.2.4 市场营销知识

（1）客户信息收集与运用知识

（2）实体店营销渠道与应用知识

（3）网络营销渠道与应用知识

（3）个性化产品知识

（4）定制化服务知识

2.2.5 安全基础知识

（1）消防安全相关知识

（2）交通安全相关知识

（3）场地设施设备操作安全知识

（4）食品及公共卫生安全知识

（5）个人信息和网络信息安全知识

（6）从业者劳动保护安全知识

（7）自然灾害及应急救援相关知识

2.2.6　环境保护知识

（1）垃圾回收与分类处置相关知识

（2）污水处理相关知识

（3）自然和人文环境保护知识

2.2.7　法律法规知识

（1）《中华人民共和国劳动法》相关知识

（2）《中华人民共和国劳动合同法》相关知识

（3）《中华人民共和国消费者权益保护法》相关知识

（4）《中华人民共和国治安处罚法》相关知识

（5）《中华人民共和国安全生产法》相关知识

（6）《中华人民共和国食品安全法》相关知识

（7）《中华人民共和国公共场所卫生条例》相关知识

（8）《中华人民共和国网络安全法》相关知识

（9）《中华人民共和国环境保护法》相关知识

（10）《中华人民共和国旅游法》相关知识

（11）《旅馆业治安管理办法》相关知识

3　工作要求

本标准对五级/初级工、四级/中级工、三级/高级工、二级/技师、一级/高级技师的技能要求和相关知识要求依次递进，高级别涵盖低级别。

3.1　五级/初级工

职业功能	工作内容	技能要求	相关知识要求
1. 营销服务	1.1 联络客户	1.1.1 能与客户沟通 1.1.2 能记录客户手机、邮箱等社交账号信息	1.1.1 与客户沟通的方法 1.1.2 客户信息记录要求
	1.2 推介民宿主题	1.2.1 能推介民宿主题及产品 1.2.2 能推介当地特色产品、民俗文化	1.2.1 解说技巧 1.2.2 民宿室内外场地、设施知识 1.2.3 当地景区景点、旅游线路知识 1.2.4 当地民俗文化、体验项目知识
2. 接待服务	2.1 受理客户咨询	2.1.1 能解答客户餐饮、住宿问题 2.1.2 能解答客户定制活动需求问题	2.1.1 服务礼仪基本知识 2.1.2 当地定制活动资源

续表

职业功能	工作内容	技能要求	相关知识要求
2. 接待服务	2.2 接受客户定制	2.2.1 能记录客户定制餐饮、客房需求 2.2.2 能记录客户定制休闲活动需求 2.2.3 能记录客户定制团建、庆典等活动需求	2.2.1 民宿客户需求的种类、特点 2.2.2 预订基本知识 2.2.3 客户定制记录要求
	2.3 入住离店服务	2.3.1 能办理客户入住登记手续 2.3.2 能提供行李安置、寄存服务 2.3.3 能引导客户停车 2.3.4 能办理客户离店、结账手续	2.3.1 管理软件操作知识 2.3.2 入住登记知识 2.3.3 行李服务流程 2.3.4 停车安全知识 2.3.5 结算、投银、开票等知识
	2.4 主题餐饮服务	2.4.1 能介绍主题餐饮服务安排 2.4.2 能完成摆（撤）台、引导服务 2.4.3 能提供主食、菜品、酒水等基础服务	2.4.1 主题餐饮服务知识 2.4.2 主题主食、菜品、酒水知识 2.4.3 餐饮服务礼仪
	2.5 主题客房服务	2.5.1 能介绍主题客房功能，示范设备设施使用方法 2.5.2 能清点、补充客房用品 2.5.3 提供清洁卫生、床铺整理等基础服务	2.5.1 主题客房服务知识 2.5.2 客房设备设施使用知识 2.5.3 客房用品知识 2.5.4 客房服务礼仪
3. 活动服务	3.1 准备主题活动	3.1.1 能准备主题活动场地 3.1.2 能准备主题活动用具、物品	3.1.1 主题活动种类、内容与特点 3.1.2 主题活动物品及场地要求
	3.2 准备定制活动	3.2.1 能根据定制活动方案准备活动场地 3.2.2 能根据定制活动方案准备用具、物品	3.2.1 定制活动项目、内容与要求 3.2.2 定制活动场地、用具、物品知识
4. 运营管理	4.1 员工管理	4.1.1 能遵守员工仪容仪表要求 4.1.2 能执行员工管理规章制度	4.1.1 仪容仪表基础知识 4.1.2 员工管理规章制度
	4.2 财务管理	4.2.1 能记录客户消费项目、价格等账务信息 4.2.2 能记录服务过程的物料损耗并提出采购申请	4.2.1 服务项目与价格知识 4.2.2 民宿常用物料知识 4.2.3 账务信息记录方法 4.2.4 采购申请提交方法

职业功能	工作内容	技能要求	相关知识要求
4. 运营管理	4.3 安全管理	4.3.1 能指认、识别应急避险通道、场所 4.3.2 能操作安全设能设备 4.3.3 能完成预案演练规定的要求 4.3.4 能按应急避险信号与指令组织客户避险	4.3.1 应急预案内容和要求 4.3.2 逃生线路图和避难场所位置 4.3.3 安全设施设备使用知识

3.2　四级/中级工

职业功能	工作内容	技能要求	相关知识要求
1. 营销服务	1.1 客户关系	1.1.1 能响应、解释客户诉求 1.1.2 能收集、记录客户体验反馈的信息	1.1.1 客户关系维护知识 1.1.2 相关体验项目的流程
	1.2 制作营销素材	1.2.1 能采集服务过程的影像图文等资料 1.2.2 能采集客户体验、分享的媒体信息资料	1.2.1 采集设备操作基本知识 1.2.2 网络平台信息收集技巧
2. 接待服务	2.1 定制接待服务	2.1.1 能布置定制方案约定的接待场景 2.1.2 能引导客户体验定制接待	2.1.1 定制接待服务技巧 2.1.2 定制方案接待事项
	2.2 代办客户委托	2.2.1 能确认客户委托代办事项和要求 2.2.2 能完成客户委托代办事项	2.2.1 常见客户代办事项种类 2.2.2 邮寄、托运、代购常识
	2.3 处理客户投诉	2.3.1 能确认客户投诉内容，提出解决办法 2.3.2 能记录、报告客户投诉处理结果	2.3.1 客户投诉的种类 2.3.2 投诉心理分析 2.3.3 投诉处置基本知识
	2.4 定制餐饮服务	2.4.1 能布置定制方案约定的餐台、餐具 2.4.2 能提供定制方案约定的餐食、酒水 2.4.3 能介绍定制餐饮服务的特点	2.4.1 定制方案餐饮要求 2.4.2 定制餐饮菜品、酒水服务知识 2.4.3 定制餐饮服务知识

续表

职业功能	工作内容	技能要求	相关知识要求
2. 接待服务	2.5 定制客房服务	2.5.1 能布置定制方案约定的住宿场景 2.5.2 能调整定制方案约定的住宿用品、用具 2.5.3 能示范定制客房服务设施设备的使用 2.5.4 能介绍定制客房服务的特点	2.5.1 定制客房服务项目知识 2.5.2 定制服务设能设备使用知识 2.5.3 定制客房服务知识
3. 活动服务	3.1 布置主题场景	3.1.1 能布置休闲、娱乐、体验主题场景 3.1.2 能布置团建、会议主题场景 3.1.3 能布置庆典主题场景	3.1.1 主题活动基本知识 3.1.2 主题场景布置要求
	3.2 布置定制场景	3.2.1 能布置定制方案设计的休闲、娱乐、体验场景 3.2.2 能布置定制方案设计的团建、会议场景 3.2.3 能布置定制方案设计的庆典场景	3.2.1 定制活动方案 3.2.2 定制场景布置要求
4. 运营管理	4.1 员工管理	4.1.1 能记录、考核员工行为 4.1.2 能执行员工仪容仪表、绩效等考核方案	4.1.1 员工仪容仪表、行为准则 4.1.2 员工绩效考核细则
	4.2 财务管理	4.2.1 能盘点物料台账、清点物料损耗 4.2.2 能汇总客户消费明细及各收银点结算信息 4.2.3 能审阅物料采购申请，统计、整理采购信息	4.2.1 民宿常用物料知识 4.2.2 数据分类汇总方法 4.2.3 财务统计基本知识 4.2.4 理单汇总基本知识
	4.3 安全管理	4.3.1 能排查设施设备安全隐患并进行分类、分级、统计 4.3.2 能记录人员、消防、食品、设施设备等安全台账	4.3.1 消防、食品、卫生安全知识 4.3.2 设施设备安全隐患知识 4.3.3 安全设施设备管理知识

3.3 三级/高级工

职业功能	工作内容	技能要求	相关知识要求
1. 营销服务	1.1 运用营销渠道	1.1.1 能发布线下营销信息 1.1.2 能在民宿营销平台上发布营销信息 1.1.3 能运用主流自媒体平台发布营销信息	1.1.1 线下营销方法与技巧 1.1.2 营销平台系统使用知识 1.1.3 自媒体民宿营销推介知识
	1.2 客户回访服务	1.2.1 能开展客户满意度调查 1.2.2 能统计、分析客户满意度情况	1.2.1 客户满意度调查知识 1.2.2 客户满意度分析知识
2. 接待服务	2.1 检查服务质量	2.1.1 能检查公共区域卫生清洁情况 2.1.2 能检查主题服务需求落实情况	2.1.1 公共区域环境卫生要求 2.1.2 主题服务的要求
	2.2 处理客户索赔	2.2.1 能确认索赔原因、内容，提出赔偿办法 2.2.2 能处理权限范围内的客户索赔	2.2.1 处理客户索赔的原则和技巧 2.2.2 客户索赔的处理流程
	2.3 检查餐饮服务	2.3.1 能鉴别食品原材料的质量 2.3.2 能鉴别餐饮产品的质量 2.3.3 能检查餐饮需求落实情况	2.3.1 食品卫生质量的鉴别方法 2.3.2 餐饮产品质量的鉴别方法
	2.4 检查客房服务	2.4.1 能检查客房清洁卫生，调整房态 2.4.2 能检查客户客房定制需求落实情况	2.4.1 查房的程序和方法 2.4.2 客房状态种类及调整知识 2.4.3 客房服务管理知识
3. 活动服务	3.1 主持主题活动	3.1.1 能检查单一主题活动用品和场景的准备情况 3.1.2 能操作单一主题活动所用器具、设备设施 3.1.3 能完成单一主题活动任务角色，与客户互动	3.1.1 常见主题活动基本知识 3.1.2 常见主题设计活动场景设计知识 3.1.3 当地主题活动知识
	3.2 组织定制活动	3.2.1 能解读单一定制活动方案 3.2.2 能检查单一定制活动场景布置、用品准备情况 3.2.3 能示范单一定制活动所用器具、设备设施操作方法 3.2.4 能协调员工提供人力支持	3.2.1 定制活动方案基本知识 3.2.2 定制活动设计和服务知识 3.2.3 员工协调基本知识

职业功能	工作内容	技能要求	相关知识要求
4. 运营管理	4.1 员工管理	4.1.1 能分析、调配民宿用工,安排、调整岗位 4.1.2 能测算人力成本	4.1.1 业务工作需求分析方法 4.1.2 人力成本的内容和测算方法
	4.2 财务管理	4.2.1 能统计物料损耗并分析原因 4.2.2 能核对账务信息 4.2.3 能制定物料采购计划和调整采购需求	4.2.1 物料损耗统计及分析 4.2.2 资金结算流程 4.2.3 物料采购计划制定、调整方法
	4.3 安全管理	4.3.1 能组织演练应急预案 4.3.2 能协调、安排安全设施的维修养护 4.3.3 能处理较大突发事件与一般安全事故	4.3.1 组织实施应急预案的方法和程序 4.3.2 安全设施与装置知识 4.3.3 较大突发事件与一般安全事故处置知识
5. 指导与培训	5.1 服务指导	5.1.1 能现场督导员工服务 5.1.2 能示范服务操作规范	5.1.1 服务规范指导 5.1.2 疑难问题解答
	5.2 组织培训	5.2.1 能汇总、提出员工培训需求 5.2.2 能训练员工提升服务能力	5.2.1 培训需求分析 5.2.2 培训方法和技巧

3.4 二级/技师

职业功能	工作内容	技能要求	相关知识要求
1. 营销服务	1.1 分析消费行为	1.1.1 能分析客户消费偏好 1.1.2 能分析客户消费能力	1.1.1 消费行为知识 1.1.2 数据分析知识
	1.2 制定营销方案	1.2.1 能分析主题服务、定制服务与客户需求的匹配度 1.2.2 能制定或改进主题服务、定制服务营销方案	1.2.1 服务与品牌定位知识 1.2.2 营销方案制定、改进知识
2. 接待服务	2.1 优化接待服务	2.1.1 能优化接待服务环节、流程,评估绩效 2.1.2 能撰写评估报告、优化方案	2.1.1 接待服务规范与考核办法 2.1.2 评估方案撰写技巧
	2.2 优化客房服务	2.2.1 能评估客房服务项目、环节的服务质量 2.2.2 能提出可行的优化方案	2.2.1 客房服务标准操作流程 2.2.2 客房服务的管理办法和体系知识

续表

职业功能	工作内容	技能要求	相关知识要求
2. 接待服务	2.3 优化餐饮服务	2.3.1 能评估餐饮服务项目、环节的服务质量 2.3.2 能提出可行的优化方案	2.3.1 餐饮服务标准操作流程 2.3.2 餐饮服务的行业管理办法和体系知识
3. 活动服务	3.1 主持主题活动	3.1.1 能检查多种主题活动用品和场景的准备情况 3.1.2 能操作多种主题活动中的用器具、设备设施 3.1.3 能完成多种主题活动的任务角色，与客户互动	3.1.1 多种定制活动场景布置知识 3.1.2 主题活动用器具、设备设施操作知识 3.1.3 主题活动任务角色相关知识
	3.2 协调定制活动	3.2.1 能解读复杂、多种定制活动方案 3.2.2 能检查复杂、多种定制活动用品和场景的准备情况 3.2.3 能示范复杂、多种定制活动用器具、设备设施操作方法 3.2.4 能协调员工提供人力支持	3.2.1 多种定制活动场景布置知识 3.2.2 定制活动用器具、设备设施操作知识
4. 运营管理	4.1 员工管理	4.1.1 能制定员工行为准则和管理规章制度 4.1.2 能编制绩效评估实施方案 4.1.3 能分析绩效评估结果，提出改进建议	4.1.1 民宿员工管理制度要求 4.1.2 绩效评估方法的特点和适用范围 4.1.3 绩效指标选择与应用
	4.2 财务管理	4.2.1 能制定财务管理规章制度 4.2.2 能撰写财务分析报告 4.2.3 能制定物料采购计划，管控物料采购	4.2.1 民宿财务管理制度要求 4.2.2 财务分析知识 4.2.3 采购流程和实施过程中注意事项
	4.3 安全管理	4.3.1 能制定运营安全管理相关制度 4.3.2 能编制安全事故防范和突发事件处置预案 4.3.3 能分析民宿安全隐患、事故类型及危害程度 4.3.4 能处理重大突发事件、安全事故	4.3.1 安全管理基础知识 4.3.2 安全管理和组织协调流程 4.3.3 重大突发事件、安全事故处置知识

职业功能	工作内容	技能要求	相关知识要求
5. 指导与培训	5.1 制定培训规划	5.1.1 能确认员工培训需求，规划员工培训的目标、拟定培训措施 5.1.2 能设计不同级别、岗位员工培训项目	5.1.1 培训规划与教学计划的设计原则和要求 5.1.2 设计培训内容的基本要求
	5.2 实施培训计划	5.2.1 能设计员工培训课程体系 5.2.2 能制作培训素材，编制员工培训讲义	5.2.1 培训课程的构成要素 5.2.2 课件设计原则 5.2.3 培训讲义编制要求

3.5 一级/高级技师

职业功能	工作内容	技能要求	相关知识要求
1. 营销服务	1.1 培育民宿品牌	1.1.1 能策划品牌形象和定位 1.1.2 能制定品牌传播与发展计划	1.1.1 品牌设计知识 1.1.2 品牌传播知识
	1.2 搭建会员体系	1.2.1 能设计、优化会员管理制度 1.2.2 能搭建、维护、发展会员社群	1.2.1 会员制度与管理知识 1.2.2 社群组织与维护知识
2. 接待服务	2.1 搭建接待服务体系	2.1.1 能组建接待、餐饮、客房服务团队 2.1.2 能编制接待、餐饮、客房服务规范	2.1.1 接待服务团队组建方法 2.1.2 接待服务规范撰写方法
	2.2 创新接待服务方案	2.2.1 能调查、分析民宿及其周边的主题资源 2.2.2 能设计或创新接待、餐饮、客房服务方案	2.2.1 接待服务类型 2.2.2 接待服务流程设计 2.2.3 接待服务创新方法
3. 活动服务	3.1 策划主题活动	3.1.1 能分析主题活动的需求和资源，确定活动主题 3.1.2 能设计主题场景、内容、流程和要求 3.1.3 能评估主题活动物料、工时消耗，估算成本、价格 3.1.4 能评估主题活动的可行性，撰写主题活动说明文案	3.1.1 历史文化知识 3.1.2 主题活动设计知识 3.1.3 空间布局设计知识 3.1.4 主题活动成本预决算知识 3.1.5 写作知识

职业功能	工作内容	技能要求	相关知识要求
3. 活动服务	3.2 策划定制活动	3.2.1 能分析当地定制活动资源，提炼定制活动主题 3.2.2 能设计定制活动场景、内容、流程和要求 3.2.3 能评估定制活动物料、工时消耗，估算成本、价格 3.2.4 能评估定制活动的可行性，撰写定制活动说明文案	3.2.1 定制活动类型 3.2.2 定制活动流程设计方法 3.2.3 定制活动成本预决算知识 3.2.4 定制活动方案撰写方法
	3.3 搭建服务体系	3.3.1 能组建主题、定制活动服务团队 3.3.2 能制定主题、定制活动服务规范	3.3.1 定制活动团队组建方法 3.3.2 定制活动服务规范撰写方法
4. 运营管理	4.1 员工管理	4.1.1 能设计民宿组织架构、编制岗位职责 4.1.2 能管控员工招聘渠道，面试应聘员工 4.1.3 能设计薪酬制度、绩效考核办法	4.1.1 组织架构设计知识 4.1.2 人员招聘知识 4.1.3 薪酬设计与绩效考核知识
	4.2 财务管理	4.2.1 能分析财务报表，测算投资回报 4.2.2 能督导财务管理制度实施 4.2.3 能优化财务模型，提出经营改进建议	4.2.1 民宿运营成本预算与控制知识 4.2.2 财务与利润管理知识 4.2.3 民宿经营管理知识
	4.3 安全管理	4.3.1 能指挥、协调相关部门演练或实施应急预案 4.3.2 能协调安全主管部门，开展业务指导 4.3.3 能处理特别重大突发事件、安全事故	4.3.1 应急预案知识 4.3.2 民宿安全防范知识 4.3.3 特别重大突发事件、安全事故处置知识
	4.4 提供开发咨询	4.4.1 能提供民宿选址咨询 4.4.2 能提供民宿设计建造咨询 4.4.3 能提出民宿产品开发建议	4.4.1 目的地旅游资源利用相关知识 4.4.2 民宿选址要求与注意事项 4.4.3 民宿设计与开发知识
	4.5 筹备开业活动	4.5.1 能掌握民宿行业相关政策 4.5.2 能指导、申办民宿开业相关证照 4.5.3 能策划民宿开业活动	4.5.1 民宿业相关主管部门办事流程和要求 4.5.2 民宿开业活动知识

续表

职业功能	工作内容	技能要求	相关知识要求
5. 指导与培训	5.1 督导员工训	5.1.1 能指导培训方案实施 5.1.2 能评估员工培训效果	5.1.1 员工培训基础知识 5.1.2 培训效果评估方法
	5.2 优化员工培训	5.2.1 能分析民宿行业发展的员工培训需求 5.2.2 能根据发展目标调整培训规划，优化培训计划	5.2.1 民宿产品创新知识 5.2.2 现代培训技术

4 权重表

4.1 理论知识权重表

项目	技能等级	五级（%）	四级（%）	三级（%）	二级（%）	一级（%）
基本要求	职业道德	5	5	5	5	5
	基础知识	25	20	15	10	10
相关知识要求	营销服务	10	15	20	25	25
	接待服务	25	25	15	10	10
	活动服务	25	25	15	10	10
	运营管理	10	10	15	20	20
	指导与培训	—	—	15	20	20
合计		100	100	100	100	100

4.2 技能要求权重表

项目	技能等级	五级（%）	四级（%）	三级（%）	二级（%）	一级（%）
技能要求	营销服务	10	15	20	25	30
	接待服务	40	35	25	15	10
	活动服务	40	35	25	15	10
	运营管理	10	15	15	20	25
	指导与培训	—	—	15	25	25
合计		100	100	100	100	100